Der GmbH-Geschäftsführer

Rechte und Pflichten

von

Dr. Oliver Ginthör
Ginthoer & Partner

DDr. Alexander Hasch
Hasch & Partner

Dr. Gerhard Hochedlinger
Hasch & Partner

Unter Mitarbeit von:

Dr. Ralf Brditschka
Hasch & Partner

Dr. Michael Huber
Ginthoer & Partner

Matthias Petutschnig
Ginthoer & Partner

Dr. Bernhard Steindl
Hasch & Partner

Linde
international

Bibliografische Information Der Deutschen Bibliothek

Die Deutsche Bibliothek verzeichnet diese Publikation in der Deutschen Nationalbibliografie; detaillierte bibliografische Daten sind im Internet über http://dnb.ddb.de abrufbar.

ISBN 3-7073-0743-3

1210 Wien, Scheydgasse 24, Tel.: 01 / 24 630
www.lindeverlag.at

Druck: Hans Jentzsch & Co. GmbH, 1210 Wien, Scheydgasse 31

Inhaltsübersicht

Inhaltsverzeichnis

Abkürzungsverzeichnis

aA	anderer Ansicht
ABGB	Allgemeines bürgerliches Gesetzbuch
Abs	Absatz
AG	Aktiengesellschaft
AktG	Aktiengesetz
AngG	Angestelltengesetz
ASVG	Allgemeines Sozialversicherungsgesetz
BAO	Bundesabgabenordnung
BGBl	Bundesgesetzblatt
BGH	Bundesgerichtshof
bspw	beispielsweise
DB	Dienstgeberbeitrag
dh	das heißt
DZ	Zuschlag zum Dienstgeberbeitrag
EKEG	Eigenkapitalersatzgesetz
EStG	Einkommensteuergesetz
EStR	Einkommensteuerrichtlinien
EuGH	Europäischer Gerichtshof
FBG	Firmenbuchgesetz
gem	gemäß
GesbR	Gesellschaft bürgerlichen Rechts
GesRÄG	Gesellschaftsrechtsänderungsgesetz
GmbH	Gesellschaft mit beschränkter Haftung
GmbHG	Gesetz über Gesellschaften mit beschränkter Haftung
GSVG	Gewerbliches Sozialversicherungsgesetz
hA	herrschende Ansicht
HGB	Handelsgesetzbuch
hM	herrschende Meinung
IRÄG	Insolvenzrechtsänderungsgesetz
iSd	im Sinne des
iVm	in Verbindung mit

KG	Kommanditgesellschaft
KO	Konkursordnung
KommSt	Kommunalsteuer
mwH	mit weiteren Hinweisen
mwN	mit weiteren Nennungen
OGH	Oberster Gerichtshof
OHG	Offene Handelsgesellschaft
OLG	Oberlandesgericht
Rz	Randziffer
StGB	Strafgesetzbuch
Tz	Textziffer
uE	unseres Erachtens
UGB	Unternehmensgesetzbuch
URG	Unternehmensreorganisationsgesetz
usw	und so weiter
VfGH	Verfassungsgerichtshof
vgl	vergleiche
VwGH	Verwaltungsgerichtshof
Z	Ziffer
zB	zum Beispiel

Vorwort

Die Gesellschaft mit beschränkter Haftung ist eine der beliebtesten Rechtsformen in Österreich. Die Bezeichnung *„mit beschränkter Haftung*" weist auf das Grundprinzip dieser Gesellschaftsform, die grundsätzliche Risikotragung durch die Gesellschaft, hin. Vielfach wird dies mit einer generellen Haftungsfreistellung für Gesellschafter und Geschäftsführer verwechselt, was zu tragischen Fehleinschätzungen führen kann.

Das GmbH-Gesetz eröffnet den Eigentümern im Innenverhältnis einen sehr weit reichenden Gestaltungsspielraum. Die Gesellschafter können durch Satzung, Geschäftsordnung und Gesellschafterbeschlüsse die Organisation der Gesellschaft bestimmen. Die Geschäftsführung ist, im Gegensatz zum Aktienrecht, der Gesellschafterversammlung gegenüber weisungsgebunden. Dabei gerät der Geschäftsführer oftmals in das Spannungsfeld zwischen gesetzlichen Vorschriften, Gesellschafterwille und persönlichem Haftungsrisiko. Um in solchen Situationen die richtigen Entscheidungen zu treffen, ist es für den Geschäftsführer unerlässlich, seine Rechte und Pflichten zu kennen und die Gefahren seiner Handlungen abschätzen zu können.

Ziel dieses Buches ist es, dem Geschäftsführer einen praxisorientierten Leitfaden für den täglichen Umgang mit Gesellschaftern, Kontrollorganen, Gläubigern und Mitgeschäftsführern in die Hand zu geben und ihn sicher durch die einschlägigen Rechtsvorschriften zu führen.

Die Autoren danken den Herren Dr. Alexander Mirtl und Dr. Christian Lutz für ihre tatkräftige Unterstützung.

Die Autoren Wien, im Dezember 2005

I. Grundlagen

A. Einleitung, Allgemeines

Die GmbH ist eine juristische Person; damit kommt ihr die Befähigung zu, Träger von Rechten und Pflichten zu sein. Diese Eigenschaft bezeichnet man als **Rechtsfähigkeit**. 1

Um am Rechts- und Wirtschaftsleben teilnehmen zu können, muss die GmbH auch **handlungsfähig** sein. Dazu benötigt sie Organe. Das GmbHG[1] sieht zwingend zwei Organe, namentlich **Geschäftsführer** und **Generalversammlung**, vor. Ohne Bestellung eines oder mehrerer Geschäftsführer/-s ist die Eintragung einer GmbH nach ihrer Gründung in das Firmenbuch nicht möglich.[2] Unter bestimmten Voraussetzungen[3] muss ein **Aufsichtsrat** bestellt werden. Ein Aufsichtsrat kann jedenfalls auch freiwillig errichtet werden; oft findet man in der Praxis auch (fakultative) **Beiräte** mit ähnlichen Aufgaben. 2

Den Geschäftsführern obliegt einerseits die Vertretung der GmbH gegenüber Dritten und andererseits die **Unternehmensleitung** (Führung der Geschäfte). Jede GmbH hat notwendigerweise einen oder mehrere Geschäftsführer zu bestellen; die Anzahl der Geschäfts- 3

---

1 Siehe Zweiter Abschnitt des GmbHG, §§ 15 ff GmbHG.

2 Vgl § 3 Abs 1 Z 2 GmbHG.

3 Vgl § 29 GmbHG: ein Aufsichtsrat muss bestellt werden, wenn das Stammkapital € 70.000,– übersteigt und die Anzahl der Gesellschafter 50 übersteigt, oder die Anzahl der Arbeitnehmer im Durchschnitt 300 übersteigt, oder die Gesellschaft andere Kapitalgesellschaften beherrscht und die Anzahl der Arbeitnehmer von herrschender Gesellschaft und beherrschten Gesellschaften zusammen im Durchschnitt 300 übersteigt, oder die Gesellschaft Komplementärin einer Kommanditgesellschaft ohne weitere natürliche Person als Komplementär ist und die Anzahl der Arbeitnehmer im Durchschnitt 300 übersteigt. Steht die Gesellschaft selbst unter einheitlicher Leitung einer aufsichtsratspflichtigen Kapitalgesellschaft, besteht eine Verpflichtung zur Bestellung eines Aufsichtsrates erst dann, wenn die Anzahl der Arbeitnehmer im Durchschnitt 500 oder mehr beträgt.

führer ist im Gesellschaftsvertrag festzulegen.[4] Nur **natürliche** und **handlungsfähige Personen**[5] können zu Geschäftsführern bestellt werden. Darüber hinausgehende besondere Qualifikationen verlangt das GmbHG nicht; weder die österreichische Staatsbürgerschaft noch ein österreichischer Wohnsitz oder gewöhnlicher Aufenthalt im Inland sind erforderlich.[6] Die GmbH – als **Kapitalgesellschaft** – folgt dem Prinzip der **Drittorganschaft**.[7] Im Gegensatz zur Selbstorganschaft – dem Prinzip der Personengesellschaften – muss die GmbH Geschäftsführer (die auch gesellschaftsfremde Personen sein können) bestellen. Dies ermöglicht die Bestellung (besonders) geeigneter Personen, weiters die Trennung von Eigentum und Geschäftsführung, sowie eine von den Gesellschaftern unabhängige Kontinuität[8] der Geschäftsführung.[9]

---

4 In der Praxis wird im Gesellschaftsvertrag meist die Formulierung „*die Gesellschaft hat einen, zwei oder mehrere Geschäftsführer*" gewählt.

5 Konkurs schadet nicht (vgl dazu OGH EvBl 1967/116 = JBl 1967, 151), *Koppensteiner*, GmbHG² (1999) § 15 Rz 15 mwN.

6 Vgl *Koppensteiner*, GmbHG² § 15 Rz 15; *ders* § 9 Rz 16; *Reich-Rohrwig*, GmbH-Recht I² (1997) Rz 2/33; aA *Gellis/Feil*, GmbHG⁵ (2004) § 15 Rz 6; *Kostner/Umfahrer*, GmbH⁵ (1998) Rz 180; einschränkend auf zumindest einen Geschäftsführer *Kastner/Doralt/Nowotny*, Gesellschaftsrecht⁵ (1990) 369. Gewerberechtlich kann hingegen die Staatsbürgerschaft eines EU-Mitgliedstaates erforderlich sein.

7 Das Konzept der Drittorganschaft hat im Zusammenhang mit dem Gewerberecht besondere Bedeutung, da die Gewerbeausübung in vielen Fällen von einem Befähigungsnachweis abhängig gemacht wird. Dieser Befähigungsnachweis muss von einer natürlichen Person – dem gewerberechtlichen Geschäftsführer – erbracht werden. Der gewerberechtliche Geschäftsführer muss jedoch nicht mit dem handelsrechtlichen Geschäftsführer ident sein.

8 Vgl dazu *Reich-Rohrwig*, GmbH-Recht I² Rz 2/2 f.

9 Hinweis: In der Praxis sind fast 80 % der Geschäftsführer zugleich Gesellschafter, wodurch die Grenze zwischen Dritt- und Selbstorganschaft oftmals verschwimmt.

B. Geschäftsführung und Vertretung

Ein wichtiger Aspekt im Gesellschaftsrecht ist die Abgrenzung der Vertretung von der Geschäftsführung. Die Vertretung bezieht sich auf das **Außenverhältnis** und den Erwerb von Rechten und Pflichten gegenüber Dritten; die Geschäftsführung betrifft hingegen das **Innenverhältnis**, also die innere Organisation und die geschäftlichen Aktivitäten der Gesellschaft. **4**

Die Position der Geschäftsführer im Außenverhältnis (Vertretungsmacht) ist nicht beschränkbar. Der Umfang der **Vertretungsbefugnis** kann im Gesellschaftsvertrag oder durch einen Gesellschafterbeschluss im Außenverhältnis inhaltlich **nicht abgeändert** werden.[10] Im gesellschaftsrechtlichen Innenverhältnis hingegen besteht weitgehende Gestaltungsfreiheit; sowohl die Bestellung und Abberufung von Geschäftsführern als auch **interne Beschränkungen** (Zustimmungsvorbehalte der Generalversammlung oder einzelner Gesellschafter) oder auch die Erteilung von generellen oder einzelnen Weisungen an die Geschäftsführer können sachgerecht und im Einklang mit der sonstigen österreichischen Rechtsordnung weitgehend frei gestaltet werden. **5**

Überblick Geschäftsführung – Vertretung

Geschäftsführung	Vertretung
• Innenverhältnis	• Außenverhältnis
• Geschäftsführer<=>GmbH	• GmbH<=>Dritte
• rechtliches Dürfen	• rechtliches Können
• Unterscheidung in gewöhnliche und besondere Geschäfte	• keine Unterscheidung
• Widerspruchsrecht	• kein Widerspruchsrecht
• meist keine Publizität	• im Firmenbuch eingetragen
• beliebig beschränkbar	• unbeschränkbar
• weisungsfreier Mindestbereich?[11]	• Weisung nicht wirksam

[10] Vgl § 20 Abs 2 GmbHG.

[11] Siehe dazu Kapitel III.F.2.

1. Vertretung der GmbH – das Außenverhältnis

6 Die Gesellschaft wird durch die Geschäftsführer nach außen **gerichtlich** und **außergerichtlich** vertreten.[12] Die GmbH als juristische Person wird durch ihre Geschäftsführer gegenüber Dritten, gegenüber Behörden und auch gegenüber den Gesellschaftern durch ihre Geschäftsführer berechtigt und verpflichtet. Die Notwendigkeit der Vertretung ergibt sich aus der Tatsache, dass die GmbH als juristische Person zwar rechtsfähig, **nicht** aber **handlungsfähig** ist. Sie bedarf also **natürlicher Personen**, die im Namen der Gesellschaft tätig werden und deren rechtliche Handlungen für die Gesellschaft der Gesellschaft zugerechnet werden.

7 Die Vertretungsmacht des Geschäftsführers ist in dem Sinn **ausschließlich**, da die Gesellschaft durch kein anderes Organ, namentlich nicht durch die (bzw den einzigen) Gesellschafter oder den Aufsichtsrat, vertreten werden kann.[13] So gesehen kann man von einem **Vertretungsmonopol** der Geschäftsführer sprechen.

8 **Ausnahmen** von dieser Regel kommen immer dann zur Anwendung, wenn die **Geschäftsführer** bei Rechtsgeschäften **persönlich** (bspw als Vertragspartner) betroffen sind. Die **Gesellschafter** vertreten die Gesellschaft bei der Bestellung, Abberufung, Anstellung und Kündigung von Geschäftsführern, uU anlässlich der Einforderung von Stammeinlagen, bei der Übernahme einer auf ein erhöhtes Kapital zu leistenden Stammeinlage, bei der Genehmigung von Insichgeschäften, bei der Befreiung des Geschäftsführers vom Wettbewerbsverbot, bei der Bestellung von Aufsichtsratsmitgliedern, bei der Bestellung und Abberufung von Mitgliedern zusätzlicher Gesellschaftsorgane (beispielsweise eines freiwilligen Beirates), bei Abschluss eines Generalbereinigungsvertrages mit dem Geschäftsführer und etwa bei der Bestellung von Prüfungsorganen und Prozessvertretern.

---

[12] Vgl § 18 Abs 1 GmbHG.

[13] Vgl *Koppensteiner*, GmbHG² § 18 Rz 5 mwN; weitgehend gleich lautend *Reich-Rohrwig*, GmbH-Recht I² Rz 2/191.

Der **Aufsichtsrat** (sofern vorhanden) vertritt die Gesellschaft bei Rechtsgeschäften und Rechtsstreitigkeiten zwischen Geschäftsführer und Gesellschaft, sofern die Gesellschafter nicht besondere Vertreter[14] gewählt haben. 9

Die Vertretungsmacht der Geschäftsführer ist im Außenverhältnis **nicht** beschränkbar. Im Ergebnis wird also die GmbH durch die Geschäftsführer berechtigt und verpflichtet, auch wenn die Geschäftsführer beispielsweise intern ihre Weisungen oder Zustimmungsvorbehalte missachten oder überschreiten. Beschränkungen der Befugnisse von Geschäftsführern entfalten nur im Innenverhältnis Wirkung, nicht aber im Außenverhältnis gegenüber Dritten. Sie sind Dritten gegenüber grundsätzlich unwirksam.[15] 10

Ein Ausnahmefall kann jedoch dann vorliegen, wenn **Missbrauch der Vertretungsmacht** in Form der sog Kollusion anzunehmen ist, insbesondere dann, wenn der Geschäftspartner von der Überschreitung der Vertretungsmacht durch den Geschäftsführer in Kenntnis war. Schädigungsabsicht ist dabei unbeachtlich.[16] 11

2. Geschäftsführung – das Innenverhältnis

Die Geschäftsführung betrifft das **Innenverhältnis** des Geschäftsführers zur GmbH. Seine Befugnisse, die Geschäfte der GmbH zu führen, ergeben sich in erster Linie aus dem Unternehmensgegenstand, dem Gesellschaftsvertrag, den allfälligen Weisungen der Gesellschafter, der allfälligen Geschäftsordnung sowie dem Geschäftsführervertrag (Dienstvertrag) selbst. Insgesamt besteht ein weiter **Gestaltungsspielraum** für die Gesellschafter bzw die vertragsschließenden Parteien. Der Begriff der Geschäftsführung wird in der Regel weit gefasst. Man versteht darunter alle Handlungen, 12

[14] Vgl § 30l GmbHG.

[15] Vgl § 20 Abs 2 GmbHG.

[16] Vgl *Koppensteiner,* GmbHG[2] § 20 Rz 26 mwN; aA *Kastner/Doralt/Nowotny,* Gesellschaftsrecht[5] 369; *Strasser* in *Jabornegg/Strasser* (Hrsg), AktG II[4] (2001) §§ 71–74 Rz 72; offen lassend *Reich-Rohrwig,* GmbH-Recht I[2] Rz 2/242 ff.

aber auch Unterlassungen organisatorischer, kaufmännischer und personeller Art, welche die Leitung eines Unternehmens üblicherweise erfordern und ausmachen. Geschäftsführungsmaßnahmen sind also die **Leitungsmaßnahmen** im Innen- und Außenverhältnis, die das Unternehmen der GmbH benötigt. Geschäftsführungsmaßnahmen unterscheiden sich von Vertretungshandlungen dadurch, dass sie die GmbH nicht berechtigen oder verpflichten.

3. Geschäftsführungs- und Vertretungsmodelle

13 Das GmbH-Gesetz und die heutige Judikatur lassen eine Vielzahl von Geschäftsführungs- und Vertretungsmodellen zu. Sie sind weitgehend **dispositiver Natur**, also **vertraglich gestaltbar**. Üblicherweise erfolgen Regelungen im Gesellschaftsvertrag; sofern solche fehlen, gilt die gesetzliche Konzeption, die nachstehend kurz dargestellt wird.

3.1 Gesamtvertretung und Gesamtgeschäftsführung

14 Die **gesetzliche Konzeption** sieht mangels gesellschaftsvertraglicher Regelungen Gesamtvertretung[17] und Gesamtgeschäftsführung[18] vor. Willenserklärungen der Gesellschaft bedürfen demnach grundsätzlich der Mitwirkung **aller** Geschäftsführer (aktive Vertretung der GmbH). Erklärungen der GmbH wären nach der gesetzlichen Regelung also erst wirksam, wenn sich **alle** Geschäftsführer daran beteiligt haben.[19]

15 Scheiden einzelne Geschäftsführer aus, reduziert sich die Kollektivvertretung auf die verbleibenden Geschäftsführer; bleibt nur mehr ein **einziger** übrig, so ist dieser bis zur Bestellung weiterer Geschäftsführer **einzelvertretungsbefugt**.[20]

---

17 Vgl § 18 Abs 2 GmbHG; in der Literatur wird vielfach auch der Begriff „Kollektivvertretung" verwendet.

18 Vgl § 21 GmbHG.

19 Vgl *Koppensteiner*, GmbHG^2 § 18 Rz 13 ff.

20 Die **gesetzliche** Regelung vermeidet bis zum Ausscheiden aller Geschäftsführer, dass die Gesellschaft nicht vertreten werden kann (vgl *Reich-Rohrwig*, GmbH-Recht I^2 Rz 2/200).

Die **passive** Vertretung, also die Entgegennahme von Erklärungen, die Übernahme von Vorladungen und anderer Zustellungen, ist demgegenüber vom Prinzip der Einzelvertretung getragen.[21] Jeder Geschäftsführer darf, ist sogar verpflichtet, allein Erklärungen entgegenzunehmen. **16**

Gleiches gilt bei **Gefahr im Verzug** – dies jedoch ausschließlich für Geschäftsführungshandlungen; die Vertretungsbefugnis verändert sich auch bei Gefahr im Verzug nicht.[22] Der Geschäftsführer darf hinsichtlich der Geschäftsführung alleine handeln, auch ohne Mitwirkung oder Zustimmung der anderen Geschäftsführer. Eine solche Gefahr soll allerdings nur dann gegeben sein, wenn der Gesellschaft ein tatsächlicher Schaden, nicht bloß ein Gewinnentgang, droht.[23] **17**

Wesentlich ist die Möglichkeit, gegen Geschäftsführungsakte anderer Geschäftsführer **Widerspruch** zu erheben.[24] Die entsprechende Maßnahme hat sodann zu unterbleiben. Anderes gilt nur, wenn der Gesellschaftsvertrag abweichende Regelungen hiefür vorsieht. Sofern solche fehlen, ist eine **klärende** Befassung der **Generalversammlung** geboten. **18**

Gesamtvertretung bedeutet, dass rechtsgeschäftliche Erklärungen der Gesellschaft grundsätzlich erst dann wirksam werden, wenn sich Geschäftsführer in vertretungsberechtigter Zahl an ihnen beteiligen.[25] Erklärungen oder Rechtsgeschäfte eines allein handelnden kollektivvertretungsbefugten Geschäftsführers sind bis zur Zustimmung anderer Geschäftsführer **schwebend unwirksam**. **19**

Gleichzeitigkeit der Abgabe von Willenserklärungen ist nicht notwendig; es ist ausreichend, wenn die Erklä- **20**

---

[21] Vgl § 18 Abs 4 GmbHG.
[22] Vgl OGH Arb Slg 8052 = HS 5565; und HS 2181/35.
[23] Vgl *Koppensteiner*, GmbHG[2] § 21 Rz 6 und *Gellis/Feil*, GmbHG[5] § 21 Rz 1; *Auer*, Rechtsgrundlagen für GmbH-Geschäftsführer[3] (1997) Rz 149.
[24] Vgl § 21 Abs 2 GmbHG.
[25] Vgl *Koppensteiner*, GmbHG[2] § 18 Rz 14.

rungen zeitlich aufeinander folgend abgegeben werden.[26] **Nachträgliche Genehmigungen** durch weitere Geschäftsführer können gegenüber dem handelnden Geschäftsführer, aber auch gegenüber dem Dritten abgegeben werden.[27] Für Erklärungen sind alle Formen möglich, also schriftlich, mündlich oder konkludent (schlüssig). Auch das Unterbleiben eines Widerspruchs (= Stillschweigen) der anderen Geschäftsführer[28] nach Information oder Kenntnis des Geschäftsabschlusses[29] sowie die Erfüllung des Geschäftes[30] werden in praxi mitunter als nachträgliche Zustimmung angesehen. Der Gesellschaftsvertrag kann auch das gesetzliche **Widerspruchsrecht abbedingen**.[31]

21 Die gesetzliche Konzeption der Gesamtgeschäftsführung ist **wenig praktikabel**. Sie erfordert, dass bei allen Geschäftsführungshandlungen sämtliche Geschäftsführer mitwirken müssen. Insbesondere bei großen Unternehmen ist dies kein gangbarer Weg, weshalb oftmals gesellschaftsvertraglich **abweichende Regelungen** und ergänzende **Geschäftsordnungen** (Geschäftsverteilungen) durch die Gesellschafter beschlossen werden.

---

[26] Vgl OGH 25.4.1995, 1 Ob 538/95; die **gemeinsame** Abgabe von Erklärungen, beispielsweise durch gemeinsame Zeichnung eines Schriftstücks oder durch gemeinsame Anwesenheit bei einem mündlichen Vertragsabschluss, ist zwar nicht erforderlich, jedoch die rechtlich sicherste Variante und sollte daher in der Praxis nach Möglichkeit angewendet werden.

[27] Vgl *Wünsch*, Zur Ausübung der Vertretungsmacht durch GmbH-Geschäftsführer, GesRZ 1992, 229; zustimmend *Reich-Rohrwig*, GmbH-Recht I^2 Rz 2/210 und *Koppensteiner*, GmbHG^2 § 18 Rz 15.

[28] Ein wiederholtes Dulden kann jedenfalls auch für die Annahme einer Anscheinsvollmacht relevant sein – siehe dazu sogleich im Text.

[29] Vgl *Reich-Rohrwig*, GmbH-Recht I^2 Rz 2/210.

[30] Gem § 1016 ABGB; vgl *Strasser* in *Rummel* (Hrsg), ABGB I^3 (2000) § 1016 Rz 12.

[31] In der Praxis unüblich.

3.2 Gesellschaftsvertragliche Regelungen

22 Der Gesellschaftsvertrag bietet für die Gesellschafter die Möglichkeit, **andere** Vertretungs- und Geschäftsführungsmodelle vorzusehen. Mittlerweile ist jede denkbare und sinnvolle Kombination möglich. Von **Einzelvertretung** aller, mehrerer oder einzelner Geschäftsführer und **Kollektivvertretung** der jeweils anderen, einerseits, bis hin zu Kombinationen, bei welchen bestimmte Geschäftsführer nur mit bestimmten anderen Geschäftsführern vertreten können (kreuzweise Gesamtvertretung), andererseits, ist praktisch alles möglich; auch die **gemischte** (halbseitige) **Gesamtvertretung**, also einzelne Geschäftsführer sind selbständig vertretungsbefugt, andere sind nur kollektivvertretungsbefugt und an einzelvertretungsbefugte Geschäftsführer gebunden, ist zulässig.

23 Abgesehen von gesetzlichen und gesellschaftsvertraglichen oder durch Geschäftsordnung und Weisung normierten Grenzen, darf der **einzelgeschäftsführungsbefugte** Geschäftsführer alle Geschäfte der Gesellschaft alleine führen und Rechtsgeschäfte alleine abschließen.

24 Der **Widerspruch** gegen einen einzelvertretungsbefugten Geschäftsführer kann nur von anderen einzelvertretungsbefugten Geschäftsführern erhoben werden oder von kollektivvertretungsbefugten Geschäftsführern in vertretungsberechtigter Anzahl.[32] Widersprüche müssen sich zumindest gegen eine bestimmte Art von Geschäften wenden und dürfen **nicht generell** bleiben. Eine sachliche Rechtfertigung ist nicht entscheidend. Der Widerspruch muss vor der Handlung erhoben und direkt an den Geschäftsführer gerichtet sein. Die Missachtung eines erhobenen Widerspruchs kann im Falle des Eintritts von Schaden die **Haftung** des missachtenden Geschäftsführers nach sich ziehen.[33]

---

[32] Der Gesetzeswortlaut ist für diesen Fall leider etwas undeutlich, die herrschende Meinung (vgl ua *Gellis/Feil,* GmbHG[5] § 21 Rz 2) ergibt für den Fall, dass A einzel-, B und C jeweils kollektiv-geschäftsführungsbefugt sind, dass B und C gemeinsam A widersprechen können, A jedoch sowohl B als auch C allein widersprechen kann.

[33] Vgl *Gellis/Feil*, GmbHG[5] § 21 Rz 2; *Koppensteiner*, GmbHG[2] Rz 9 zu § 21 und *Reich-Rohrwig*, GmbH-Recht I[2] 2/265.

25 Auch **Befristungen** oder aufschiebende **Bedingungen** können für die Einzelvertretungsbefugnis intern vorgesehen werden; das Außenverhältnis (Vertretungsregelung) ist allerdings stets gesondert anzupassen (Firmenbucheintragungen). Die Erteilung kollektiver Zeichnungsberechtigung an Geschäftsführer zur gemeinsamen Vertretung mit **Gesamtprokuristen** ist zulässig, solange sichergestellt ist, dass die GmbH von zumindest einem Geschäftsführer auch ohne Mitwirkung von Prokuristen vertreten werden kann.[34]

26 Bloße **Verhinderung** (bspw durch Unfall, Krankheit etc) eines kollektivvertretungsbefugten Geschäftsführers macht den übrig bleibenden Geschäftsführer nicht automatisch einzelvertretungsbefugt.[35] Rechtsgeschäftliche **Vollmachten** (Handlungsvollmacht, Einzelvollmacht, Generalvollmacht) mögen ein geeignetes **Abhilfeinstrument** sein, wenn dringend Geschäftsführungs- oder Vertretungsmaßnahmen erforderlich sind. Zu denken wäre auch an das Institut eines **Stellvertreters**; dies kommt in der Praxis aber kaum vor. Problematisch können in diesem Zusammenhang gesellschaftsvertragliche Regelungen sein, die zwingend Kollektivvertretung vorsehen und keine Vorkehrungen für den Fall der Verhinderung eines Geschäftsführers enthalten. Im Falle einer solchen, eher als **verunglückt** zu bezeichnenden gesellschaftsvertraglichen Regelung, ist dann rasch eine Generalversammlung einzuberufen, um die Bestellung eines **Notgeschäftsführers** zu vermeiden.

3.3 Ressortverteilung

27 Bei einer Mehrzahl von Geschäftsführern kann es durchaus sinnvoll sein, (im Innenverhältnis) eine **Aufgabenverteilung** innerhalb der Geschäftsführung vor-

---

34 Vgl *Reich-Rohrwig*, GmbH-Recht I² Rz 2/203.

35 Vgl OGH 21.11.1978, 4 Ob 531/78. Die gesetzliche Konzeption, wonach sich die Kollektivvertretung auf die verbliebenen Geschäftsführer reduziert, wird somit durchbrochen, wenn der Gesellschaftsvertrag oder ein Gesellschafterbeschluss nur bestimmte Personen in Kombination mit bestimmten anderen Personen vertreten lässt.

zusehen. Zuständig hiefür ist grundsätzlich die **Generalversammlung**, meistens durch Beschlussfassung über eine Geschäftsordnung, vereinzelt auch bereits im Wege einer entsprechenden Ausgestaltung des Gesellschaftsvertrags.

Sofern ein Aufsichtsrat vorhanden ist und diesem entweder das Weisungsrecht gegenüber den Geschäftsführern übertragen wurde, oder er zur Erlassung einer Geschäftsordnung ermächtigt wurde,[36] kann auch der **Aufsichtsrat** eine Geschäftsordnung samt Geschäftsverteilung erlassen. 28

Der Geschäftsordnung samt Geschäftsverteilung kommt, wenn sie von den Gesellschaftern beschlossen wurde, eine gewisse **haftungsminimierende** Wirkung[37] zu. Die Geschäftsführer können auch selbständig untereinander eine Ressortverteilung umsetzen, die jedoch die uneingeschränkte Verantwortung aller Geschäftsführer für sämtliche Unternehmensbereiche bestehen lässt.[38] Sofern **mehrere einzelvertretungsbefugte** Geschäftsführer vorgesehen sind, wäre eine Ressortverteilung (zur allfälligen Konfliktvermeidung) umso mehr geboten. 29

Im Rahmen einer von den Gesellschaftern beschlossenen Geschäftsverteilung ist jeder Geschäftsführer **in erster Linie für seinen Bereich** zuständig. Für Bereiche, die anderen Geschäftsführern zugeordnet sind, tritt eine Entlastung ein. Die Ressortverteilung entbindet die Geschäftsführer jedoch nicht von der Pflicht **zur gegenseitigen Überwachung**,[39] allerdings ist keine ständige Überwachung der anderen Geschäftsführer erforderlich. Erst bei konkreten Hinweisen oder Verdachtsmomenten betreffend Fehler oder Versäumnisse ist Anlass zu Überprüfung und Kontrolle gegeben. 30

[36] Vgl § 30l Abs 4 GmbHG.

[37] Hinweis: Haftungsminimierend wäre bspw der vertragliche Ausschluss der Haftung für leichte Fahrlässigkeit; dies wirkt auch gegenüber Dritten; intern wäre auch der Ausschluss einer Haftung für grobe Fahrlässigkeit möglich, nicht aber mit Wirkung gegenüber Dritten (siehe dazu Kapitel V).

[38] Vgl *Reich-Rohrwig*, GmbH-Recht I^2 Rz 2/266.

[39] Vgl OGH 11.7.1979, 3 Ob 622/79.

31 Wesentlich ist, dass die persönliche Verantwortung aller Geschäftsführer für die Erfüllung bestimmter wesentlicher Verpflichtungen immer bestehen bleibt.[40] Zu diesen Pflichten gehören in erster Linie

- die gesetzlichen Buchführungspflichten;
- die Aufstellung des Jahresabschlusses;
- die rechtzeitige Anmeldung eines Insolvenzverfahrens;
- steuer- und sozialversicherungsrechtliche Pflichten.

32 Um die laufende Beobachtungspflicht hinsichtlich der **wirtschaftlichen Lage** einer GmbH einhalten zu können, ist es von hoher Bedeutung, dass ein entsprechendes **Berichts- und Informationswesen** eingerichtet wird, damit die anderen Organmitglieder sämtliche relevanten Informationen rechtzeitig erhalten oder sich zumindest beschaffen können. Jedem Geschäftsführer muss es zu jeder Zeit möglich sein, sich einen genauen Überblick über die wirtschaftliche und finanzielle Lage der Gesellschaft zu verschaffen.[41] Im Hinblick darauf, dass die Rechtzeitigkeit der Stellung eines Antrages auf Einleitung eines Insolvenz- oder Reorganisationsverfahrens, die in der Praxis wesentlichste haftungsvermeidende Maßnahme darstellt, ist die **laufende Beobachtung** der wirtschaftlichen Lage der Gesellschaft (beispielsweise durch **Quartalsberichte**, wie dies für einen Aufsichtsrat zwingend vorgesehen ist) für jeden Geschäftsführer **anzuraten**.

33 Im Zusammenhang mit Ressortverteilungen ist auch die Erteilung von Sondervollmachten und von Prokura zu nennen.[42] **Prokura** und **Handlungsvollmacht** sind hinsichtlich ihres Umfanges gesetzlich normierte Vollmachten; die Erteilung von Prokura bedarf im Innenverhältnis zudem der Mitwirkung aller Geschäftsführer und auch, hinsichtlich der Zulässigkeit ihrer Erteilung, einer Genehmigung der Generalversammlung oder der Gesellschafter, sofern nicht der Gesellschaftsvertrag

[40] Vgl *Koppensteiner*, GmbHG[2] § 21 Rz 13.
[41] Vgl *Kostner/Umfahrer*, GmbH[5] (1998) Rz 247.
[42] Siehe § 28 GmbHG.

Abweichendes anordnet. Im Außenverhältnis ist eine Prokuraerteilung indes auch dann wirksam, wenn sie ohne Gesellschafterbeschluss erfolgt ist.[43] Einfacher ist die Erteilung von Handlungsvollmacht, die Geschäftsführungssache ist. Unzulässig ist die organverdrängende Generalvollmacht; die Erteilung einer Generalvollmacht ohne organverdrängenden Charakter (also befristet und nicht auf Dauer angelegt) ist zulässig.[44]

Besteht eine **Ressortverteilung**, so wird darin häufig die gegenseitige Bevollmächtigung der Geschäftsführer zur Führung der mit dem übernommenen Ressort gewöhnlich verbundenen Geschäfte und zur diesbezüglichen Vertretung gegenüber Dritten gesehen.[45] 34

Exkurs: Anscheinsvollmacht

Die Vertretung durch nur *einen* Kollektivvertreter kann *ausnahmsweise* auch ohne die Zustimmung der übrigen Geschäftsführer wirksam sein, wenn durch widerspruchsloses Dulden der übrigen Gesamtvertreter (im Einzelfall) beim Dritten der *Anschein* einer Einzelvertretungsbefugnis erzeugt worden ist. Dulden die restlichen kollektivvertretungsbefugten Geschäftsführer über einen längeren Zeitraum, dass ein anderer ebenfalls **kollektivvertretungsbefugter Geschäftsführer** *allein* rechtsgeschäftlich handelt (und somit **als Einzelvertreter auftritt**), wird man zunächst davon ausgehen können, dass ihn die übrigen Geschäftsführer *ermächtigt* haben, Erklärungen mit Wirkung für *alle* Geschäftsführer abzugeben.[46] Eine **konkludente** Ermächtigung durch die übrigen Geschäftsführer darf aber nur dann angenommen werden, wenn die *Umstände* nach sorgfältiger Prüfung des Einzelfalls *keinen vernünftigen Grund übrig lassen*, an einer stillschweigenden Ermächtigung *zu zweifeln*.[47] 35

---

43 *Kostner/Umfahrer*, GmbH[5] Rz 299.

44 Vgl *Reich-Rohrwig*, GmbH-Recht I[2] Rz 2/192.

45 Vgl § 28 Abs 1 GmbHG; *Hannak,* Alleinvertretung durch ein gesamtvertretungsbefugtes Organmitglied, GesRZ 1982, 107; OGH ZBl 1919, 41.

46 *Koppensteiner,* GmbHG[2] § 18 Rz 15 ff.

47 Vgl den Wortlaut des § 863 ABGB.

36 Liegen diese Konkludenzkriterien des § 863 ABGB *nicht* vor, so kann – aus Vertrauensschutzgründen – *ausnahmsweise* dennoch ein **gültiges** Rechtsgeschäft zwischen der GmbH und dem Dritten zustande kommen, wenn das von Rechtsprechung und Lehre entwickelte Institut der so genannten **Anscheinsvollmacht**[48] zur Anwendung gelangt. Der OGH[49] fasst die allgemeinen **Voraussetzungen** für die Annahme einer Anscheinsvollmacht wie folgt zusammen:

- Der Sachverhalt muss **objektiv** geeignet sein, die **Annahme** des Dritten von der Erteilung der Vollmacht zur Einzelvertretung zu **rechtfertigen**.[50]
- Dieser **Rechtsschein** muss grundsätzlich vom **Vertretenen**[51] – in unserem Fall von den übrigen Geschäftsführern als Organe der GmbH[52] – durch ein ihnen in adäquater Weise zurechenbares Verhalten (dh durch Tun oder Unterlassen) erzeugt worden sein.
- Der **Dritte** muss aus guten Gründen redlicherweise darauf **vertraut** haben, dass eine Vollmacht zur Einzelvertretung erteilt worden sei. Fahrlässige Unkenntnis des Dritten von der fehlenden alleinigen Vertretungsbefugnis steht der Annahme einer Anscheinsvollmacht damit jedenfalls entgegen.

37 Dass dem alleine handelnden Kollektivvertreter die Möglichkeit eingeräumt wurde, **Geschäftspapier**, **Firmenstempel** und das **Faxgerät** der GmbH eigenständig zu verwenden, reicht zur Annahme einer Anscheinsvollmacht **nicht** aus; wohl aber unter Umständen die Tatsache, dass ein Geschäftsführer den anderen gesamtvertretungsbefugten Geschäftsführer **wiederholt**

---

48 Vgl *Strasser* in *Rummel* (Hrsg), ABGB I^3 § 1002 Rz 44 ff, *Reich-Rohrwig*, GmbH-Recht I^2 Rz 2/214

49 Vgl zB aus jüngerer Zeit OGH 24.11.1998, 1 Ob 188/98y.

50 Erzeugung eines äußeren Rechtsscheins beim Erklärungsempfänger.

51 Das wäre die GmbH als juristische Person.

52 Nur diese sind zivilrechtlich handlungsfähig und können daher ein „Verhalten“ an den Tag legen, das freilich der GmbH zuzurechnen ist.

alleine auftreten lässt und dessen Erklärungen in der Vergangenheit stets (schlüssig) akzeptiert hat.[53] Zu beachten ist in diesem Zusammenhang jedoch, dass das Institut der Anscheinsvollmacht nur auf *Willens*erklärungen anzuwenden ist, **nicht** aber auch auf **Wissenserklärungen**, da Letztere keine Vertretungshandlungen im eigentlichen Sinne darstellen.[54]

Praktisch empfiehlt sich damit jedenfalls, im Unternehmen großen Wert auf die Einhaltung des sog **Vier-Augen-Prinzips** zu legen. Da diesem Prinzip in der Eile des Geschäftslebens und nicht zuletzt auch aufgrund des umfassenden Einsatzes moderner Kommunikationsmittel wie E-Mail usw dennoch nicht immer ausreichend Beachtung geschenkt werden kann, erscheint die Aufstellung von ausreichend **präzisen internen Regeln** und **Standards** ratsam, welche die Anordnung der Gesamtvertretungsbefugnis begleiten und sinnvoll ergänzen könnten. In diesen Standards müsste insbesondere eine genaue Vorgangsweise für die nachträgliche Genehmigung vollmachtloser Vertretungshandlungen durch die übrigen Gesamtgeschäftsführer festgelegt werden. Ebenso ist uE eine Festlegung des Vorgehens bei Nichterteilung dieser nachträglichen Genehmigung empfehlenswert (zB Information des Dritten). Auch eine klare Abgrenzung[55] von Willens- und Wissenserklärungen im täglichen Geschäftsverkehr für interne Zwecke wäre uE aufgrund der oben stehenden Ausführungen dringend anzuraten.[56] Der Annahme einer Anscheinsvollmacht durch den Dritten kann in 38

[53] Vgl *Wenger,* GmbH: Neue Judikatur des OGH zur Kollektivvertretung, RWZ 1999, 234 mwN.

[54] Zur Verständigung des Schuldners von einer erfolgten Zession (**Drittschuldnerverständigung**) ist damit **jeder einzelne** Kollektivvertreter berechtigt, *ohne* dass die Voraussetzungen für eine Anscheinsvollmacht gegeben sein müssten; zivilrechtlich ist es dem Drittschuldner damit nach erfolgter Verständigung auch durch bloß *einen* gesamtvertretungsbefugten Geschäftsführer (= Wissenserklärung) bereits möglich, schuldbefreiend an den Neugläubiger zu leisten; vgl *Wenger,* RWZ 1999, 234; OGH 25.8.1998, 1 Ob 172/98w.

[55] Die Regeln über die Anscheinsvollmacht sind nur auf Willens-, nicht aber auf Wissenserklärungen anwendbar.

[56] Ähnliche praktische Empfehlungen erteilt *Wenger,* RWZ 1999, 234.

der Praxis dadurch entgegengewirkt werden, dass Geschäfts- und Vertragspartnern im Falle des wiederholten oder längerfristigen Auftretens **ausdrückliche** und **klare Vorbehalte** gemacht werden.

3.4. Konfliktlösung

39 Der Geschäftsführer ist zur kollegialen Zusammenarbeit mit den anderen Geschäftsführern und zur loyalen Zusammenarbeit mit den anderen Gesellschaftsorganen verpflichtet. Insbesondere hat jeder Geschäftsführer seine Mitgeschäftsführer über die **wesentlichen Vorgänge** in seinem Ressort zu **informieren**, und zwar auch über Angelegenheiten, die ihm außerhalb seiner Leitungstätigkeit bekannt geworden sind.

40 Das gesetzlich eingeräumte gegenseitige **Widerspruchsrecht** kann Spannungen und Konflikte innerhalb der Geschäftsführung erzeugen. Bei Uneinigkeit sollten die Geschäftsführer daher entweder den Aufsichtsrat befragen oder einen Weisungsbeschluss der Gesellschafter einholen. Gerade bei **Meinungsverschiedenheiten** zwischen und innerhalb der Organe zeigt sich die Stellung der Gesellschafterversammlung als oberstes Gremium der GmbH sehr deutlich. Die Gesellschafter können sowohl Beschlüsse des Aufsichtsrates als auch Beschlüsse der Geschäftsführung mittels gegenteiligem Weisungsbeschluss verdrängen und ihren Willen durchsetzen.[57]

4. Zustimmungspflichtige Geschäfte / Grenzen des Geschäftsführers

41 Eine Beschränkung der Geschäftsführungsbefugnis (im Innenverhältnis) kann entweder im Gesellschaftsvertrag, im Geschäftsführervertrag oder in der Geschäftsordnung vorgesehen oder durch Beschlüsse des Aufsichtsrates bzw der Gesellschafter – auch wiederholt

[57] Vgl *Koppensteiner,* GmbHG² § 30j Rz 20; siehe auch ausführlich *Hügel*, Aufsichtsratsveto und Entscheidungsbefugnis der Generalversammlung, GesRZ 1982, 305.

oder für Einzelfälle – bestimmt werden. In der Praxis wird vielfach ein **Katalog** von **zustimmungspflichtigen Geschäften** festgelegt, vor deren Durchführung jedenfalls die Zustimmung der **Generalversammlung** oder des **Aufsichtsrates** einzuholen ist. Rechtshandlungen, die diesen Beschränkungen zuwiderlaufen, sind unzulässig, Dritten gegenüber jedoch wirksam, da die Vertretungsbefugnis im Außenverhältnis nicht eingeschränkt werden kann. Im Innenverhältnis haftet der Geschäftsführer jedoch der GmbH gegenüber persönlich und uneingeschränkt für durch mangelnde Genehmigung verursachte Schäden.

Ist ein Aufsichtsrat eingerichtet, so normiert § 30j Abs 5 GmbHG einen Katalog von Geschäften, die jedenfalls die **Zustimmung des Aufsichtsrates** erfordern: **42**

- der Erwerb und die Veräußerung von Beteiligungen, Unternehmen und Betrieben;
- der Erwerb, die Veräußerung und die Belastung von Liegenschaften;
- die Errichtung und die Schließung von Zweigniederlassungen, die Aufnahme und Aufgabe von Geschäftszweigen und Produktionsarten;
- Investitionen, die bestimmte Anschaffungskosten übersteigen, die Aufnahme von Anleihen, Darlehen und Krediten, die bestimmte Beträge übersteigen;[58]
- die Gewährung von Darlehen und Krediten, soweit dies nicht zum gewöhnlichen Geschäftsbetrieb gehört;
- die Festlegung allgemeiner Grundsätze der Geschäftsführung, die Festlegung von Grundsätzen über die Gewährung von Gewinnbeteiligungen und Pensionszusagen an Geschäftsführer und leitende Angestellte.

Darüber hinaus können jederzeit weitere zustimmungspflichtige Geschäfte in den Gesellschaftsvertrag aufgenommen oder beschlossen werden. Auch **43**

[58] Der Aufsichtsrat hat diese Betragsgrenzen festzusetzen.

kann der Aufsichtsrat jederzeit autonom weitere Agenden seiner Zustimmung unterwerfen.[59]

44 Neben den Geschäften, die der Zustimmung des Aufsichtsrates bedürfen, enthält das GmbHG auch einen Katalog von Angelegenheiten, die **zwingend** in die Zuständigkeit der **Generalversammlung** fallen:[60]

- Prüfung und Feststellung des Jahresabschlusses;
- Entlastung der Geschäftsführer und des Aufsichtsrates;
- Beschluss über die Gewinnverwendung;
- Einforderung von ausstehenden Stammeinlagen, Einforderung und Rückzahlung von Nachschüssen;
- Erteilung von Prokura und Handlungsvollmacht;
- Geltendmachung von Ersatzansprüchen der Gesellschaft gegenüber den Geschäftsführern, Gesellschaftern und Aufsichtsräten;
- den Kauf oder Verkauf von Anlagevermögen, dessen Wert ein Fünftel des Stammkapitals übersteigt;
- Beschlussfassung über die Fusion[61] der Gesellschaft.

45 Die Gesellschafter können darüber hinaus jederzeit – dauernd oder im Einzelfall – zusätzliche Geschäfte an die Beschlussfassung der Generalversammlung binden. Zusätzlich sind die Geschäftsführer verpflichtet, bei **außergewöhnlichen Maßnahmen** die Zustimmung der Generalversammlung einzuholen.[62] Außergewöhnliche Maßnahmen sind bspw Geschäfte **außerhalb** des **Unternehmensgegenstandes** oder solche, die dem Gesellschaftszweck zuwiderlaufen. Weiters versteht man darunter Maßnahmen oder Angelegenheiten, die den von den Gesellschaftern festgelegten Grundsätzen

---

[59] Vgl *Koppensteiner*, GmbHG² § 30 j Rz 24.
[60] Vgl § 35 Abs 1 GmbHG.
[61] Vgl § 98 GmbHG.
[62] Vgl *Reich-Rohrwig*, GmbH-Recht I² Rz 2/253 f.

widersprechen, ebenso wie Angelegenheiten, bei denen mit einem Widerspruch der Gesellschafter zu rechnen wäre, wenn sie davon in Kenntnis wären.

Vorhaben, die faktisch den **Unternehmensgegenstand ändern** (etwa die Ausgliederung des gesamten Betriebes in eine Tochtergesellschaft[63]) oder die Veräußerung des Vermögens der GmbH als Ganzes[64] zählen freilich auch zu den außergewöhnlichen Maßnahmen. **46**

Auch die grundsätzliche Erlaubnis zur Bestellung von Handlungsbevollmächtigten für den gesamten Geschäftsbetrieb bedarf einer vorherigen Zustimmung der Generalversammlung. Gleiches gilt für die Aufnahme stiller Gesellschafter sowie den Abschluss von Beherrschungs-, Gewinnabführungs- oder Steuerumlageverträgen im Rahmen der neuen Gruppenbesteuerung. **47**

Den Geschäftsführern ist also zu raten, besonders bedeutsame Geschäfte, oder solche, die ein **Risiko** bergen, zumindest nachträglich durch die Gesellschafter bzw die Generalversammlung genehmigen zu lassen. **48**

---

[63] Einstimmigkeitserfordernis, OGH 10.5.1984, 8 Ob 574/83 (neuere Erkenntnisse einschränkend auf Dreiviertelmehrheit; vgl BGH vom 26.4.2004, II ZR 155/02 „Gelatine" = AG 2004, 384); vgl auch BGH vom 25.2.1982, II ZR 174/80 „Holzmüller" samt umfangreicher Literatur und vgl OGH vom 11.3.1996, 1 Ob 566/95.

[64] § 90 Abs 4 GmbHG, Gesellschafterbeschluss mit Dreiviertelmehrheit.

II. Bestellung; sonstige Rechtsbeziehungen

49 Der Geschäftsführer steht mit der von ihm geführten Gesellschaft in **mehrfachen Rechtsverhältnissen**. Sein Rechtsverhältnis zur Gesellschaft basiert einerseits auf dem gesellschaftsrechtlichen Akt der Bestellung, andererseits auf einem schuldrechtlichen Vertragsverhältnis und möglicherweise auch noch in der Übernahme verwaltungsrechtlicher Agenden (Gewerberecht, Umweltrecht etc).

A. Organrechtliches Verhältnis

1. Bestellung

50 Die Bestellung von Geschäftsführern kann im **Gesellschaftsvertrag**, durch **Gesellschafterbeschluss**, durch das **Gericht** oder durch sonstige **Entsendungsberechtigte** (bspw bestimmte Gesellschafter) erfolgen.[65] Die Bestellung bedarf der Zustimmung des in Aussicht genommenen Geschäftsführers und stellt somit einen zweiseitigen Rechtsakt dar.[66] Die Zustimmungsverpflichtung ergibt sich daraus, dass mit der Übernahme der Organstellung bedeutende Pflichten und Risiken[67] verbunden sind.

51 Das Recht, Geschäftsführer zu bestellen, ist **zwingend** den **Gesellschaftern vorbehalten** und kann anderen Organen nicht überantwortet werden.[68] Eine Bestellung durch Aufsichtsrat oder Beirat ist somit nicht möglich.[69] Eine gesetzliche Ausnahme dazu stellt die Mög-

---

65 Die Dauer der Geschäftsführerstellung ist gesetzlich nicht normiert; siehe im Gegensatz dazu § 75 AktG, der die Bestellung von Vorstandsmitgliedern auf die Dauer von fünf Jahren beschränkt.

66 Vgl ua *Reich-Rohrwig,* GmbH-Recht I^2 Rz 2/44.

67 Vgl Kapitel III, IV und V.

68 HA in Österreich: vgl *Koppensteiner,* GmbHG^2 § 15 Rz 14; *Reich-Rohrwig,* GmbH-Recht I^2 Rz 2/68; *Kastner/Doralt/Nowotny,* Gesellschaftsrecht^5 370; *Kostner/Umfahrer,* GmbH^5 Rz 181.

69 AA *Koppensteiner,* GmbHG^2 § 15 Rz 14.

lichkeit dar, im Gesellschaftsvertrag die Bestellung von Geschäftsführern dem Bund, einem Land oder einer anderen öffentlichrechtlichen Körperschaft vorzubehalten.[70] Diese Möglichkeit hat jedoch nur geringe Bedeutung und wird praktisch nicht ausgenutzt.[71]

Obwohl die Bestellung der Geschäftsführer grund- 52
sätzlich den **Gesellschaftern als Gesamtheit** vorbehalten ist, ist es möglich, einzelnen Gesellschaftern vertraglich ein Zustimmungsrecht, ein Vetorecht oder auch ein Entsendungsrecht einzuräumen. Ob die Abstimmung über die Geschäftsführer durch direkte Entsendungsrechte einzelner Gesellschafter gänzlich ersetzt werden kann, ist umstritten.[72] Fest steht jedoch, dass einzelnen Gesellschaftern das Recht eingeräumt werden kann, Geschäftsführer vorzuschlagen, welche dann von der Generalversammlung zu bestellen (zu wählen) sind (Nominationsrecht).[73]

Da die Bestellung **keiner Formvorschrift** unterliegt, 53
ist sowohl ein (schriftlicher) Umlaufbeschluss als auch eine Bestellung in der Generalversammlung möglich.[74] Bei der Anmeldung zum Firmenbuch ist dem Gericht jedoch der Nachweis über die Bestellung in **beglaubigter** Form beizubringen. Dabei muss der **Gesellschafterbeschluss** in Form eines notariellen Protokolls oder mit notarieller Beurkundung oder mit beglaubigter Unterschrift aller Teilnehmer der Gesellschafterversammlung vorgelegt werden.[75] Der Nachweis der Annahme der Bestellung durch den Geschäftsführer ist nicht erforderlich.[76]

[70] Vgl § 15 Abs 3 GmbHG.

[71] Vgl *Kastner/Doralt/Nowotny,* Gesellschaftsrecht[5] 370.

[72] Dafür *Koppensteiner,* GmbHG[2] § 15 Rz 14 „*Mit* [§ 15] *Abs 1 S 3 lässt sich die Notwendigkeit eines Gesellschafterbeschlusses nicht begründen*"; aA *Kastner/Doralt/Nowotny,* Gesellschaftsrecht[5], 370; *Reich-Rohrwig,* GmbH-Recht I[2] Rz 2/69.

[73] Vgl *Nowotny/Fida,* Kapitalgesellschaftsrecht, Umgründungsrecht, Übernahmerecht (2004) 33; *Kastner/Doralt/Nowotny,* Gesellschaftsrecht[5] 370; *Reich-Rohrwig,* GmbH-Recht I[2] Rz 2/69; *Kostner/Umfahrer,* GmbH[5] Rz 181.

[74] Vgl *Reich-Rohrwig,* GmbH-Recht I[2] Rz 2/46.

[75] Vgl *Gellis/Feil,* GmbHG[5] § 17 Rz 2.

[76] Vgl *Koppensteiner,* GmbHG[2] § 17 Rz 6.

54 Die Bestellung ist nach Zustimmung des Geschäftsführers **sofort wirksam**, die Anmeldung zum Firmenbuch ist kein[77] Erfordernis für die Wirksamkeit. Die **Eintragung** wirkt nicht konstitutiv, sondern lediglich **deklarativ**.

2. Abberufung

55 Die **Bestellung** zum Geschäftsführer kann **jederzeit** durch Beschluss der Gesellschafter **widerrufen** werden.[78] Für die Beschlussfassung sind wie im Fall der Bestellung keine Formvorschriften vorgesehen. Sofern der Gesellschaftsvertrag nichts anderes bestimmt, ist eine **einfache Mehrheit** ausreichend, eine Angabe von Gründen ist im gesetzlichen Regelfall nicht erforderlich. Die Abberufung wird mit dem Zugang der Erklärung an den abberufenen Geschäftsführer sofort wirksam. Die Firmenbucheintragung hat wiederum nur deklarative Wirkung.

56 Eine **Anfechtung** des Gesellschafterbeschlusses durch einen oder mehrere Gesellschafter, welche in der betreffenden Generalversammlung Widerspruch zu Protokoll gegeben haben, ist möglich. Unter Umständen kann der Beschluss selbst nichtig sein. Die Anfechtungsklage kann von den Gesellschaftern, den verbliebenen Geschäftsführern als Gesamtheit und – sofern vorhanden – dem Aufsichtsrat erhoben werden. Der abberufene **Fremdgeschäftsführer**[79] kann den Abberufungsbeschluss **nicht selbst** anfechten, weil der Beschluss sofort mit seiner Fassung und Erklärung an den Abberufenen wirksam wird.[80]

---

[77] Vgl OGH 28.11.1991, 6 Ob 19/91.

[78] Vgl § 16 Abs 1 GmbHG; vgl dazu *Schrammel,* Bestellung und Abberufung von GmbH-Geschäftsführern aus arbeitsrechtlicher Sicht, ecolex 1990, 697.

[79] Darunter versteht man einen Geschäftsführer, der nicht zugleich Gesellschafter ist.

[80] Der Geschäftsführer verliert mit Zugang der Abberufungserklärung seine Geschäftsführerstellung und gleichzeitig seine Anfechtungslegitimation gegen Gesellschafterbeschlüsse gem § 41 Abs 3 GmbHG. Der Fremdgeschäftsführer kann uU beim ASG gegen die auf die Abberufung folgende Kündigung Klage erheben; vgl dazu *Reich-Rohrwig,* GmbH-Recht I² Rz 2/630.

Die Anfechtung des Gesellschafterbeschlusses hat **keine aufschiebende** Wirkung. Droht der Gesellschaft durch die Abberufung ein unwiederbringlicher Schaden, kann mittels einstweiliger Verfügung de facto eine aufschiebende Wirkung erreicht werden.[81] Die Zuerkennung aufschiebender Wirkung ist diesfalls sogar dann möglich, wenn der abberufene Geschäftsführer bereits aus dem Firmenbuch gelöscht wurde.[82] 57

Als **Anfechtungsgründe** können sämtliche **Verfahrensmängel** geltend gemacht werden, bspw[83] 58

- eine zu kurzfristige Einberufung der Generalversammlung;
- die unrichtige oder unvollständige Ankündigung der Tagesordnung;
- eine unrichtige Berechnung der Stimmen oder
- die Vertretung bei der Abstimmung durch nicht schriftlich stimmrechtsbevollmächtigte Personen.

Auch **materielle Gründe** eignen sich zur Anfechtung des Abberufungsbeschlusses, etwa:[84] 59

- das Fehlen des behaupteten Grundes, wenn die Abberufung gesellschaftsvertraglich an wichtige Gründe gebunden ist;
- ein Verstoß der Gesellschafter gegen deren Treuepflicht;
- die Unzulässigkeit des Eingriffs in das womöglich eingeräumte Sonderrecht des Gesellschafter-Geschäftsführers.

Im Prozess wird die Gesellschaft von den verbliebenen oder den bereits neu bestellten Geschäftsführern vertreten, eine Vertretung durch den Aufsichtsrat ist auch zulässig. Ist kein Aufsichtsrat vorhanden, können die Gesellschafter mittels Beschluss einen Prozesskurator[85] 60

---

81 Vgl *Nowotny/Fida,* Kapitalgesellschaftsrecht, Umgründungsrecht, Übernahmerecht 33.

82 Vgl OGH 24.4.1997, 6 Ob 2378/96s.

83 Vgl *Reich-Rohrwig,* GmbH-Recht I^2 Rz 2/631.

84 Vgl *Reich-Rohrwig,* GmbH-Recht I^2 Rz 2/632.

85 Vgl § 42 Abs 1 GmbHG. Hinweis: Ein solches Sonderrecht auf Geschäftsführung kann nur einem Gesellschafter und nur im Gesellschaftsvertrag eingeräumt werden.

bestellen, uU ist die gerichtliche Bestellung eines Notgeschäftsführers[86] denkbar.

61 Einen **Sonderfall** stellt die Abberufung eines **Gesellschafter-Geschäftsführers** dar. Dessen Abberufung kann im Gesellschaftsvertrag an **wichtige Gründe** geknüpft werden. Dadurch kann sich der Gesellschafter-Geschäftsführer gegen die willkürliche Abberufung durch die Gesellschaftermehrheit schützen.[87] Die Abberufung ist allerdings auch in diesem Fall sofort wirksam,[88] selbst wenn der behauptete wichtige Abberufungsgrund nicht vorliegt, und kann nur mittels Anfechtungsklage bekämpft werden.

62 Die Judikatur[89] anerkennt weiters einen **zweiten Sonderfall**: das echte gesellschaftsvertraglich verankerte **Sonderrecht** eines Gesellschafters auf Geschäftsführung. Die Abberufung durch die Generalversammlung ist in diesem Fall nur mit **Zustimmung** des Betroffenen möglich. In diesem Fall ist daher ausnahmsweise die Abberufung erst mit schriftlicher Zustimmungserklärung des betroffenen Geschäftsführers wirksam. Stimmt der Betroffene nicht zu, müssen die übrigen Gesellschafter aus wichtigem Grund **auf Abberufung klagen**. Die Abberufung ist in jedem Fall erst mit Zugang des rechtskräftigen Urteils an den Geschäftsführer wirksam. Das Sonderrecht verschafft somit dem Gesellschafter-Geschäftsführer eine sehr starke Position und schützt ihn vor willkürlicher Abberufung.

63 Ist der Geschäftsführer zugleich **Mehrheitsgesellschafter**, kann die Abberufung „**nur**"[90] durch gerichtliche Entscheidung[91] bei Vorliegen eines **wichtigen**

---

86 Vgl § 15a GmbHG; vgl dazu Kapitel II.A.4.

87 Vgl *Kastner/Doralt/Nowotny,* Gesellschaftsrecht[5] 373.

88 Ausnahme: Anfechtungsklage durch den Gesellschafter-Geschäftsführer mit einstweiliger (rechtskräftiger!) Verfügung über die Zuerkennung aufschiebender Wirkung.

89 Vgl OGH 2.10.1985, 3 Ob 555/85.

90 Das Stimmrecht des Mehrheitsgesellschafters ist bei der Abstimmung gem § 39 Abs 5 GmbHG nicht beschränkt. Der Mehrheitsgesellschafter-Geschäftsführer wird wohl regelmäßig gegen seine Abberufung votieren.

91 Sog „Rechtsgestaltungsurteil" gem § 16 Abs 2 GmbHG.

Grundes erfolgen. Als wichtige Gründe kommen dabei in erster Linie in Betracht:[92]

- Pflichtverletzungen bei der Buchführung;
- Unredlichkeiten;
- Vernachlässigung der Geschäftsführung;
- verbotene Insichgeschäfte;
- Vertrauensunwürdigkeit;
- Übertretung von Weisungen;
- Nichtbeachtung von Mitwirkungsrechten anderer Geschäftsführer oder Gesellschafter;
- Unterlassung der zur Erreichung des Gesellschaftszwecks erforderlichen Tätigkeit;
- Weigerung zur Pflichterfüllung;
- Unfähigkeit zur Geschäftsführung.

Ein **Verschulden** des Geschäftsführers ist **nicht erforderlich**, auch unverschuldete Umstände (etwa Krankheit, altersbedingte erheblich verminderte Leistungsfähigkeit, Unfälle oder geistige Gebrechen) können zur Abberufung führen.[93] Die Abberufung des Gesellschafter-Geschäftsführers setzt jedoch voraus, dass sein **Verhalten** bzw der Umstand so **schwerwiegend** ist, dass die Fortdauer der Tätigkeit das Interesse der Gesellschaft erheblich gefährdet oder zumindest den übrigen Gesellschaftern nicht zumutbar ist.[94] Die Frage der **Klageberechtigung** ist umstritten. Nach der wohl überwiegenden Meinung[95] sind die übrigen Gesellschafter gemeinsam klageberechtigt. Verhindert die Mehrheit trotz Vorliegens eines wichtigen Grundes die Abberufung, kann sie auf Zustimmung zur Abberufung geklagt werden.[96] 64

Gleiches gilt für den Fall eines **Fremdgeschäftsführers**, den eine gesellschaftsrechtliche Minderheit abbe- 65

[92] Vgl dazu bspw OGH 21.5.2003, 6 Ob 63/03p.
[93] Vgl *Reich-Rohrwig,* GmbH-Recht I[2] Rz 2/616.
[94] Vgl OGH 21.5.2003, 6 Ob 63/03p.
[95] Bspw *Kastner/Doralt/Nowotny,* Gesellschaftsrecht[5] 375; *Koppensteiner,* GmbHG[2] § 16 Rz 21; aA *Reich-Rohrwig,* GmbH-Recht I[2] Rz 2/643, der (zumindest bei Publikumsgesellschaften) einer Mehrheit der anderen Gesellschafter (und nicht allen anderen) die Klageberechtigung zuweist.
[96] Vgl § 16 Abs 2 zweiter Satz GmbHG.

rufen will und sich nicht durchsetzt.[97] Ein stattgebendes Urteil bewirkt, dass die Stimmen der Beklagten als im Sinn der Abberufung abgegeben zählen. Eine neuerliche Beschlussfassung ist nicht notwendig.

66 Der Geschäftsführer ist erst mit dem Zeitpunkt der Zustellung des rechtskräftigen Urteils von seiner Geschäftsführerstellung enthoben. Die Einbringung der Klage hat **keine sofortige Wirkung**, jedoch kann das Gericht in diesem Fall dem Geschäftsführer die weitere Geschäftsführung und Vertretung der Gesellschaft durch **einstweilige Verfügung** untersagen, sofern ein unwiederbringlicher Schaden droht.

67 Das mit der Abberufung einhergehende Erlöschen der Vertretungsbefugnis ist unverzüglich zum Firmenbuch anzumelden.[98] Der Löschung kommt wiederum nur deklarative Wirkung zu.

3. Rücktritt des Geschäftsführers

68 Ein Rücktritt des Geschäftsführers aus **wichtigem Grund** ist mit **sofortiger** Wirkung möglich. **Ohne wichtigen Grund** ist gesetzlich eine Frist von **14 Tagen** vorgesehen.[99]

69 Die organrechtliche Rücktrittserklärung ist eine empfangsbedürftige Willenserklärung. Der Rücktritt ist gegenüber der **Generalversammlung** oder gegenüber allen Gesellschaftern (Einschreiben mit Rückschein!) zu erklären. Die Rücktrittserklärung muss in der Tagesordnung der betreffenden Generalversammlung **angekündigt** werden. Wegen der gesetzlichen oder gesellschaftsvertraglichen Fristen für die Einberufung einer Generalversammlung ist die Regelung für einen kurzfristigen Rücktritt hinderlich, bei einem sofortigen Rücktritt aus wichtigem Grund unpraktisch.[100]

---

[97] Nichtigkeitsklage oder Zustimmungsklage.
[98] Vgl § 17 GmbHG.
[99] Vgl § 16a GmbHG.
[100] Vgl *Koppensteiner,* GmbHG^2 § 16a Rz 3; ebenso *Umfahrer,* Geplante Neuerungen im Gesellschaftsrecht durch das IRÄG 1997, RdW 1997, 2.

Wichtige Gründe für einen fristlosen Rücktritt als Geschäftsführer sind gegeben, wenn[101] 70

- dem Geschäftsführer die Auszahlung von Ansprüchen vorenthalten wird oder
- der Geschäftsführer an der ordnungsgemäßen Wahrnehmung seiner Geschäftsführerpflichten durch andere Geschäftsführer oder durch Gesellschafter gehindert wird.

Tritt letztere Situation in der Praxis ein, sollte der Geschäftsführer von seinem Recht auf fristlosen Rücktritt auch unverzüglich Gebrauch machen. Aufgrund seiner Treuepflicht darf der Geschäftsführer seinen (**grundlosen**) **Rücktritt** regelmäßig nur unter Einhaltung der gesetzlichen oder vertraglichen **Kündigungsfrist** erklären, um es der GmbH zu ermöglichen, ihre Interessen zu wahren und eine mögliche Handlungsunfähigkeit zu vermeiden. Bei grundloser sofortiger Kündigung begibt sich der Geschäftsführer in die Gefahr, für den entstandenen Schaden zur **Haftung** herangezogen zu werden.[102] 71

Ein Rücktritt nach Eintritt der Überschuldung oder Zahlungsunfähigkeit ist nur dann zulässig, wenn zwischen Geschäftsführern und Gesellschaftern Auffassungsunterschiede über die Sanierung und Fortführung des Unternehmens bestehen und es dem Geschäftsführer aus Haftungsgründen nicht zumutbar ist, die von den Gesellschaftern geforderte Unternehmensfortführung zu wagen.[103] 72

Der Rücktritt des Geschäftsführers ist **unverzüglich** dem Firmenbuch zur **Eintragung** anzumelden. Die Anmeldung kann durch den zurücktretenden Geschäftsführer **selbst** durchgeführt werden. Der Zeitpunkt des Rücktritts muss dabei so gestaltet sein, dass dieser unmittelbar nach der Anmeldung zum Firmenbuch wirk- 73

[101] Vgl *Reich-Rohrwig,* GmbH-Recht I^2 Rz 2/668.

[102] Vgl *Reich-Rohrwig,* GmbH-Recht I^2 Rz 2/667.

[103] Vgl *Reich-Rohrwig,* GmbH-Recht I^2 Rz 2/668. In dieser Situation ist der Rücktritt des Geschäftsführers dringend geboten; zur Zahlungsunfähigkeit und Sanierung siehe Kapitel IV.

sam wird.[104] Die Anmeldung des eigenen Rücktritts zum Firmenbuch ist somit der letzte Vertretungsakt des Geschäftsführers.

74 Tritt der einzige Geschäftsführer oder treten sämtliche Geschäftsführer gleichzeitig zurück, muss der (letzte) zurücktretende Geschäftsführer sein Löschungsgesuch mit dem Antrag auf Bestellung eines **Notgeschäftsführers** verbinden.[105]

Exkurs: Notgeschäftsführer

75 § 15a GmbHG bestimmt, dass das Gericht in dringenden Fällen auf Antrag eines Beteiligten einen oder mehrere Notgeschäftsführer zu bestellen hat, soweit und solange die ansonsten zur Vertretung der Gesellschaft erforderlichen Geschäftsführer fehlen.

76 Der Begriff „**Fehlen**" erfasst dabei nicht nur Fälle, in denen die Position des Geschäftsführers formell unbesetzt ist (etwa weil der Bestellungsakt zum Geschäftsführer von Anfang an unwirksam war oder der Geschäftsführer zurückgetreten ist), sondern auch die **tatsächliche** ebenso wie die **rechtliche Verhinderung** des Geschäftsführers. Tatsächlich kann ein Geschäftsführer zB wegen Krankheit oder Auslandsaufenthalt verhindert sein; einen Fall sog rechtlicher Verhinderung stellt es dar, wenn es eine Rechtsnorm dem Geschäftsführer verbietet, die Gesellschaft zu vertreten (etwa bei Insichgeschäften, Befangenheit des Geschäftsführers, etc).[106] Schließlich werden nach hA von § 15a GmbHG auch Fälle der Amtsverweigerung umfasst, mithin wenn sich der Geschäftsführer schlechthin weigert, die Gesellschaft zu vertreten.[107]

---

[104] Siehe OGH 30.1.1997, 6 Ob 2380/96k; vgl dazu ausführlich *Nowotny*, Selbstlöschung durch den zurücktretenden GmbH-Geschäftsführer, RdW 1997, 321. Ein Rücktritt, der nur unter der Bedingung der erfolgten Löschung im Firmenbuch erklärt wird, ist jedoch nicht anmeldefähig und entfaltet keine Rechtswirkung.

[105] Vgl *Nowotny*, RdW 1997, 321.

[106] Ausf dazu *Pöltner*, Der Notgeschäftsführer in der GmbH (2002) 30 ff.

[107] AA indes *Koppensteiner*, der einen Notgeschäftsführer bereits im Falle der Verweigerung auch im Hinblick auf einzelne Ge-

Wie viele Geschäftsführer zur Vertretung der Gesellschaft erforderlich sind, regeln Gesellschaftsvertrag und Gesetz. Die zur Vertretung nötigen Geschäftsführer fehlen bereits dann, wenn die aktive Vertretungsmacht nicht mehr vorliegt. 77

Ein Notgeschäftsführer kann nur bestellt werden, wenn ein **dringender Fall** vorliegt. Ein solcher ist nach der Judikatur dann gegeben, wenn ohne unverzügliche Abhilfe der Gesellschaft, ihren Gesellschaftern, Organen oder Dritten erhebliche Nachteile drohen und die Gesellschaftsorgane nicht im Stande sind, den Mangel binnen angemessener Frist zu beseitigen.[108] 78

Schließlich ist es notwendig, dass ein **Beteiligter** einen **Antrag** auf Bestellung eines Notgeschäftsführers stellt. Fehlen die zur Vertretung der Gesellschaft erforderlichen Geschäftsführer, hat keiner der Geschäftsführer *seinen gewöhnlichen Aufenthalt im Inland*[109] oder sind die vorhandenen Geschäftsführer weder allein noch gemeinsam vertretungsbefugt, hat das **Gericht** auf Antrag einen (Not-)Geschäftsführer zur Behebung des Mangels zu bestellen.[110] 79

Jeder **Beteiligte** ist berechtigt, in dringenden Fällen[111] einen Antrag auf Bestellung eines Notgeschäftsführers zu stellen. Von Amts wegen kann das Gericht nicht tä- 80

schäftsführungsakte zulassen will (*Koppensteiner,* GmbHG² § 15a Rz 3), während umgekehrt *Pöltner* die bloße Amtsverweigerung überhaupt nicht unter § 15a GmbHG subsumieren will (*Pöltner*, Notgeschäftsführer 47).

108 OGH 15.4.1993, 6 Ob 8/93.

109 AA *Koppensteiner,* GmbHG² § 15a Rz 4: *Das FBG* [Firmenbuchgesetz, Anm] *hat bei den die Geschäftsführer betreffenden Angaben den gewöhnlichen Aufenthalt durch die für Zustellungen maßgebliche Anschrift ersetzt.(...) Befindet sich die für Zustellungen maßgebliche Anschrift nur eines Geschäftsführers im Inland, dann sind auch behördliche Schriftstücke ohne weiteres zustellbar.* Die GmbH kann sodann (passiv) vertreten werden, die Bestellung eines Notgeschäftsführers ist nicht notwendig.

110 § 15a GmbHG.

111 *Koppensteiner,* GmbHG² § 15a Rz 5; ein dringender Bestellungsgrund liegt dann vor, wenn der Gesellschaft, den Gesellschaftern oder Dritten ohne unverzügliche Abhilfe ein Schaden droht.

tig werden.[112] Als Beteiligte gelten bspw Gläubiger, Arbeitnehmer, Aufsichtsratsmitglieder, Behörden, ein verbliebener Prokurist, ein verbliebener kollektivvertretungsbefugter Geschäftsführer oder die Gesellschafter.[113] **Geschäftsführer**, Aufsichtsratsmitglieder und Gesellschafter sind im Übrigen bei Vorliegen der sonstigen Voraussetzungen **zur Antragstellung verpflichtet**.[114] Zuvor ist freilich – soweit möglich und sinnvoll – eine gesellschaftsinterne Lösung des Problems zu versuchen. Insbesondere ein Mehrheitsgesellschafter wird sich vor einer gerichtlichen Antragstellung um eine Einberufung einer Generalversammlung samt entsprechender Beschlussfassung auf Bestellung von Geschäftsführern bemühen müssen. Ein Minderheitsgesellschafter, der nicht einmal im Stande ist, für eine Einberufung einer Generalversammlung zu sorgen, kann sich indes sofort an das Gericht wenden.[115] Voraussetzung für die Stellung als Beteiligter ist jedoch stets ein **rechtliches Interesse** an der Notgeschäftsführerbestellung.[116]

81 Bei der Bestellung des Notgeschäftsführers ist das Gericht nur an die gesetzlich normierten (natürliche, handlungsfähige Person), nicht jedoch an die im Gesellschaftsvertrag verankerten Qualifikationen für die Geschäftsführer gebunden. Ein Hinwegsetzen des Gerichts über privatautonom statuierte Qualifikationsmerkmale ist jedoch nur unter Beachtung des Grundsatzes der Verhältnismäßigkeit zulässig.[117] Auch die gesellschaftsvertraglichen Regelungen zur Art der Vertretungsbefugnis müssen vom Gericht nicht zwingend beachtet werden.[118] Es kann also unter Umständen auch ein einzelvertretungsbefugter Geschäftsführer bestellt werden, selbst wenn der Gesellschaftsvertrag nur Kollektivvertretung vorsieht.

---

[112] OLG Wien 30.9.1985, 5 R 55/85, NZ 1986, 135.
[113] Siehe *Reich-Rohrwig,* GmbH-Recht I² Rz 2/61.
[114] Näher dazu *Pöltner*, Notgeschäftsführer 78 f.
[115] *Koppensteiner*, GmbHG² § 15a Rz 6 f.
[116] Dazu insb *Pöltner*, Notgeschäftsführer 72 ff.
[117] *Pöltner*, Notgeschäftsführer 91.
[118] Siehe *Kastner/Doralt/Nowotny,* Gesellschaftsrecht⁵ 371.

Zwar steht es dem Antragsteller frei, eine Person für das Amt des Notgeschäftsführers vorzuschlagen. Die Praxis zeigt auch, dass die Namhaftmachung einer (qualifizierten) Person, die zur Übernahme der Funktion als Notgeschäftsführer bereit ist, das Verfahren in aller Regel erheblich beschleunigt. Der Antragsteller hat jedoch keinen Rechtsanspruch darauf, dass eine bestimmte Person vom Gericht zum Notgeschäftsführer bestellt wird, geschweige denn hat der Antragsteller ein subjektives Recht, selbst zum Notgeschäftsführer bestellt zu werden.[119] Umgekehrt besteht auch keine Verpflichtung zur Annahme der Bestellung als Notgeschäftsführer.[120] **82**

Der Notgeschäftsführer hat zwar in aller Regel auch ohne Abschluss eines Anstellungsvertrags einen Anspruch auf angemessene **Entlohnung**; aus Gründen der Rechtssicherheit ist der Notgeschäftsführer aber jedenfalls gut beraten, seine Entlohnung vertraglich mit der Gesellschaft zu vereinbaren.[121] **83**

Die Bestellung zum Notgeschäftsführer erlischt nach herrschender Meinung bei Wegfall des Bestellungsgrundes von selbst.[122] Die Einholung eines gerichtlichen Enthebungs- oder Löschungsbeschlusses ist aber aus Gründen der Rechtssicherheit zu empfehlen.[123] Keine automatische **Amtsbeendigung** soll indes nach hA eintreten, wenn lediglich der wichtige Grund für die Bestellung zum Notgeschäftsführer wegfällt. Zwar endet richtigerweise mit Entfall der Dringlichkeit auch die Organstellung des Notgeschäftsführers, jedoch nicht automatisch: Vielmehr soll ein Enthebungsbeschluss des Gerichts erforderlich sein.[124] **84**

---

[119] OGH 25.3.2004, 6 Ob 26/04y.

[120] *Pöltner*, Notgeschäftsführer 96 f.

[121] Ausf dazu *Pöltner*, Notgeschäftsführer 125 ff.

[122] Vgl *Strasser* in *Jabornegg/Strasser*, AktG II^4 §§ 75,76 Rz 27; *Koppensteiner*, GmbHG^2 § 15a Rz 13; *Reich-Rohrwig*, GmbH-Recht I^2 Rz 2/65.

[123] Vgl zB OGH 22.2.1994, 6 Ob 3/94; OGH 7.12.1994, 6 Ob 23/94.

[124] So *Pöltner*, Notgeschäftsführer 162 f.

85 Ein vorzeitiger Rücktritt eines Notgeschäftsführers ist nach der Judikatur nicht möglich.[125]

B. Der Geschäftsführervertrag

1. Allgemeines

86 Wie bereits erwähnt, muss zwischen dem **gesellschaftsrechtlichen Akt** der Bestellung und dem Eintritt in ein **schuldrechtliches Vertragsverhältnis** zwischen GmbH und Geschäftsführer **unterschieden** werden.[126] Die Anwendbarkeit von arbeits- und sozialrechtlichen Bestimmungen ist dabei von der Ausgestaltung des Vertragsverhältnisses zwischen Gesellschaft und Geschäftsführer abhängig.[127]

87 Der „Anstellungsvertrag" wird in der Regel zwischen Gesellschaft und Geschäftsführer geschlossen,[128] wobei die Verhandlungspartner des Geschäftsführers die Gesellschafter sind. Der Abschluss des Anstellungsvertrages erfolgt auf Seiten der GmbH mittels **Gesellschafterbeschluss**.[129] Die Vertretung durch die anderen Geschäftsführer ist wegen des engen Verhältnisses zwischen Bestellung und Anstellung nicht möglich,[130] wohl aber die Zuweisung der Abschlusskompetenz an andere Organe wie bspw den Aufsichtsrat oder Beirat.[131]

---

125 Krit dazu insb *Koppensteiner,* GmbHG² § 15a Rz 13; *Pöltner*, Notgeschäftsführer 167.

126 Vgl OGH 5.2.1985, 4 Ob 5/85 und OGH 11.10.1994, 1 Ob 567/94.

127 Vgl *Koppensteiner,* GmbHG² § 15 Rz 27ff.

128 Vgl OGH 27.3.1979, 5 Ob 526/77 und OGH 31.3.1977, 6 Ob 575/77; zudem ist es zulässig, dass der Geschäftsführer von einem Dritten angestellt wird, wie zB bei einer GmbH & Co KG oder im Konzern (vgl dazu *Wünsch*, Zur gesellschaftsinternen Bestellung des GmbH-Geschäftsführers, GesRZ 1990, 64).

129 Vgl *H. Torggler*, Die Rechtsstellung des GmbH-Geschäftsführers, GesRZ 1974, 8 und *Koppensteiner*, GmbHG² § 15 Rz 21.

130 *Reich-Rohrwig,* GmbH-Recht I² Rz 2/77 mwN.

131 Siehe *Koppensteiner,* GmbHG² § 15 Rz 21; ausführlich zur Zuweisung der Abschlusskompetenz an den Aufsichtsrat *Geppert,* GmbHG-Novelle BGBl 1980/320: Zweifelsfragen im Zusammenhang mit dem Aufsichtsrat, GesRZ 1984, 77.

2. Arbeitsrechtliche Qualifikation

Der Geschäftsführervertrag ist grundsätzlich **formfrei** – er kann somit schriftlich, mündlich oder stillschweigend (konkludent) geschlossen werden.[132] Aus Gründen der Rechtssicherheit empfiehlt sich jedoch die Schriftform.[133] 88

Die Art des Geschäftsführervertrages bzw die darin festgelegten Regelungen unterliegen der Privatautonomie. Es herrscht **Vertragsfreiheit**, wobei grundsätzlich folgende Ausgestaltungen in Betracht kommen:[134] 89

- Auftrag;
- Werkvertrag;
- freies Dienstverhältnis;
- echtes Dienstverhältnis.

2.1 Auftrag

Wird ein Geschäftsführer für eine GmbH bestellt, bei der nur wenige Geschäfte anfallen, ist es denkbar, dass ein bloßer **Auftrag** dem Leistungsverhältnis zu Grunde liegt. Der Geschäftsführer wird somit nach bürgerlichem Recht[135] zur Geschäftsführung verpflichtet. Arbeitsrechtliche Bestimmungen finden auf den Auftrag keine Anwendung. Beispielsweise kann ein Auftragsverhältnis vorliegen, wenn ein Rechtsanwalt zum Geschäftsführer einer GmbH bestellt wird, die sich in Liquidation befindet.[136] In der Praxis stellt der Auftrag als Basis des Leistungsverhältnisses jedoch eine seltene Ausnahme dar. 90

2.2 Werkvertrag

Die Zulässigkeit des Werkvertrags als schuldrechtliche Basis für die Geschäftsführertätigkeit ist rechtlich um- 91

---

[132] Vgl *Reich-Rohrwig*, GmbH-Recht I^2 Rz 2/79.

[133] Aus steuerlichen Gesichtspunkten kann die Schriftform ebenfalls geboten sein (vgl VwGH 20.11.1989, 89/14/0141 und 6.2.1990, 89/14/0034 und *Wiesner*, Vorteil aus dem Dienstverhältnis und Vorteilsausgleich im Zusammenhang mit verdeckten (Gewinn-)Ausschüttungen, RdW 1990, 355).

[134] Vgl *Schrammel,* ecolex 1990, 697; OGH 14.12.1949, 1 Ob 57/49.

[135] §§ 1002 ff ABGB.

[136] Vgl OGH 23.2.1995, 8 Ob 13/93.

stritten.[137] Das Abgrenzungskriterium zwischen Werkvertrag und Dienstvertrag ist die Art der zu leistenden Schuld sowie die Frage nach der persönlichen Abhängigkeit und nach der Eingliederung in die Organisationsstruktur des Werkbestellers.[138] Während beim **Dienstvertrag** die **Arbeitskraft** geschuldet wird, so schuldet der Werknehmer beim **Werkvertrag** die Fertigstellung oder Lieferung eines „Werkes", also einen bestimmten **Erfolg**.[139] Zur Abgrenzung zwischen Auftrag und Werkvertrag wird die Art der Tätigkeit herangezogen: Während beim Werkvertrag tatsächliches Tätigwerden im Sinne der Erstellung eines Werkes vereinbart wird, wird beim Auftrag ein rechtliches Tätigwerden im Sinne von Vertretungshandlungen vom Beauftragten geschuldet.[140] Der Werkvertrag muss derart gestaltet sein, dass der Geschäftsführer bei der Geschäftsführung **persönlich**, **wirtschaftlich selbständig** und **unabhängig** ist. Denkbar ist dies bei einem Geschäftsführer, der nicht hauptberuflich für die Gesellschaft tätig ist, sondern die Möglichkeit hat, auch anderen selbständigen Tätigkeiten neben der Geschäftsführertätigkeit nachzugehen.

92 Die Judikatur[141] entwickelte insbesondere folgende **Kriterien**, die für das Vorliegen eines Werkvertrages sprechen:

- lediglich sachliche, aber keine persönliche Abhängigkeit;
- kein Urlaubsanspruch;
- kein Entgeltfortzahlungsanspruch bei Krankheit;

[137] Von Teilen der Literatur wird dies befürwortet, bspw *Reich-Rohrwig,* GmbH-Recht I² Rz 2/83 mwN und *Gellis/Feil,* GmbHG⁵ § 15 Rz 16; gegen eine generelle Zulässigkeit des Werkvertrages *Runggaldier/Schima,* Die Rechtsstellung von Führungskräften (1991) 9; der OGH (26.4.1990, 8 Ob 563/89) verneint diese Möglichkeit nicht explizit.

[138] Vgl *Mazal*, Freier Dienstvertrag oder Werkvertrag? ecolex 1997, 278 mwN.

[139] Vgl OGH 18.4.1974, 7 Ob 61/74; OGH 1.4.1992, 1 Ob 547/92; OGH 22.12.1999, 8 Ob 157/99t.

[140] Vgl dazu *Koziol/Welser*, Bürgerliches Recht II¹² (2001) 242.

[141] VwGH 15.7.1998, 97/13/0169; 16.1.1991, 89/13/0194 und 16.2.1994, 92/13/0149.

- die Möglichkeit, sich vertreten zu lassen;
- Selbsttragung von Reisekosten;
- freie Entscheidung über die Arbeitszeit.

Bei Vorliegen dieser Voraussetzungen trifft den Geschäftsführer das **Unternehmerwagnis**, da er auf sämtliche Absicherungen, die einem Arbeitnehmer zustehen, verzichtet. Eine Auszahlung des Honorars in monatlichen Teilbeträgen steht der Beurteilung als Werkvertrag nicht entgegen. **93**

Der (echte) **Werkvertrag** wird als schuldrechtliche Grundlage der Geschäftsführung in aller Regel **nicht** in Betracht kommen, zumal die Geschäftsführung üblicherweise auf Dauer angelegt ist und kein Erfolg versprochen wird.[142] Zudem soll grundsätzlich die Gesellschaft und nicht der Geschäftsführer das Unternehmerrisiko tragen.[143] **94**

2.3 Freier Dienstvertrag

Ein freier Dienstvertrag liegt vor, wenn der Geschäftsführer die Erbringung **regelmäßiger Arbeitsleistungen** schuldet, **ohne** in einem persönlichen **Abhängigkeitsverhältnis** zu stehen. Für das Fehlen einer persönlichen Abhängigkeit spricht der (vertragliche) Ausschluss einer persönlichen Weisungsgebundenheit und die Möglichkeit, sich nach Belieben vertreten zu lassen. **95**

Der freie Dienstvertrag unterscheidet sich vom echten Dienstvertrag durch die Möglichkeit,[144] **96**

- den **Ablauf** der Arbeit **selbst** zu regeln und jederzeit zu ändern,[145]
- den **Urlaub selbst** einzuteilen,
- die Arbeitsleistung durch einen **selbstbestellten Vertreter** erbringen zu lassen,

142 *Reich-Rohrwig,* GmbH-Recht I^2 Rz 2/83.

143 Vgl *Adler/Höller* in *Klang*, ABGB V^2 156, 376.

144 Vgl *Reich-Rohrwig,* GmbH-Recht I^2 Rz 2/88 mwN; siehe weiters *Schrammel,* ecolex 1990, 697 und *Achatz/Anzinger*, Abgrenzung und Auswirkung der Unterscheidung Arbeitsvertrag – Freier Dienstvertrag – Werkvertrag, RFG 2004/49.

145 Vgl insb OGH 14.9.1995, 8 Ob A 240/95.

- in persönlicher Hinsicht **keinen Weisungen** unterworfen zu sein und
- allenfalls die Geschäftsführertätigkeit nicht hauptberuflich, sondern nebenberuflich oder unter der Gestattung einer konkurrenzierenden anderen Beschäftigung nach eigener Zeiteinteilung auszuüben.

97 Freie Dienstverträge kommen in der Praxis insbesondere bei **Gesellschafter-Geschäftsführern** in Betracht, die durch ihre Beteiligung erheblichen Einfluss auf die Geschäftsführung ausüben.[146] Der Geschäftsführer, dessen Leistungsverhältnis im Wege eines freien Dienstvertrages geregelt ist, erbringt seine Leistungen zwar in wirtschaftlicher, nicht aber in persönlicher Abhängigkeit.[147]

2.4 Anstellung

98 Ein Anstellungs- oder echtes Dienstverhältnis besteht, wenn der Geschäftsführer[148]

- zu persönlicher,
- auf Dauer angelegter Arbeit,
- unter Leitung und mit Mitteln des Dienstgebers,
- in persönlicher und wirtschaftlicher Abhängigkeit und
- zur Unterordnung in die Unternehmensorganisation der GmbH

verpflichtet ist.

99 Wesentliches Merkmal echter Arbeitsverhältnisse ist die **persönliche Abhängigkeit**,[149] die daraus resultiert, dass die Arbeitsleistung dem Arbeitgeber zugute kommt und in einer von diesem bestimmten Organisationsstruktur entsteht.

100 Die persönliche Abhängigkeit äußert sich vor allem in der **Weisungsgebundenheit** des Arbeitnehmers.[150] Ne-

---

[146] Vgl OGH 22.12.1993, 8 Ob 28/93 und *Torggler*, GesRZ 1974, 8.
[147] Vgl *Wachter*, Der sogenannte freie Dienstvertrag, RdA 1984, 405 und OGH 30.6.2005, 8 Ob A 35/05p.
[148] Vgl ua *Reich-Rohrwig*, GmbH-Recht I² Rz 2/84 mwN.
[149] Vgl *Schrammel*, ecolex 1990, 697.
[150] Vgl VwGH 15.4.1998, 95/09/0174.

ben der persönlichen Abhängigkeit ist die **wirtschaftliche Abhängigkeit** das wichtigste Charakteristikum des echten Dienstverhältnisses.[151] Dieses Merkmal wird einerseits mit Lohnabhängigkeit gleichgesetzt, andererseits wiederum wird darunter oft auch das fehlende Eigentum an Betriebsmitteln bzw die fehlende Verfügungsmacht über Produktionsmittel verstanden.

Das **gesetzliche Weisungsrecht**[152] der Gesellschafter allein begründet noch **keine** persönliche Abhängigkeit des Geschäftsführers, weil es nicht automatisch die Möglichkeit zur Erteilung **persönlicher Weisungen** in Bezug auf Arbeitsort, Arbeitszeit und arbeitsbezogenes Verhalten umfasst. **101**

Fremdgeschäftsführer sind gesetzlich regelmäßig weisungsgebunden und haben keine Möglichkeit, Beschlüsse der Generalversammlung zu verhindern.[153] Es ist daher im **Einzelfall** zu prüfen, ob der betreffende Geschäftsführer aufgrund seines Vertrages den Ablauf der Tätigkeit hinsichtlich Arbeitsort und Arbeitszeit weitgehend selbst und jederzeit frei gestalten kann (dann freier Dienstnehmer) oder nicht (dann Anstellung). Die rechtliche Qualifikation des Vertrages ist für die Anwendbarkeit arbeitsrechtlicher Vorschriften[154] ausschlaggebend. Es empfiehlt sich daher, die Anwendbarkeit bestimmter arbeitsrechtlicher Vorschriften vertraglich zu vereinbaren.[155] **102**

Anders ist die Rechtslage hingegen, wenn der **Geschäftsführer** an der Gesellschaft oder an einer (Konzern-)Muttergesellschaft **beteiligt** ist. Die Beurteilung, ob ein echtes Dienstverhältnis, insbesondere persönliche Abhängigkeit oder Unterordnung vorliegt, hängt dabei vom Umfang der **Beteiligung** und den damit ver- **103**

---

[151] Vgl OGH 30.6.2005, 8 Ob A 35/05p; *Wachter*, RdA 1984, 405 und OGH 6.10.1970, 4 Ob 62/70.

[152] § 20 GmbHG.

[153] Vgl OGH 23.11.1982, 7 Ob 633/82.

[154] Bspw ist das AuslBG, das AngG und das UrlG nur auf echte Dienstverhältnisse anwendbar. Vgl dazu ua *Koppensteiner*, GmbHG^2 § 15 Rz 28ff mwN.

[155] Vgl *Schrammel,* Der Angestellte ex contractu, ZAS 1973, 163.

bundenen Rechten ab.[156] Bedeutend ist weiters der **Einfluss**, den der Gesellschafter-Geschäftsführer mittelbar oder unmittelbar auf die Generalversammlung und somit auf die Geschäftsführung ausüben kann.[157]

104 Ist der Geschäftsführer **Minderheitsgesellschafter** und hauptberuflich für die GmbH tätig, besitzt er (auch mittelbar) **keine Sperrminorität**[158] und wird ihm auch faktisch kein beherrschender Einfluss auf die Geschäftsleitung überlassen, so wird wohl von einem echten Dienstverhältnis auszugehen sein.[159]

105 Besitzt der Gesellschafter-Geschäftsführer hingegen die **Mehrheit** oder die Hälfte der Stimmen, verfügt er über ein **Vetorecht** oder eine **Sperrminorität**, allein oder syndikatsvertraglich mit anderen gemeinsam, oder kann er aus sonstigen Gründen (bspw aufgrund einer Treuhandschaft) einen **beherrschenden Einfluss** auf die GmbH ausüben bzw Weisungen verhindern, so liegt kein echtes Dienstverhältnis vor. Der Dienstvertrag ist dann zumeist als freier Dienstvertrag zu qualifizieren.[160]

106 Ist bspw ein Geschäftsführer an der GmbH mit einem Geschäftsanteil von 10 % und sein Sohn als Strohmann mit 30 % beteiligt und sieht die Satzung für die Beschlussfassung in Gesellschaftsangelegenheiten eine Mehrheit von 61 % des bei der Generalversammlung vertretenen Stammkapitals vor, so kommt den betreffenden Gesellschaftern gemeinsam eine Sperrminorität zu. Es fehlt dann an der persönlichen Abhängigkeit des Geschäftsführers, sodass das Arbeitsverhältnis zur GmbH kein Anstellungsverhältnis sein kann.[161]

---

156 Vgl OGH 23.11.1982, 7 Ob 633/82.

157 Vgl *Reich-Rohrwig,* GmbH-Recht I^2 Rz 2/86 mwN.

158 Eine Sperrminorität bedeutet die Möglichkeit zu besitzen, je nach der gesellschaftsvertraglichen Regelung Gesellschafterbeschlüsse zu blockieren.

159 Vgl *Gellis/Feil,* GmbHG^5 § 15 Rz 16 mwN.

160 Vgl *Reich-Rohrwig,* GmbH-Recht I^2 Rz 2/88, ua VwGH 7.9.1979, 1706/77 und 22.11.1990, 90/09/0096.

161 Vgl OGH 17.10.2002, 8 Ob A 68/02m.

3. Vertragsgestaltung

Der Regelungsspielraum des Geschäftsführervertrages ist durch die Rechtsfolgen der Bestellung vorgegeben. Die Bestellung verpflichtet den Geschäftsführer, das jeweils geltende Organisationsrecht der Gesellschaft zu respektieren und zu wahren.[162] Das bedeutet zunächst, dass Regelungen des **Anstellungsvertrages unwirksam** sind, wenn sie gesetzeswidrig sind. So ist beispielsweise die Beschränkung der Abberufung eines Fremdgeschäftsführers auf wichtige Gründe[163] unwirksam. **107**

Gegen den Gesellschaftsvertrag verstoßende Klauseln des Geschäftsführervertrages sind zwar nicht unwirksam, aber organisationsrechtlich unbeachtlich. Die **anstellungsvertragliche Erweiterung** der Geschäftsführungsbefugnis über den durch den Gesellschaftsvertrag gesteckten Rahmen hinaus kann daher **nicht durchgesetzt** werden.[164] Der betroffene Geschäftsführer hat jedoch die Möglichkeit, die Gesellschaft wegen einer Verletzung des Geschäftsführervertrages auf Schadenersatz zu klagen. Sinngemäß ändert auch die **satzungswidrige Einengung** der Geschäftsführungsbefugnis nichts an der bestehenden Organverantwortlichkeit. Die Gesellschaft kann keine Verletzung des Geschäftsführervertrages geltend machen, solange sich der Geschäftsführer im Rahmen seiner gesellschaftsvertraglich festgelegten Befugnisse bewegt.[165] **108**

Die Qualifikation des Geschäftsführervertrages als freier Dienstvertrag oder als echter Arbeitsvertrag ist für die **Anwendbarkeit arbeitsrechtlicher Schutzbestimmungen** von großer Bedeutung. Gesellschafter-Geschäftsführer sind regelmäßig nicht Arbeitnehmer, sondern freie Dienstnehmer, da eine persönliche Ab- **109**

---

[162] Vgl VwGH 17.1.1995, 93/08/0182 und *Wünsch*, GesRZ 1990, 65.

[163] Vgl § 15 Abs 1 GmbHG, § 16 Abs 3 GmbHG und OGH ZBl 1922/16 zitiert nach *Koppensteiner*, GmbHG² § 15 Rz 19.

[164] Vgl *Koppensteiner*, GmbHG² § 15 Rz 19.

[165] Vgl *Koppensteiner*, GmbHG² § 15 Rz 19 und OLG Wien 22.5.1995, 8 Ra 56/95.

hängigkeit nicht vorliegt. Fremdgeschäftsführer werden hingegen wegen ihrer Weisungsgebundenheit zumeist Arbeitnehmer sein.

110 Die Mehrzahl der arbeitsrechtlichen Vorschriften ist **nur** auf **echte Arbeitnehmer** anwendbar. Vielfach kann in Geschäftsführerverträgen auch die (subsidiäre) Anwendbarkeit des AngG vereinbart werden.[166] Eine solche Klausel macht den Vertrag jedoch nicht zu einem echten Dienstvertrag und den Gesellschafter-Geschäftsführer nicht zu einem Arbeitnehmer.[167]

111 Vor diesem Hintergrund sind folgende Vertragspunkte üblich bzw empfehlenswert:[168]

- **Vertragsdauer**

112 Die Vertragsdauer ist grundsätzlich **keinen gesetzlichen Regelungen** unterworfen.[169] Die Vertragspartner können frei von rechtlichen Vorschriften eine Befristung oder eine unbefristete Vertragsdauer vereinbaren.[170] Regelungsbedarf besteht hierbei insbesondere für Kriterien und Begleitumstände der **Beendigung** des Leistungsverhältnisses. Vor allem die Vereinbarung von Kündigungsfristen, Kündigungsentschädigungen und Abfertigungsansprüchen ist empfehlenswert.[171]

- **Tätigkeitsbereich**

113 Bei der Festlegung des Tätigkeitsbereichs muss es zu einem Ausgleich der Interessen des Geschäftsführers und der GmbH kommen. Im Interesse des Geschäftsführers liegt es, einen möglichst **exakt umgrenzten**

---

166 Vgl OGH 14.6.1955, 4 Ob 78/55; *Schrammel*, ZAS 1973, 163; OGH 12.3.2004, 8 Ob S 4/04b. Die Geltung eines Kollektivvertrages muss zusätzlich vereinbart werden (vgl OGH 28.11.1996, 8 Ob A 2167/96).

167 Vgl *Pichler/Weninger,* Aktienrecht in der Managerpraxis 68.

168 Vgl *Runggaldier/Schima,* Rechtsstellung 102 ff.

169 Vgl *Runggaldier/Schima,* Rechtsstellung 81; anders die Vertragsdauer bei Vorständen von Aktiengesellschaften, die zumeist an die höchstens fünfjährige Organdauer gebunden wird.

170 Vgl *Reich-Rohrwig*, GmbH-Recht I^2 Rz 2/124ff mwN.

171 Vgl dazu insb *Eckert*, Die Abberufung des GmbH-Geschäftsführers (2003) 182 f mwN.

Aufgabenbereich zu erhalten, um sich später gegen Aufgabenausweitungen oder Kompetenzbeschneidungen wehren zu können. Dieses Bedürfnis des Geschäftsführers nach einer klaren und genau geregelten Aufgabenabgrenzung steht in natürlichem Widerspruch zu Bestrebungen der GmbH, ein möglichst hohes Maß an **Flexibilität** zu erreichen, um etwaige spätere Umstrukturierungen und Verschiebungen der Aufgabenbereiche nicht unmöglich zu machen.[172] Es ist darauf zu achten, dass die dienstvertragliche Regelung mit einer bestehenden körperschaftsrechtlichen Ressortverteilung übereinstimmt, um Kollisionen zwischen Vertrag und Geschäftsführungs- und Vertretungsbefugnis zu verhindern.[173]

- **Ort der Tätigkeit**

Allgemein wird der Sitz der Gesellschaft oder der Ort der Geschäftsleitung vereinbart werden. Vor allem bei Konzernobergesellschaften wird auch die Frage von **Auslandsentsendungen** und der Übernahme von Organfunktionen in Tochterunternehmen von Bedeutung sein und einer entsprechenden Regelung bedürfen.[174] **114**

- **Arbeitszeit**

Da die gesetzlichen Regelungen zur Arbeitszeit für die Mitglieder des Leitungsorgans von Kapitalgesellschaften nicht anwendbar sind,[175] sollte der Geschäftsführervertrag wöchentliche oder monatliche Höchstarbeitszeiten enthalten.[176] **115**

- **Urlaub**

Als Ersatz für fehlende gesetzliche Urlaubsregeln sollten sowohl das **Ausmaß** des Urlaubs als auch die Mo- **116**

---

172 Vgl *Pichler/Weninger,* Aktienrecht in der Managerpraxis 68 und *Runggaldier/Schima,* Rechtsstellung 102 ff.

173 Vgl *Runggaldier/Schima,* Rechtsstellung 103; auch Verweise auf die Umschreibung der Tätigkeit in der Ressortverteilung sind üblich.

174 Weiterführend *Runggaldier/Schima,* Rechtsstellung 122 ff.

175 Vgl § 1 Abs 2 Z 8 AZG, § 1 Abs 2 Z 5 ARG, OGH 19.5.1994, 8 Ob A 254/94 und *Hainz*, Rechtsstellung von Führungskräften, ecolex 1995, 572.

176 Vgl *Runggaldier/Schima,* Rechtsstellung 145.

dalitäten des **Urlaubsantritts** (zB Abstimmung der Urlaubszeit mit den anderen Geschäftsführern[177]) vereinbart werden. Die vertragliche Anwendung des UrlG ist denkbar und in vielen Fällen auch geboten.[178]

- **Entgelt**

117 Hier ist neben der Höhe des **Fixbezuges** vor allem zu klären, ob bzw wann **Sonderzahlungen** (13. und 14. Monatsgehalt) zustehen und ob/wie allfällige Mehrleistungen (Überstunden) abgegolten werden. Weiters denkbar und durchaus üblich ist die Vereinbarung von Gewinnbeteiligungen oder Zielvereinbarungen. Hierbei ist festzulegen, welche Kriterien zur Feststellung der Zielerreichung herangezogen werden und welches Gesellschaftsorgan (bspw Aufsichtsrat oder Beirat) die Zielerreichung feststellt.[179] Auch etwaige **Nebenleistungen**[180] wie die Bereitstellung eines Dienstwagens sollten geregelt werden.

- **Wettbewerbsverbot**

118 Wichtig ist in diesem Zusammenhang vor allem die Kenntnisnahme bzw **Zustimmung** der Gesellschaft zu bereits ausgeübten Konkurrenztätigkeiten[181] und die vertragliche Vereinbarung von nachorganrechtlichen Wettbewerbsverboten[182] sowie von Konventionalstrafen.

- **Haftung**

119 Der Geschäftsführervertrag sollte auch Regelungen zur befreienden Haftungsübernahme der Gesellschaft zugunsten des Geschäftsführers oder zumindest über Haftungsbeschränkungen enthalten.[183]

---

177 Dabei muss insbesondere darauf geachtet werden, dass die GmbH jederzeit (zumindest passiv) vertreten wird.

178 Vgl *Pichler/Weninger,* Aktienrecht in der Managerpraxis 73.

179 Vgl *Pichler/Weninger,* Aktienrecht in der Managerpraxis 70.

180 Vgl dazu ausführlich *Runggaldier/Schima,* Rechtsstellung 140 ff.

181 Vgl *Koppensteiner,* GmbHG² § 24 Rz 9 und *Reich-Rohrwig,* GmbH-Recht I² Rz 2/296.

182 Vgl dazu auch Kapitel III.C.3.

183 Vgl dazu Kapitel V.

4. Beendigung des Leistungsverhältnisses

Die organrechtliche Abberufung stellt einen von der Auflösung des Geschäftsführervertrages verschiedenen Rechtsakt dar, auch wenn die zwei Rechtsakte einander gegenseitig beeinflussen.[184] 120

Die Abberufung aus der Geschäftsführerstellung bedingt nicht zwingend die Beendigung des Vertragsverhältnisses.[185] Die **organrechtliche Funktion** des Geschäftsführers kann **jederzeit widerrufen** werden, *unbeschadet der Fortdauer der Entschädigungsansprüche* aus einem bestehenden Anstellungsverhältnis.[186] Daraus und aus der gesellschaftsrechtlichen Trennung von Vertrags- und Organverhältnis folgert die hL, dass die Abberufung als solche das **Vertragsverhältnis nicht auflöst**, sondern weiter bestehen lässt, sofern nichts anderes vereinbart wurde.[187] 121

Die Beendigung des Vertragsverhältnisses bedarf folglich eines eigenen (**zusätzlichen**) **Gesellschafterbeschlusses** und einer Beendigungserklärung.[188] Ansonsten bleibt das Vertragsverhältnis weiter bestehen. 122

Die hM ist nicht unumstritten, da sie selten den Willen der Beteiligten widerspiegelt. *Sie hat den entscheidenden Nachteil, dass im Einzelfall ungewiss ist, ob der Anstellungsvertrag mit der Abberufung wirklich endet oder nicht.*[189] Hat der Geschäftsführer „*Grund daran zu zweifeln*", dass die Abberufungserklärung der Gesellschafter auch den Geschäftsführervertrag kündigen soll, so bleibt das **Vertragsverhältnis** trotz Abberufung **aufrecht**.[190] 123

---

[184] Vgl *Eckert*, Abberufung 163.
[185] Vgl *Schrammel*, ecolex 1990, 698.
[186] Vgl § 16 Abs 1 GmbHG.
[187] *Koppensteiner*, GmbHG² § 15 Rz 18; *Reich-Rohrwig*, GmbH-Recht I² Rz 2/121; *Schrammel*, ecolex 1990, 698; *Zöllner* in *Baumbach/Hueck* (Hrsg), GmbHG¹⁷ (2000) § 35 Rn 109.
[188] Vgl OGH 11.10.1994, 1 Ob 567/94 und *Reich-Rohrwig*, GmbH-Recht I² Rz 2/122f mwN.
[189] Vgl *Eckert*, Abberufung 165 mwN in Fn 1084.
[190] Vgl *Eckert*, Abberufung 163.

124 Der Geschäftsführer unterliegt weiter seiner Leistungspflicht,[192] die GmbH ihrer Entgeltzahlungspflicht.[193] Um die Rechtsunsicherheit, die sich aus dieser Situation ergeben kann, einzudämmen, ist es ratsam, die Kündigungsmodalitäten vertraglich zu vereinbaren und die **Auflösung** des Geschäftsführervertrages an die **Abberufung** aus der organrechtlichen Geschäftsführerstellung zu **binden**.[194]

4.1 Befristung

125 Wird das Dienstverhältnis befristet geschlossen, so **endet** es durch **Ablauf** der vereinbarten Periode bzw zum vereinbarten **Zeitpunkt** automatisch. Dies gilt sowohl für den echten als auch den freien Dienstvertrag.[195] Unabhängig von der Befristung kann auch eine frühere Kündigungsmöglichkeit vereinbart werden, solange Dienstnehmer und Dienstgeber dabei gleichgestellt sind (beide Vertragsparteien gleichermaßen kündigen dürfen).[196]

126 Der Vertrag kann aber auch eine auflösende Bedingung enthalten, wonach die Beendigung der Organstellung auch den Vertrag vorzeitig löst.[197] Diese **Koppelung** des Dienstverhältnisses an die Organstellung entspricht auch dem engen Zusammenhang zwischen diesen beiden Rechtsinstituten. Die Zulässigkeit solcher Vereinbarungen wurde bereits vom OGH[198] bestätigt und sie werden auch in der Praxis häufig angewendet.

4.2 Ordentliche Kündigung

127 Unbefristete Dienstverträge können von der GmbH und vom Geschäftsführer durch einseitige Erklärung ge-

---

[192] Der Geschäftsführer ist jedoch wegen seiner organrechtlichen Abberufung daran gehindert, seiner Leistungspflicht nachzukommen.

[193] Vgl *Runggaldier/Schima,* Rechtsstellung 192.

[194] So auch *Schrammel,* ecolex 1990, 698.

[195] Vgl *Reich-Rohrwig*, GmbH-Recht I^2 Rz 2/124.

[196] Vgl OGH 24.10.1995, 8 ObA 251/95 und *Schrammel,* ecolex 1990, 699.

[197] Vgl *Schrammel,* ecolex 1990, 699; *Schrammel,* Resolutivbedingungen im Arbeitsverhältnis, ZAS 1984, 221.

[198] Vgl OGH 28.8.1991, 9 ObA 81/91.

kündigt werden. Die **Kündigungsfrist** und der **Kündigungstermin** ergeben sich dabei aus dem Gesetz (§ 20 AngG wenn der Geschäftsführer Arbeitnehmer ist) oder dem Geschäftsführervertrag (bei freiem Dienstvertrag; fehlen vertragliche Regelungen, kommen die §§ 1159a und 1159b ABGB zur Anwendung).[199] Auch rechtswidrige (termin- bzw fristwidrige) Auflösungserklärungen sind wirksam, verpflichten den Erklärenden jedoch zum Schadenersatz. Eine **Koppelungsklausel**, die wiederum das Ende der Anstellung an das Ende der Organfunktion bindet, ist auch beim unbefristeten Dienstvertrag möglich.

4.3 Entlassung

Geschäftsführer können aus **wichtigem Grund** aus dem Vertragsverhältnis fristlos entlassen werden. Entlassungsgründe sind insbesondere 128

- Untreue;[200]
- Vertrauensunwürdigkeit;[201]
- Verletzung des Konkurrenzverbotes;[202]
- unzulässige persönliche Ausnutzung von Geschäftschancen der GmbH;[203]
- erhebliche Ehrverletzung gegenüber Dienstnehmern;[204]
- ungerechtfertigter organrechtlicher Rücktritt.[205]

Der Entlassungsgrund muss von den Gesellschaftern **unverzüglich** geltend gemacht werden, ansonsten entfällt das Argument der *Unzumutbarkeit der Fortsetzung des Vertragsverhältnisses*.[206] Eine nicht unverzüglich ausgesprochene Entlassung ist nicht mehr gerechtfertigt. Das Dienstverhältnis kann lediglich durch eine or- 129

[199] Vgl *Schrammel,* ecolex 1990, 699.
[200] Vgl ua OGH 16.9.1980, 5 Ob 591/80.
[201] Vgl ua OGH 26.4.1990, 8 Ob 563/89.
[202] Vgl ua OGH 19.6.1991, 9 Ob A 116/91.
[203] Vgl *Reich-Rohrwig*, GmbH-Recht I^2 Rz 2/131 mwN in Fn 115.
[204] Vgl ua OGH 24.2.1993, 9 Ob A 321/92.
[205] Vgl ua OGH 11.5.1995, 8 Ob A 297/94 (kein Entlassungsgrund, wenn der Rücktritt berechtigt ist).
[206] Vgl OGH 17.10.2003, 1 Ob 109/03s mwN.

dentliche Kündigung unter Einhaltung der Kündigungsfrist gelöst werden.[207]

4.4 Rücktritt des Geschäftsführers

130 Ebenso ist der organrechtliche Rücktritt des Geschäftsführers vom schuldrechtlichen Vertragsverhältnis zu trennen. Das Vertragsverhältnis kann grundsätzlich trotz Rücktritts des Geschäftsführers weiter aufrecht bleiben. Ein unberechtigter und somit **unzulässiger** fristloser **Rücktritt** (Rücktritt ohne wichtigen Grund)[208] verletzt den Geschäftsführervertrag und berechtigt die GmbH zur fristlosen Beendigung des Vertragsverhältnisses (ohne Kündigungsentschädigung).[209]

131 Nach den Umständen des Einzelfalls kann der Rücktritt als Geschäftsführer auch direkt als vorzeitige Beendigung des Dienstverhältnisses angesehen werden.[210] Die Unsicherheiten, die sich im Zuge des Rücktritts ergeben, rechtfertigen wiederum eine **Koppelung** der Dauer des Geschäftsführervertrages an die Dauer der Organstellung.

C. Steuer- und sozialversicherungsrechtliche Behandlung des Geschäftsführers

1. Besteuerung

132 Für die Art der Besteuerung des Geschäftsführers sind die Kriterien Weisungsgebundenheit und Grad der persönlichen und wirtschaftlichen Abhängigkeit entscheidend. Daneben ist die Höhe der Beteiligung an der GmbH ein wichtiges Abgrenzungskriterium.[211]

---

[207] Eine unbegründete Entlassung beendet grundsätzlich das Dienstverhältnis. Es entstehen aber Entschädigungsansprüche.

[208] Vgl §§ 25, 26 AngG und § 1162 ABGB.

[209] Gleichsinning *Schrammel,* ecolex 1990, 697.

[210] Vgl OGH 28.8.1991, 9 ObA 81/91.

[211] Vgl *Doralt/Ruppe*, Steuerrecht I[8] (2003) Rz 84; VwGH 10.11.2004, 2003/13/0018 (verstärkter Senat); *Sedlacek,* Nochmals: 6 % oder 12 % Betriebsausgabenpauschale, SWK 2005, S 45.

1.1 Geschäftsführer mit Beteiligungsquote unter 25 %

Für die Besteuerung der Einkünfte eines Fremdgeschäftsführers[212] ist die Art des Leistungsverhältnisses, insbesondere dessen **Ausgestaltung** und **Durchführung**, ausschlaggebend. Der nicht beteiligte Fremdgeschäftsführer wird entweder auf Basis einer echten Anstellung oder eines freien **Dienstvertrages** für die GmbH tätig.[213] Die Ausgestaltung der Leistungsvereinbarung und vor allem deren tatsächliche Durchführung entscheidet über die Einordnung der Einkünfte unter die Einkunftsart *Einkünfte aus nichtselbständiger Arbeit*[214] oder unter die *Einkünfte aus selbständiger Arbeit.*[215] Beruht die Tätigkeit auf einem freien Dienstvertrag (keine dienstvertragliche Weisungsbindung, freie Arbeitszeiteinteilung, Unternehmerwagnis) so erzielt der Geschäftsführer Einkünfte aus selbständiger Tätigkeit. Ist ein echter Anstellungsvertrag (Verpflichtung zur persönlichen Leistungserbringung, kein Unternehmerrisiko, dienstvertragliche Weisungsgebundenheit) die Basis für die Leistungserbringung, so sind die Einkünfte als unselbständige Einkünfte zu qualifizieren und sind somit lohnsteuerpflichtig. 133

1.2 Geschäftsführer mit Beteiligungsquote über 25 %

Bei einer Beteiligung des Geschäftsführers am Stammkapital der Gesellschaft von über 25 % hängt die steuerliche Einkunftsart vom Vorliegen der Merkmale eines Dienstverhältnisses (Weisungsgebundenheit, Einbindung in die Unternehmensorganisation, Verpflichtung zur persönlichen Leistungserbringung, Verwendung der Betriebsmittel des Arbeitgebers) ab. In diesem Fall jedoch kommen zwei Einkunftsarten selbständiger Er- 134

[212] Als Fremdgeschäftsführer wird hier vereinfachend ein Geschäftsführer mit Beteiligungsquote von 0 % bis höchstens 25 % bezeichnet.

[213] Siehe dazu die Charakteristika der einzelnen Arten der Leistungsbeziehung zwischen Geschäftsführer und GmbH in Kapitel II.B.2.

[214] § 25 EStG.

[215] Insbesondere aus sonstiger selbständiger Arbeit gem § 22 Z 2 erster TS EStG.

werbstätigkeit – *Einkünfte aus selbständiger Arbeit* oder *Einkünfte aus Gewerbebetrieb* in Betracht.[216] Liegen bei wesentlich (mehr als 25 %) beteiligten Geschäftsführern abgesehen von der Weisungsgebundenheit alle Merkmale eines Dienstverhältnisses vor, so sind die Einkünfte als Einkünfte aus **sonstiger selbständiger Arbeit** zu qualifizieren. Andernfalls fallen die Einkünfte unter die Einkunftsart des Gewerbebetriebs.

135 Die Geschäftsführer, deren Bezüge Einkünfte aus selbständiger Tätigkeit bzw Einkünfte aus Gewerbebetrieb darstellen, müssen am Ende des Kalenderjahres den Gewinn aus ihrer Tätigkeit durch Abgabe einer **Steuererklärung** beim örtlich zuständigen Finanzamt bekannt geben.[217]

136 Gesellschafter-Geschäftsführer können statt und **ohne Nachweis** tatsächlicher Ausgaben das **Betriebsausgabenpauschale**[218] in Anspruch nehmen, wenn ihre Umsätze im vorangegangenen Jahr maximal *€ 220.000,–*[219] betrugen. Die **Höhe** des Pauschales[220] (6 % oder 12 %) ist untrennbar mit der Einordnung der Einkünfte verbunden.[221] Bei dieser Einstufung sind die **Art** und der Umfang der jeweiligen **Geschäftsführertätigkeit** ausschlaggebend, wobei zwischen handelsrechtlicher und gewerblicher bzw freiberuflicher Geschäftsführung zu unterscheiden ist.

---

216 Je nach Überwiegen der Art der Tätigkeit: unter die Einkünfte aus selbständiger Arbeit, wenn die Tätigkeit hauptsächlich vermögensverwaltenden Charakter hat, unter die Einkünfte aus Gewerbebetrieb, wenn die gewerbliche, handwerkliche oder produktive Tätigkeit im Unternehmensgegenstand der GmbH im Vordergrund steht.

217 § 4 iVm § 42 EStG.

218 Das ist der Durchschnittssatz im Rahmen der Basispauschalierung gem § 17 Abs 1 bis 3 EStG.

219 Siehe § 17 Abs 2 EStG iVm § 125 Abs 1 BAO.

220 Siehe dazu EStR 2000 Rz 4101ff.

221 Die Einteilung der Einkünfte in die verschiedenen Einkunftsarten ist somit nicht bloß juristische Theorie, sondern hat auch für die Höhe des zu versteuernden Einkommens eine große Bedeutung. Vgl dazu *Sedlacek,* GmbH-Geschäftsführer: 6 % oder 12 % Betriebsausgabenpauschale? SWK 2004, S 973.

Die **handelsrechtliche** Geschäftsführung (reine Managementtätigkeit) für sich ist steuerrechtlich der Verwaltung fremden Vermögens zuzuordnen.[222] Eine vom Geschäftsführer für die GmbH ausgeübte **gewerbliche** oder freiberufliche Tätigkeit (also eine spezifisch fachliche Tätigkeit im Unternehmensgegenstand der GmbH) ist für sich betrachtet als *Gewerbebetrieb*[223] oder als *freiberufliche Tätigkeit*[224] zu klassifizieren. Die Tätigkeiten des Geschäftsführers – einerseits die eigentliche handelsrechtliche Geschäftsführung und andererseits die produktive Tätigkeit im Unternehmenszweig der GmbH – sind **nicht trennbar**,[225] sodass es für die Zuordnung der Einkünfte darauf ankommt, welche Tätigkeit ihrem **Umfang** nach **überwiegt**.[226] **137**

Für den Fall, dass die **reinen Managementaufgaben** überwiegen, der Geschäftsführer also Einkünfte aus vermögensverwaltender Tätigkeit gem § 22 Z 2 EStG erzielt, steht das Pauschale in Höhe von 6 % zu.[227] Besteht der Schwerpunkt der Tätigkeit eines GmbH-Geschäftsführers in der Erbringung von **Leistungen** im **Unternehmenszweig** der GmbH und handelt es sich dabei nicht um kaufmännische oder technische Beratung, sind die Einkünfte aus seiner Tätigkeit einheitlich als Einkünfte aus Gewerbebetrieb gem § 23 EStG oder aus selbständiger Arbeit gem § 22 Z 1 lit b EStG zu klassifizieren. Das 12 %ige Betriebsausgabenpauschale steht zu.[228] **138**

Bestimmte Betriebsausgaben (bspw Ausgaben für Waren und Hilfsstoffe) können zusätzlich zum Pauschale angesetzt werden, wenn Aufzeichnungen darüber geführt werden.[229] **139**

---

[222] § 22 Z 2 EStG.

[223] § 23 EStG.

[224] § 22 Z 1 lit b EStG.

[225] Eine vertragliche Trennung in handelsrechtliche und gewerbliche/freiberufliche Geschäftsführung ist ertragsteuerrechtlich nicht möglich (siehe *Zorn,* Besteuerung der Geschäftsführung, 24; *Sedlacek,* SWK 2004, S 973).

[226] *Sedlacek,* SWK 2004, S 973.

[227] *Sedlacek,* SWK 2004, S 973; *Sedlacek,* SWK 2005, S 45.

[228] Siehe *Sedlacek,* SWK 2004, S 973.

[229] Siehe § 17 Abs 1 dritter Satz EStG.

2. Sozialversicherung

140 Das Anknüpfungsmerkmal für die Art der Sozialversicherungspflicht ist primär nicht die Beteiligungsquote, sondern die Frage der Weisungsgebundenheit und das Vorliegen von Merkmalen eines Dienstverhältnisses.[230]

2.1 Fremdgeschäftsführer

141 Fremdgeschäftsführer sind, sofern sie in vollem Umfang weisungsgebunden sind, **echte Dienstnehmer**. Als solche sind sie gemäß **§ 4 Abs 2 ASVG** pflichtversichert.[231] Dienstnehmer im sozialversicherungsrechtlichen Sinn ist weiters jedenfalls auch, wer **lohnsteuerpflichtige** Einkünfte bezieht,[232] also auch Geschäftsführer, die zu **maximal 25 %** an der GmbH beteiligt sind.[233] Dienstgeberbeiträge sowie Kommunalsteuer müssen abgeführt werden. Fußt das Arbeitsverhältnis zwischen Geschäftsführer und GmbH auf einem Auftrag oder einem Werkvertrag[234] und weist das Arbeitsverhältnis Merkmale eines Dienstverhältnisses nur in untergeordnetem Maße auf, so ist der Geschäftsführer als „neuer Selbständiger" zu qualifizieren und gem § 2 Abs 1 Z 4 GSVG pflichtversichert.[235]

---

[230] *Sedlacek,* Keine Dienstgeberbeitrags- und Kommunalsteuerpflicht bei „Weisungsbindung"? SWK 2005, S 249; so auch *Resch,* Sozialrecht² (2001) 12.

[231] *Grillberger/Mosler*, Sozialversicherung für Dienstnehmer und Selbständige (1998) 55.

[232] Siehe § 4 Abs 2 letzter Satz ASVG; wenn Lohnsteuer dann ASVG.

[233] Dies gilt nicht für lohnsteuerpflichtige Gesellschaftergeschäftsführer (Beteiligung ≤ 25 %), die vor der Einführung der gesetzlichen Anknüpfung der ASVG-Pflicht an die Lohnsteuerpflicht (31.12.1998) in einer gewerblichen GmbH (Wirtschaftskammerzugehörigkeit) tätig und damals als „alter" Selbständiger nach § 2 Abs 1 Z 3 GSVG versichert waren. Diese bleiben trotz der Neuregelung nach § 2 Abs 1 Z 3 GSVG versichert (vgl dazu weiterführend *Steiger/Schrenk*, Der Geschäftsführer (GF) im Arbeits-, Sozialversicherungs- und Lohnsteuerrecht, taxlex 2005, 76).

[234] Zur Möglichkeit dieser Vertragsformen und zu den Bedenken dagegen siehe Kapitel II.B.2.

[235] Eine Versicherung der Fremdgeschäftsführer im GSVG ist jedoch ein äußerst seltener Einzelfall, in aller Regel wird Pflichtversicherung nach dem ASVG vorliegen.

2.2 Gesellschafter-Geschäftsführer (Beteiligung 25 %–50 %)

Bei einer Beteiligung von mehr als 25 % ist kein lohnsteuerpflichtiges Dienstverhältnis möglich.[236] Der Verweis *„Lohnsteuer → ASVG"* läuft somit leer. Es ist daher zu prüfen, ob ein **echtes Dienstverhältnis** iSd **§ 4 Abs 2 ASVG** vorliegt.[237] Ein solches echtes Dienstverhältnis liegt vor, wenn der Geschäftsführer **persönlich** und **wirtschaftlich abhängig** gegen Entgelt beschäftigt wird. Dies wird vor allem dann der Fall sein, wenn er dienstvertraglich weisungs- und in das Unternehmen eingebunden ist, keine Vertretungsmöglichkeit besteht (Verpflichtung zur persönlichen Leistungserbringung) und er auch kein Unternehmerrisiko trägt.[238] Liegen die Voraussetzungen für eine ASVG-Pflichtversicherung als echter Dienstnehmer nicht vor, wird ein Versicherungstatbestand des GSVG greifen. Ist die GmbH Mitglied der Wirtschaftskammer, liegt Pflichtversicherung nach **§ 2 Abs 1 Z 3 GSVG** vor („alter" Selbständiger).[239] Ist die GmbH kein Wirtschaftskammermitglied, unterliegt der Geschäftsführer bei Überschreiten der Versicherungsgrenze[240] der Pflichtversicherung gemäß **§ 2 Abs 1 Z 4 GSVG** („neuer" Selbständiger). 142

Sollte der Gesellschafter-Geschäftsführer als echter Dienstnehmer nach § 4 Abs 2 ASVG beschäftigt werden, fallen ASVG-Beiträge in Summe von 38,7 %[241] an, die Vorteile der Lohnsteuerpflicht (bspw 13. und 14. Monatsgehalt) greifen jedoch nicht mehr. Im Gegensatz dazu würden im GSVG Beiträge von 24,1 % sowie ein monatlicher pauschaler Unfallversicherungsbeitrag von € 7,30 anfallen.[242] Ein Vergleich basierend auf der 143

---

[236] Siehe § 25 Abs 1 iVm § 22 Z 2 EStG.

[237] Eine Pflichtversicherung als freier Dienstnehmer gemäß § 4 Abs 4 ASVG scheidet grundsätzlich aus.

[238] Vgl *Steiger/Schrenk*, taxlex 2005, 74.

[239] Die Pflichtversicherung besteht auch bei Nichtvorliegen von Einkünften.

[240] Die Höhe der Versicherungsgrenze wird jährlich angepasst.

[241] Siehe *Hauptverband der österreichischen Sozialversicherungsträger* (Hrsg), Beitragsrechtliche Werte in der Sozialversicherung 2006.

[242] Siehe *Hauptverband der österreichischen Sozialversicherungsträger* (Hrsg), Beitragsrechtliche Werte in der Sozialversicherung 2006.

Höchstbeitragsgrundlage ergibt im **ASVG** jährliche **Mehrkosten** von € 7.335,–, unter Berücksichtigung der „Abfertigung neu" € 8.112,–. Für die ASVG-Versicherung sprechen jedoch die günstigeren Selbstbehalte im Bereich der Krankenversicherung (Krankenscheingebühr gegenüber 20 % GSVG-Selbstbehalt).[243]

2.3 Gesellschafter-Geschäftsführer (Beteiligung ≥ 50 %)

144 Gesellschafter-Geschäftsführer mit einer Beteiligungshöhe von **über 50 %** sind gegenüber der Gesellschafterversammlung grundsätzlich **nicht weisungsgebunden** bzw in aller Regel in der Lage, Beschlüsse der Gesellschafterversammlung herbeizuführen oder zumindest zu verhindern. Aufgrund der fehlenden Weisungsbindung sind sie selbständig und damit nach dem **GSVG pflichtversichert**.[244] Obwohl GSVG-Pflichtversicherung besteht, sind Dienstgeberbeiträge zu leisten und ist Kommunalsteuer zu zahlen.[245] Dies stellt zwar einen „Systembruch" dar, da ansonsten nur für ASVG-Pflichtversicherte **Dienstgeberbeiträge** und **Kommunalsteuer** zu leisten sind. Dieser Systembruch wurde jedoch vom Verfassungsgerichtshof bereits bestätigt.[246]

---

243 Vgl *Steiger/Schrenk*, taxlex 2005, 74.

244 Ist die GmbH Wirtschaftskammermitglied, besteht die Pflichtversicherung gemäß § 2 Abs 1 Z 3 GSVG, ist die GmbH kein Wirtschaftskammermitglied, gemäß § 2 Abs 1 Z 4 GSVG. Geht der Geschäftsführer einer freiberuflichen Tätigkeit nach, ist zu prüfen, ob nicht eine Versicherungspflicht bei der jeweiligen Standesvertretung vorliegt.

245 Vgl dazu VwGH 10.11.2004, 2003/13/0018; *Arnold,* Eingliederung in den Betrieb – und (diesfalls wirklich) „sonst keine Merkmale eines Dienstverhältnisses", SWK 2005, 24; *Sedlacek*, SWK 2005, 249; *Binder,* Lohnnebenkosten des GmbH-Gesellschafter-Geschäftsführers – der aktuelle Stand, FJ 2004, 386; *Siart/Temm,* Gesellschafter-Geschäftsführer: Überblick und Gestaltungstipps für die Praxis, taxlex 2005, 84.

246 VfGH 1.3.2001, G 109/00 (zur Kommunalsteuer); VfGH 1.3.2001, G 110/00 (zum Dienstgeberbeitrag).

Mit einer entsprechenden **Vertragsgestaltung** und deren tatsächlichen Durchführung kann die Dienstgeberbeitrags- und Kommunalsteuerpflicht umgangen werden: Die Geschäftsführerverträge müssen so gestaltet und gelebt werden, dass die zu mehr als 50 % beteiligten Gesellschafter-Geschäftsführer tatsächlich das Unternehmerrisiko[247] tragen.[248] Eine derartige Gestaltung konterkariert jedoch den Leitgedanken des GmbH-Rechts, der nur der Gesellschaft das wirtschaftliche Risiko aufbürdet und die Gesellschafter grundsätzlich aus der Haftung für Gesellschaftsverbindlichkeiten entlässt. Ob die jährliche Summe der somit gesparten Dienstgeberbeiträge und Kommunalsteuerzahlungen tatsächlich das übernommene Risiko rechtfertigen, darf bezweifelt werden. 145

Exkurs: Die Höhe des optimalen Geschäftsführerbezugs

Im Zuge der Steuerreform 2005[249] wurde die Körperschaftsteuerbelastung von 34 % auf 25 % gesenkt. Im Falle einer **Gewinnausschüttung** beträgt die kombinierte KöSt- und KESt-Belastung nun 43,75 %. Der **Grenzsteuersatz** der Einkommensteuer blieb jedoch mit 50 % (ab € 51.000,–) unverändert. Vor allem bei Gesellschafter-Geschäftsführern mit beherrschendem Einfluss ergeben sich dadurch **Gestaltungsmöglichkeiten**. Primär stellt sich die Frage einer Herabsetzung der Geschäftsführerbezüge zugunsten erhöhter Gewinnausschüttungen. 146

Durch eine **Reduktion** des laufenden Geschäftsführerbezuges kann die ab 2005 relativ günstigere Ausschüttungsbelastung ausgenützt werden. Dabei darf jedoch nicht übersehen werden, dass die Ausschüttungsbelastung (kombinierte KöSt- und KESt-Belastung) erst ab einer Einkommenshöhe von jährlich € 51.000,– niedriger als die einkommensteuerliche **Grenzbelastung** ist.[250] 147

[247] Dh primär gewinnabhängige Vergütung und Ausgleich von Verlusten.

[248] Siehe VwGH 29.1.2003, 2002/13/0186.

[249] StReformG 2005, BGBl I 2004/57.

[250] Vgl *Kanduth-Kristen/Stipsits,* Geschäftsführerbezug oder Gewinnausschüttung – das ist ab 2005 die Frage, taxlex 2005, 44.

148 Die Belastung der Geschäftsführerbezüge mit Lohnnebenkosten nimmt in den Überlegungen über die Vorteilhaftigkeit von Gewinnausschüttungen einen besonderen Stellenwert ein. **Gewinnausschüttungen** (bzw Einkünfte aus Kapitalvermögen) sind nach der derzeitigen Verwaltungspraxis und Rechtslage (noch) nicht in die Bemessungsgrundlage von Kommunalsteuer und Sozialversicherung einzubeziehen.[251] Durch die Reduktion der Geschäftsführerbezüge kann die Belastung mit Lohnnebenkosten erheblich gesenkt[252] – unter Umständen auch ganz vermieden werden.[253]

149 Bei allen Vorteilen, die eine Reduktion der Geschäftsführerbezüge mit sich bringen kann, können damit auch **Nachteile** verbunden sein, die in die Überlegungen einfließen sollten: Gegen eine Reduktion sprechen insbesondere zu **geringe Gewinne** oder mögliche **zukünftige Verluste**. Während Geschäftsführerbezüge auch in Verlustsituationen auszuzahlen sind, sind in diesen Phasen Gewinnausschüttungen nicht möglich.

150 Eine weitere Voraussetzung für (ergänzende) Gewinnausschüttungen ist ein **ausreichender Einfluss** des Gesellschafter-Geschäftsführers auf die Generalversammlung und somit auf den Gewinnverwendungsbeschluss. Sind andere Gesellschafter vorhanden, müsste zudem die Möglichkeit einer **alinearen** (nicht dem Beteiligungsverhältnis entsprechenden) **Gewinnausschüttung**[254] geprüft werden, deren steuerliche Behandlung noch nicht gänzlich geklärt ist.[255]

---

[251] Vgl auch VwGH 18.7.2001, 2001/13/0072.

[252] Siehe dazu die Übersicht im Anhang.

[253] Siehe *Kanduth-Kristen,* Die „optimale" Höhe von Geschäftsführerbezügen nach der Steuerreform 2005, SWK 2004, 722.

[254] Die Möglichkeit alinearer Gewinnausschüttungen muss jedenfalls im Gesellschaftsvertrag vorgesehen sein.

[255] Es muss auf die Gefahr hingewiesen werden, dass solche alinearen Gewinnausschüttungen im Sinne der wirtschaftlichen Betrachtungsweise als Bezugsbestandteil umqualifiziert werden und damit der Ertragsteuer und der Lohnnebenkostenbelastung unterworfen werden könnten.

Die Höhe der Geschäftsführerbezüge muss so gewählt werden, dass die Bezüge trotz ihrer geringen Höhe in einem **Verhältnis** zur erbrachten **Leistung** stehen. Nach der Judikatur des VwGH[256] wird die steuerliche Anerkennung des Geschäftsführerbezuges zur Gänze versagt, wenn der Bezug so niedrig ist, dass nur mehr von einem „Taschengeld“ gesprochen werden kann. **151**

[256] VwGH 19.12.1990, 87/13/0053; vgl auch VfGH 27.9.1985, B 253/79.

III. Verhaltenspflichten

A. Grundsätzliche Prinzipien

152 Die Verhaltenspflichten, die das GmbH-Gesetz den Geschäftsführern auferlegt, sind überwiegend in den §§ 24 ff GmbHG normiert. Gleichzeitig wird dort auch die Frage der Haftung der Geschäftsführer bei Verstößen gegen diese Pflichten geregelt.[257]

153 Das grundlegende Prinzip ist die Verpflichtung des Geschäftsführers, bei seinen Handlungen *die Sorgfalt eines ordentlichen Geschäftsmannes* an den Tag zu legen. Diese Verpflichtung besteht dem Gesetzeswortlaut nach nur der *Gesellschaft gegenüber*, nicht aber gegenüber einzelnen Gläubigern oder Gesellschaftern (sog Innenhaftung).[258]

154 Die **Pflichten** des Geschäftsführers lassen sich in folgende Bereiche aufgliedern:

- Sorgfaltspflicht;
- Treuepflicht und Loyalität;
- sonstige gesellschaftsrechtliche Pflichten;
- öffentlich-rechtliche Pflichten.

155 Die Begriffe **Sorgfalt** und **Treue** sind auf Anhieb nur schwer greifbar und gesetzlich nicht näher definiert. Ihre eigentliche Bedeutung ergibt sich somit erst aus der umfangreichen Literatur und Judikatur, die zu den Begriffen ergangen ist.

156 Dem gegenüber stehen klar definierte **gesetzliche Pflichten**, die sich entweder an die Geschäftsführer direkt oder an die durch die Geschäftsführer vertretene GmbH wenden.

157 Bei der Erfüllung dieser unterschiedlichen Pflichten kommt auch den Gesellschaftern eine wesentliche Bedeutung zu, können sie doch durch **Gesellschaftsvertrag** und **Gesellschafterbeschluss** (Weisungen) den Handlungsspielraum der Geschäftsführer im Innenverhältnis einschränken und grundsätzlich jederzeit in die Geschäftsführung gestaltend oder verhindernd eingreifen (faktische Geschäftsführung).

[257] Siehe Kapitel V.

[258] § 25 Abs 1 GmbHG.

B. Sorgfalt

1. Sorgfaltsmaßstab

§ 25 Abs 1 GmbHG verpflichtet die Geschäftsführer, bei ihrer Tätigkeit *die Sorgfalt eines ordentlichen Geschäftsmannes anzuwenden*. Für den Fall der Verletzung ihrer Obliegenheiten haften die Geschäftsführer der Gesellschaft zur ungeteilten Hand für den daraus entstandenen Schaden (Solidarhaftung[259]).[260] **158**

Der **Sorgfaltsmaßstab**, den der Geschäftsführer einer GmbH einzuhalten hat, wird an objektiven Kriterien gemessen. Auf mangelnde Ausbildung oder Überlastung kann sich der Geschäftsführer nicht berufen, um einer Haftung zu entgehen.[261] Jeder einzelne GmbH-Geschäftsführer schuldet jene Sorgfalt, Fähigkeiten und Kenntnisse, die von einem Geschäftsführer in dem betreffenden **Geschäftszweig** und nach der **Größe** des Unternehmens **üblicherweise** erwartet werden können. Welches Maß an Sorgfalt, welche Kenntnisse und Fähigkeiten konkret geschuldet werden, hängt somit ua von Art, Umfang und Größe des Unternehmens ab. Dabei soll der Sorgfaltsmaßstab nicht überspannt werden, da das kaufmännische Leben auch das Eingehen von wirtschaftlichen Risiken erfordert.[262] **159**

Die Regelungen des § 25 GmbHG sind durchwegs Bestimmungen zum **Schutz** der **Gesellschaftsgläubiger** und des **öffentlichen Interesses** und können durch den Gesellschaftsvertrag nicht gänzlich beseitigt werden. Der Sorgfaltsmaßstab kann aber – einem bedeutenden **160**

[259] Solidarhaftung bedeutet, dass jeder Schuldner das Ganze schuldet. Der Geschädigte (die GmbH) kann jeden Geschäftsführer zur Haftung für den gesamten Schaden heranziehen. Der Schaden wird grundsätzlich nicht aufgeteilt. Der betroffene Geschäftsführer erwirbt durch die Inanspruchnahme jedoch einen anteiligen Regressanspruch gegen die übrigen Geschäftsführer. Er muss vorerst jedoch für den gesamten Schaden haften.

[260] § 25 Abs 2 GmbHG.

[261] Vgl *Koppensteiner*, GmbH-Gesetz² § 25 Rz 14; *Gellis/Feil*, GmbHG⁵ § 25 Rz 7.

[262] Vgl *Reich-Rohrwig,* GmbH-Recht I² Rz 2/306; OGH 17.10. 2003, 1 Ob 20/03b.

Teil der Lehre folgend – gesellschaftsvertraglich bis zur Grenze der **groben Fahrlässigkeit** herabgesetzt werden.[263]

161 Eine nicht unbeachtliche Bedeutung für die Ermittlung und Feststellung des Sorgfaltsmaßstabs eines Geschäftsführers wird uE auch dem im September 2002 veröffentlichten **Österreichischen Corporate Governance Kodex** zukommen. Der Corporate Governance Kodex stellt österreichischen Aktiengesellschaften einen Ordnungsrahmen für die Leitung und Überwachung des Unternehmens zur Verfügung und enthält international übliche Standards für gute Unternehmensführung.[264] Es erscheint daher nicht abwegig, diese Standards **teilweise** auch auf **GmbHs anzuwenden**. Eine Anlehnung an den Corporate Governance Kodex ist jedoch nicht generell zu verlangen. Im Einzelfall können bestimmte Regelungen bei der näheren **Definition** des **Sorgfaltsmaßstabs** eines ordentlichen Geschäftsmannes (bspw Regel 18[265]) helfen.

162 Bei großen **Publikumsgesellschaften**, bei denen die Rechtsstellung der Gesellschafter sowie deren faktischer Handlungsspielraum weitgehend der Position von Aktionären gleichen, ergibt sich die Bedeutung des Corporate Governance Kodex als mögliche Richtschnur bereits aus der Beteiligungsstruktur der Gesellschaft. Vor allem die Regelungen zur Hauptversammlung (insb Regel 4–7) könnten Verhaltenspflichten oder Verhaltensleitlinien für die Geschäftsführer normieren.

163 Bedeutsam können auch die Regeln zum Zusammenwirken von Aufsichtsrat und Vorstand und die Regel 38 über die Vorstandsbestellung sein. Gerade die in Regel 38 geforderte Definition eines **Anforderungsprofils** vor der Vorstandsbestellung kann das Fehlen einer gesetzlichen Regelung zu den fachlichen Mindestanforderungen der Geschäftsführer kompensieren.

---

263 Vgl *Koppensteiner,* GmbHG² § 25 Rz 25 mwN.

264 Vgl Präambel zum Österreichischen Corporate Governance Kodex 2002.

265 Regel 18 ÖCGK widmet sich dem internen Kontrollsystem.

Die Eigenschaft des Corporate Governance Kodex als Handlungsempfehlung, die sich in erster Linie an börsennotierte Aktiengesellschaften richtet, lässt seine direkte Anwendbarkeit auf GmbHs nicht zu. Die historische Entwicklung des AktG und des GmbHG, die oftmalige Aufnahme bewährter aktienrechtlicher Bestimmungen in das GmbHG[266] sowie der Grad der inhaltlichen Verschränkung beider Gesetze lassen jedoch ein Ausstrahlen des Corporate Governance Kodex auf das GmbHG, auf Geschäftsführer und Aufsichtsräte erwarten. **164**

2. Pflicht zur sorgfältigen Unternehmensleitung

Die Geschäftsführer sind ua zur ordentlichen, gewissenhaften und fachlich einwandfreien Leitung des Unternehmens, zur Ausübung der Mitgliedschaftsrechte in Beteiligungsgesellschaften bzw zur Leitung des Konzerns verpflichtet.[267] Der Geschäftsführer muss die „*Regeln sorgfältiger Unternehmensleitung*" beachten[268] und das Unternehmen nach **gesicherten** und praktisch bewährten **betriebswirtschaftlichen Erkenntnissen** und unter Beachtung aller maßgeblichen Rechtsvorschriften leiten.[269] **165**

Ein entsprechend organisiertes Unternehmen als Grundlage für die optimale Wahrnehmung der Aufgaben und Verfolgung der Ziele der Gesellschaft wird jedenfalls vorausgesetzt. Den Geschäftsführern obliegt es, Konzepte für die kurz- und langfristige **Unternehmensplanung** und Geschäftspolitik zu entwickeln, eine Betriebs- und Unternehmensorganisation zu etablieren und entsprechende **Kontrollmechanismen** einzuführen. Insgesamt muss der Geschäftsführer in der Lage sein, sich jederzeit kurzfristig einen **Überblick** über die **Fi-** **166**

[266] Siehe bspw Übernahme des § 15 AktG als § 115 GmbHG im Zuge der GmbH-Novelle 1980; siehe weiterführend dazu *Kalss/Eckert,* Zentrale Fragen des GmbH-Rechts (2005) 200.

[267] OGH 23.11.1988, 7 Ob 700/88; vgl dazu *Reich-Rohrwig,* Zur gerichtlichen Abberufung des GmbH-Geschäftsführers, ecolex 1990, 87.

[268] OGH 9.1.1986, 3 Ob 521/84.

[269] Vgl *Reich-Rohrwig,* GmbH-Recht I^2 Rz 2/308.

nanz- und Liquiditätslage der GmbH zu verschaffen. Es muss jederzeit möglich sein, die erforderlichen unternehmerischen Entscheidungen zu treffen, die nach der jeweiligen Situation unter Bedachtnahme auf das Gesamtkonzept, die finanzielle Lage und die Zukunftserwartungen geboten erscheinen.[270]

167 Um die Stärken und Schwächen, Chancen und Risiken des Unternehmens sorgfältig und frühzeitig zu erkennen, sollten die Geschäftsführer kundige **Experten** hinzuziehen und sich extern beraten lassen.

168 Die Geschäftsführer dürfen die Unternehmensaufgaben in **Teilaufgaben** aufgliedern und bestimmten **Mitarbeitern** oder externen Beratern **zuweisen**.[271] Sie sind jedoch verpflichtet, nachgeordnete Stellen zu kontrollieren und Mitarbeiter anzuleiten.[272] Je größer das Unternehmen ist, desto häufiger können sich die Geschäftsführer anderer Hilfskräfte bedienen und müssen gegebenenfalls eigene Kontroll- und Revisionsabteilungen einrichten. Für **Fehler** der eingesetzten **Mitarbeiter** haften die Geschäftsführer grundsätzlich nicht, es sei denn höchstpersönliche Geschäftsführeraufgaben wurden delegiert.[273] Eine Eigenhaftung des Geschäftsführers für fremdes Verhalten ist aber dann denkbar, wenn der Geschäftsführer seine **Überwachungspflichten** schuldhaft **verletzt** hat.[274]

169 Den Geschäftsführern steht bei ihrer Tätigkeit ein weites **unternehmerisches Ermessen** zu. Dieses darf allerdings nicht mit ungebundenem Belieben verwechselt werden. Die Geschäftsführer müssen ihre Entscheidungen einer den näheren Umständen und dem Risiko angemessenen Sorgfalt und Vorsicht vorbereiten und treffen. Die Auswirkungen von Entscheidungen auf Liquidität und Rentabilität müssen in nicht optimistischer Weise (worst-case-Szenario) errechnet werden. Jedenfalls empfiehlt es sich, Alternativen auszuarbeiten, um

[270] OGH 28.6.1990, 8 Ob 624/88.
[271] Vgl *Koppensteiner,* GmbHG² § 21 Rz 10.
[272] Vgl *Gellis/Feil,* GmbHG⁵ § 25 Rz 10.
[273] Vgl *Koppensteiner,* GmbHG² § 21 Rz 12.
[274] Vgl *Koppensteiner,* GmbHG² § 25 Rz 16; Näheres zur Geschäftsführerhaftung siehe unten Kapitel V.

Vor- und Nachteile der Entscheidung und deren Risiken besser abschätzen zu können.[275]

2.1 Geschäftschance und Risiko

Unternehmerische Entscheidungen sind naturgemäß risikobehaftet. Die Leitung eines Unternehmens unterscheidet sich damit qualitativ von reiner Vermögensverwaltung. Daher steht den Geschäftsführern bei der Leitung der GmbH ein weiter Handlungsspielraum zu. Dazu gehört neben dem bewussten **Eingehen geschäftlicher Risiken** grundsätzlich auch die Gefahr von Fehleinschätzungen, denen jeder Unternehmensleiter, mag er noch so verantwortungsbewusst und sorgfältig handeln, ausgesetzt ist.[276] **170**

Für die **Beurteilung** der Zulässigkeit bzw Unzulässigkeit **gewagter Geschäfte** ist auf die Möglichkeit des Eintritts des Risikos und der damit allenfalls verbundenen negativen Auswirkungen aus der Sicht *ex ante* (im **Vorhinein**) abzustellen. Ob Spekulationsgeschäfte oder gewagte Geschäfte (bspw Investitionen in politisch unsicheren Ländern, Vergabe von Krediten etc) eine **Pflichtverletzung** darstellen, lässt sich nicht abschließend beantworten. Maßgebend sind ua der Unternehmensgegenstand der Gesellschaft und der Wille der Gesellschafter. **171**

Die Zulässigkeit gewagter Geschäfte bemisst sich nicht allein nach der Wahrscheinlichkeit des Gelingens, sondern lässt sich nur aus dem Verhältnis von Wahrscheinlichkeit zu Art und Höhe des Schadens bestimmen. **Droht** ernstlich ein **Schaden** in Höhe eines beträchtlichen Teils des Stammkapitals oder in existenzgefährdender Höhe,[277] so müssen die Geschäftsführer einen zustimmenden **Gesellschafterbeschluss** einholen. **172**

---

[275] Vgl *Reich-Rohrwig,* GmbH-Recht I² Rz 2/324.

[276] Vgl zum dAktG: BGH 21.4.1997, II ZR 175/95 = ecolex 1997, 507.

[277] Die Grenze der Zulässigkeit gewagter Geschäfte besteht jedenfalls im Straftatbestand der grob fahrlässigen Herbeiführung der Zahlungsunfähigkeit durch gewagte Geschäfte iSd § 159 Abs 1 StGB.

173 Den Geschäftsführer trifft die Pflicht, übermäßig riskante Geschäfte zu vermeiden bzw zumutbare Maßnahmen zur Einschränkung von Risiken zu ergreifen. **Jedenfalls pflichtwidrig** sind riskante Geschäfte, die in keinem Zusammenhang zum Unternehmensgegenstand der Gesellschaft stehen.[278]

2.2 Kollegiale Unternehmensleitung

174 Zur ordentlichen, gewissenhaften und sorgfältigen Leitung eines Unternehmens gehört auch die Kooperation mit anderen Geschäftsführern und Gesellschaftsorganen. Dies gilt nicht nur bei Kollektiv-, sondern auch bei Einzelgeschäftsführung. Weiters ist jeder einzelne Geschäftsführer verpflichtet, die **Mitgeschäftsführer** über wesentliche Vorgänge in seinem Zuständigkeitsbereich zu informieren, aber auch über sonstige Vorkommnisse soweit sie für die Gesellschaft von Bedeutung sind. Diese Pflicht zur **aktiven Information** von Mitgeschäftsführern erstreckt sich auch auf Angelegenheiten, die dem Geschäftsführer außerhalb seiner Leitungstätigkeit bekannt geworden sind. Um den geforderten Informationsfluss zu gewährleisten, werden entsprechende organisatorische Maßnahmen und Einrichtungen, wie etwa eine **regelmäßige** gegenseitige **Berichterstattung**, erforderlich sein.

175 Die Verpflichtung zur kollegialen und loyalen Zusammenarbeit hindert den Geschäftsführer jedoch nicht, **eigene Meinungen** zu Maßnahmen anderer Geschäftsführer zu äußern, Ressorts anderer Geschäftsführer zu **überwachen**, auf die Abstellung von Missständen hinzuwirken und allenfalls auch andere Gesellschaftsorgane davon zu unterrichten.[279]

2.3 Rechtmäßiges Verhalten der Gesellschaft

176 Vorschriften, die im **öffentlichen Interesse** stehen, sind Maßstab für jene Verhaltenspflichten, die die GmbH im Außenverhältnis treffen. Dazu zählen bspw steuerrechtliche und sozialversicherungsrechtliche Vorschriften, Be-

[278] Vgl ausführlich *Reich-Rohrwig,* GmbH-Recht I^2 Rz 2/325 f.
[279] Vgl *Reich-Rohrwig,* GmbH-Recht I^2 Rz 2/317.

stimmungen des Kartellrechts und des Gewerberechts, Arbeitnehmerschutzvorschriften und Umweltschutzvorschriften, aber auch spezielle Normen für einzelne Branchen (zB BWG, WAG, LMG etc). Die ordnungsgemäße Erfüllung dieser Verhaltenspflichten der GmbH ist von den Geschäftsführern sicherzustellen. Weiters haben die Geschäftsführer für die Erfüllung **vertraglicher Verpflichtungen** der GmbH Sorge zu tragen.

Allerdings stellt nicht jedes rechtswidrige Verhalten der GmbH nach außen auch eine Pflichtverletzung der Geschäftsführer nach innen dar.[280] Kommt der Geschäftsführer nach pflichtgemäßer Abwägung bspw zum Ergebnis, dass es für die GmbH günstiger ist, bestimmte Verträge nicht zu erfüllen und stattdessen Schadenersatzansprüche abzuwarten, liegt keine Pflichtverletzung vor. **177**

Juristische Personen sind zwar selbst nicht deliktsfähig, doch sind diesen die Delikte ihrer Repräsentanten zurechenbar. Wird die GmbH bspw wegen **deliktischen Verhaltens** eines Geschäftsführers in Anspruch genommen, was nach herrschender zivilrechtlicher Lehre insbesondere bei **unerlaubten Handlungen** des Geschäftsführers der Fall sein kann,[281] wird dieser bei schuldhaftem Verhalten gegenüber der GmbH regresspflichtig. **178**

C. Treuepflicht

Die Geschäftsführer trifft – als Organe mit treuhändischer Funktion und spezieller Vertrauensstellung – eine besondere **Treuepflicht**.[282] Diese Treuepflicht resultiert aus der Tätigkeit des Geschäftsführers als **Verwalter fremden Vermögens** und wirkt über die Amtszeit des Geschäftsführers hinaus.[283] Der Geschäftsführer hat die **179**

---

280 Vgl *Reich-Rohrwig,* GmbH-Recht I^2 Rz 2/310.

281 Siehe dazu ausführlich: *Koppensteiner,* GmbHG^2 § 61 Rz 24 mwN; *Aicher* in *Rummel* (Hrsg), ABGB I^3 § 26 Rz 26 mwN, sog „Machthaber-Theorie".

282 OGH 22.2.1994, 6 Ob 3/94.

283 *Reich-Rohrwig,* GmbH-Recht I^2 Rz 2/287 mwN; ausführlich *Wünsch,* Das Wettbewerbsverbot des GmbH-Geschäftsführers, GesRZ 1982, 269.

Interessen der Gesellschaft allen anderen Überlegungen voranzustellen.[284] Persönliche Bereicherungen auf Kosten der Gesellschaft bzw unter Ausnutzung von Informationen, die während der Geschäftsführung erlangt werden, stehen mit der Treuepflicht in Widerspruch. Von der Rechtsprechung werden bspw folgende Handlungen als **Verletzungen der Treuepflicht** angesehen:

- Kreditgewährung des Geschäftsführers an sich selbst, an ihm nahe stehende Personen oder an einen Mitgeschäftsführer;[285]
- Geschäfte mit Unternehmen, an denen der Geschäftsführer beteiligt ist, wenn die Sorgfaltsmäßigkeit nicht in besonderem Maße sichergestellt und dokumentiert ist;[286]
- Verrechnung von Hotelspesen, obwohl diese Ausgaben nicht gesellschaftsbezogen, sondern privater Natur sind;[287]
- Annahme von Provisionen und sonstigen Vorteilen für sich selbst.[288]

180 Unter Beachtung der Judikatur resultieren aus der Treuepflicht folgende **konkrete** Verhaltens- und Unterlassungspflichten:[289]

- Verbot der eigennützigen Verwendung der Organstellung;
- Verbot des Einsatzes gesellschaftsrechtlicher Befugnisse für gesellschaftsfremde Zwecke;
- besondere Verpflichtungen bei Insichgeschäften;
- Wettbewerbsverbot;
- Verschwiegenheitspflicht.

181 Eine darüber hinausgehende Konkretisierung der Treuepflicht kann im Geschäftsführervertrag vereinbart werden.

---

[284] OGH 6.11.1979, 5 Ob 764/78.
[285] OGH 9.1.1985, 3 Ob 521/84.
[286] OGH 26.4.1990, 8 Ob 563/89.
[287] ASG Wien 13 Cga 507/90, ARD 4290/26/91.
[288] OGH 9.1.1986, 3 Ob 521/84.
[289] Vgl *Reich-Rohrwig,* GmbH-Recht I^2 Rz 2/288 f.

1. Ausnützen der Organstellung

Die Geschäftsführer dürfen **Geschäfte**, die ihnen nur aufgrund ihrer Stellung in der Gesellschaft angetragen werden, ohne Unterrichtung anderer Gesellschaftsorgane **nicht für eigene Rechnung** abschließen. Die GmbH besitzt ein Eintrittsrecht in verbotswidrig abgeschlossene Rechtsgeschäfte. Sie kann überdies die Herausgabe der Vergütung bzw die Abtretung des Vergütungsanspruchs verlangen.[290] Außerdem kann die eigennützige Verwendung der Organstellung ein wichtiger Grund sein, der eine **vorzeitige Abberufung** und Entlassung aus dem Geschäftsführervertrag rechtfertigt.[291] **182**

Den Geschäftsführern ist es des Weiteren verboten, Geschäftschancen der Gesellschaft für eigene Zwecke auszunützen. Darunter fällt auch das Verbot der persönlichen **Annahme von Provisionen** oder anderen Vorteilen in Zusammenhang mit Geschäften, an denen die GmbH beteiligt ist.[292] **183**

2. Insichgeschäfte

Insichgeschäfte sind Rechtsgeschäfte, im Zuge derer der Geschäftsführer rechtsgeschäftliche Wirkungen für und gegen die GmbH durch Willenserklärung an sich selbst erzeugt. In Betracht kommt dabei, dass der Geschäftsführer in eigenem Namen und im Namen der Gesellschaft tätig wird[293] (**Selbstkontrahieren**) oder dass der Geschäftsführer gleichzeitig für die GmbH und für eine andere Person handelt[294] (**Doppelvertretung**).[295] **184**

Insichgeschäfte sind nach allgemeinen Rechtsgrundsätzen **wirkungslos**, da die Gefahr der Interessenkolli- **185**

---

[290] § 24 Abs 3 GmbHG.

[291] OGH 9.6.1982, 6 Ob 656/82.

[292] Vgl *Reich-Rohrwig,* GmbH-Recht I[2] Rz 2/316.

[293] Also als Vertreter der GmbH einen Vertrag zwischen der GmbH und sich selbst abschließt.

[294] Also einen Vertragsabschluss zwischen der GmbH und einem Dritten (zB einer weiteren Gesellschaft) herbeiführt und dabei *beide* Vertragspartner vertritt.

[295] *Koppensteiner,* GmbHG[2] § 20 Rz 23.

sion besteht. Nur nach der **Zustimmung** des Vertretenen (der GmbH), wenn der Vertretungsakt dem Vertretenen (der GmbH) **ausschließlich** rechtliche **Vorteile** bringt und wenn aufgrund ausreichender Vergleichbarkeit durch Markt- oder Börsepreise keine Schädigungsgefahr besteht, entfalten sie Rechtswirksamkeit.[296]

186 Bei der Beurteilung, ob durch das Insichgeschäft die Interessen der vertretenen GmbH gefährdet werden können, ist es nicht notwendig, dass das fragliche Insichgeschäft tatsächlich nachteilig ist, sondern es genügt die **abstrakte Gefahr**, dass die Interessen der Gesellschaft durch das Eigeninteresse des selbstkontrahierenden Geschäftsführers beeinträchtigt werden könnten.[297]

187 Bei Bestehen eines **Aufsichtsrates** ist dessen Zustimmung nötig. Existiert kein Aufsichtsrat, muss das Insichgeschäft von allen übrigen Geschäftsführern genehmigt werden.[298] Ist nur ein Geschäftsführer bestellt, müssen sämtliche Gesellschafter zustimmen.

188 Ein Insichgeschäft kann auch nachträglich durch alle **Gesellschafter** genehmigt werden; eine konkludente Genehmigung ist möglich.[299] Die Feststellung eines Jahresabschlusses, in welchem das Insichgeschäft berücksichtigt wurde, kann jedoch nicht als Genehmigung des Insichgeschäfts angesehen werden.[300]

189 Der Abschluss von unzulässigen Insichgeschäften stellt eine Pflichtverletzung des Geschäftsführers dar, die bei Fahrlässigkeit den **Entlassungsgrund** der **Vertrauensunwürdigkeit**, bei Vorsatz jenen der **Untreue** begründen kann.[301]

190 Der Gesellschaftsvertrag kann jedoch Insichgeschäfte gestatten.[302] Strittig ist hingegen, ob die generelle Ge-

---

296 OGH 23.2.1998, 3 Ob 2106/96v mwN; siehe auch OGH 11.6.1992, 6 Ob 10/92.

297 Vgl *Reich-Rohrwig,* GmbH-Recht I² Rz 2/229 f; OGH 23.2. 1998, 3 Ob 2106/96v mwN.

298 § 25 Abs 4 GmbHG.

299 Vgl *Reich-Rohrwig,* GmbH-Recht I² Rz 2/230.

300 OGH 26.9.2000, 5 Ob 223/00f.

301 OGH 26.4.1990, 8 Ob 563/89; vgl auch die entsprechenden Entlassungsgründe in § 27 Z 1 AngG.

302 Vgl *Reich-Rohrwig,* GmbH-Recht I² Rz 2/234.

stattung von Insichgeschäften in das **Firmenbuch** einzutragen ist. Ein Teil der Lehre[303] bejaht wegen der (vermeintlichen) Gläubigerschutzfunktion eine derartige Eintragung; dies unter Berufung auf die Rechtsprechung des dt BGH[304] und des EuGH[305]. Der OGH[306] wiederum vertritt die Meinung, dass eine Eintragung nicht notwendig sei, da *primärer Zweck der von Rechtsprechung und Lehre entwickelten Grundsätze* der *Schutz der Gesellschaft,* also der Schutz des Vertretenen *sei und nicht der Schutz von Gläubigerinteressen.* Vielmehr könnte die Eintragung insoweit irreführend sein, als sie den unrichtigen Anschein erwecken könnte, Insichgeschäfte seien jedenfalls erlaubt, weil durch die Eintragung Publizität gegeben ist.

Zu beachten ist im Falle der gesellschaftsvertraglichen **191**
Genehmigung von Insichgeschäften, dass dadurch bloß die **formale Zulässigkeit** solcher Rechtsgeschäfte bewirkt wird. Die materielle Zulässigkeit muss für jedes Insichgeschäft nachgewiesen werden. Bei Ungünstigkeit des Geschäfts wird der kontrahierende Geschäftsführer durch die gesellschaftsvertragliche Genehmigung nicht generell von allfälligen Schadenersatzpflichten gegenüber der GmbH befreit.

Durch die Verpflichtung zur **Einzelfallüberprüfung** **192**
von Insichgeschäften wird die Frage der Eintragungsfähigkeit (bzw Eintragungsverpflichtung) einer generellen Zustimmung zu Insichgeschäften im Gesellschaftsvertrag zu einer rein theoretischen ohne direkten Einfluss auf die **materielle Zulässigkeit** des spezifischen Insichgeschäftes. Auch bei einer generellen „Im-Voraus-Zustimmung" darf das Insichgeschäft zwar formal geschlossen werden, die tatsächliche Erlaubtheit des Vertretungsaktes muss jedoch im Einzelfall für jedes Insichgeschäft anhand der oben beschriebenen Kriterien geprüft werden. Eine **generelle** (Vorrats-)**Zustim-**

[303] Vgl *Koppensteiner,* GmbHG[2] § 9 Rz 16; zustimmend *Reich-Rohrwig,* GmbH-Recht I[2] in Fn 9 zu Rz 1/571.
[304] BGHZ 87, 89.
[305] EuGH, Slg 1974, 1201.
[306] OGH 11.6.1992, 6 Ob 10/92.

mung entfaltet somit tatsächlich **keine** materielle **Wirkung**. Der Meinung des OGH[307] ist insofern zuzustimmen, als sich die Notwendigkeit einer strengen inhaltlichen Überprüfung von Insichgeschäften nicht aus Gläubigerschutzüberlegungen, sondern aus der **Schutzbedürftigkeit des Vertretenen** (hier: der Gesellschaft) ergibt. Die mit der Eintragung im Firmenbuch verbundene Publizitätswirkung wirkt jedoch gegen die Interessen des Gläubigers, da diesem dadurch die Gutgläubigkeit genommen wird und er mit dem Vorwurf des „Wissenmüssens" konfrontiert werden kann. Eine Eintragungsverpflichtung einer generellen gesellschaftsvertraglichen Voraus-Zustimmung zu Insichgeschäften kann nicht erwünscht sein, da sie weder dem Schutz des Vertretenen noch der Rechtssicherheit dient. Dem **Gläubigerschutz** wirkt eine Eintragung sogar entgegen. Die Gutgläubigkeit und das „Vertrauenkönnen" würde durch die Publizitätswirkung der Eintragung durch ein „Wissenmüssen" ersetzt.

193 Für den Geschäftsführer einer **Ein-Mann-GmbH**,[308] der zugleich auch der (einzige) Gesellschafter der GmbH ist, ist das Verbot des Selbstkontrahierens eingeschränkt. Über Rechtsgeschäfte, die der Ein-Mann-Gesellschafter-Geschäftsführer sowohl im Namen der GmbH als auch in eigenem Namen abschließt, muss jedoch unverzüglich eine **Urkunde** errichtet werden.[309] Dabei ist vorzusorgen, dass nachträgliche Änderungen des Inhalts und Zweifel über den Zeitpunkt des Abschlusses ausgeschlossen sind. Gehört das Geschäft zum gewöhnlichen Geschäftsbetrieb und wurde es zu branchenüblichen Konditionen geschlossen, bedarf es keiner Urkunde.[310]

---

[307] OGH 11.6.1992, 6 Ob 10/92.

[308] Vgl dazu *Harrer,* Insichgeschäfte bei der Einmann-GmbH, RdW 1991, 167.

[309] § 18 Abs 5 GmbHG.

[310] § 18 Abs 6 GmbHG; eine schriftliche Dokumentation kann jedoch einer womöglich notwendigen Beweisführung dienen.

3. Wettbewerbsverbot

3.1 Gesetzliche Regelung

Eine weitere *Teilausprägung*[311] der Treuepflicht ist das **Wettbewerbsverbot** des § 24 GmbHG[312]. Die Geschäftsführer dürfen ohne Einwilligung der Gesellschaft keine Geschäfte im gleichen Geschäftszweig für eigene oder fremde Rechnung abschließen. Auch ist ihnen die Beteiligung an Gesellschaften im Geschäftszweig der GmbH als persönlich haftende Gesellschafter sowie die Tätigkeit als Vorstand, Aufsichtsrat oder Geschäftsführer einer anderen Gesellschaft im gleichen Geschäftzweig untersagt.[313] **194**

Von anderen Arten der Beteiligung (Beteiligungen ohne persönliche Haftung) wird offensichtlich angenommen, dass der ausgeübte Einfluss auf die Konkurrenztätigkeit nicht zu einem die GmbH gefährdenden Wettbewerb führt. Unter den Gesetzeswortlaut fallen somit die Beteiligung an einer OHG oder OEG, an einer KG oder KEG als Komplementär sowie allenfalls die Beteiligung an einer GesbR. **Nicht** darunter fallen die **bloße Kapitalbeteiligung** als Kommanditist, als stiller Gesellschafter, als Aktionär, als GmbH-Gesellschafter oder als Genossenschafter.[314] Ist der Geschäftsführer jedoch an einer dieser Gesellschaften **maßgeblich beteiligt, beherrscht**[315] er diese oder hat er maßgeblichen **Einfluss** auf die Geschäftsführung, so wird das Wettbewerbsverbot über den eigentlichen Gesetzeswortlaut hinaus angewendet. Denn auch unter solchen Umständen besteht die Gefahr, dass der Geschäftsführer Interna der Gesellschaft gegen diese einsetzt.[316] **195**

---

311 Vgl *Koppensteiner,* GmbHG² § 24 Rz 2.

312 § 24 GmbHG ist der Regelung des Wettbewerbsverbots für OHG-Gesellschafter gem §§ 112 f HGB bzw §§ 112 f UGB sehr ähnlich, weshalb sich Analogien zum Recht der OHG ergeben.

313 § 24 Abs 1 GmbHG.

314 Vgl *U. Torggler/Kucsko* in *Straube* (Hrsg), HGB I³ (2003) § 112 Rz 12; *Reich-Rohrwig,* GmbH-Recht I² Rz 2/292.

315 OGH 4.4 1978, 4 Ob 326–329/78.

316 *Koppensteiner,* GmbHG² § 24 Rz 1; *U. Torggler/Kucsko* in *Straube* (Hrsg), HGB I³ § 112 Rz 12.

196 Da der Charakter der Beteiligung ausschlaggebend ist, bezieht sich das Wettbewerbsverbot nicht nur auf österreichische Beteiligungen, sondern **auch** auf **ausländische**. Existiert in der ausländischen Rechtsordnung eine Gesellschaftsform mit persönlicher Haftung der Gesellschafter, die nicht mit der österreichischen OHG, OEG, KG, KEG oder GesbR vergleichbar ist, gilt das Verbot auch für diese Gesellschaft.[317] Untersagt sind weiters die Einschaltung von **Treuhändern** und Strohmännern und die Zwischenschaltung in- oder ausländischer juristischer Personen, derer sich der Geschäftsführer bedient.[318]

197 Der Gesetzeswortlaut grenzt den verbotenen Tätigkeitsbereich auf den Geschäftszweig der GmbH ein. Was zum Geschäftszweig gehört, bestimmt sich zunächst aus dem im Gesellschaftsvertrag umschriebenen **Unternehmensgegenstand** und dem **tatsächlichen Tätigkeitsbereich** der GmbH.[319] Darüber hinaus sind realistische **Entwicklungsmöglichkeiten** der Gesellschaft zu berücksichtigen. Es ist daher zu prüfen, ob das Geschäft nach der vom Unternehmensgegenstand gedeckten im Zeitpunkt der Handlung bestehenden oder in absehbarer Zeit realistischen Entwicklung der Gesellschaft einen Wettbewerb bedeuten kann.[320]

198 Hat ein Geschäftsführer eine Wettbewerbstätigkeit schon früher als die GmbH ausgeübt und entschließt sich diese dazu, die selbe Tätigkeit entsprechend dem gesellschaftsvertraglich festgelegten Unternehmensgegenstand nunmehr selbst aufzunehmen, muss sich der Geschäftsführer dem Willen der GmbH fügen und die konkurrenzierende Tätigkeit einstellen, sofern dies gefordert wird.[321]

---

317 Bspw die Kommanditgesellschaft auf Aktien gem §§ 278 ff dAktG.

318 Vgl *U. Torggler/Kucsko* in *Straube* (Hrsg), HGB I^3 § 112 Rz 12 f.

319 Vgl OGH 10.10.1995, 4 Ob 52/95; *U. Torggler/Kucsko* in *Straube* (Hrsg), HGB I^3 § 112 Rz 9; *Koppensteiner,* GmbHG^3 § 24 Rz 4; *Gellis/Feil,* GmbHG^5 § 24 Rz 2; *Wünsch*, GesRZ 1982, 269.

320 Vgl *U. Torggler/Kucsko* in *Straube* (Hrsg), HGB I^3 § 112 Rz 9.

321 Vgl *Reich-Rohrwig,* GmbH-Recht I^2 Rz 2/291 mwN.

Aus der Beschränkung des Verbotes auf den gleichen Geschäftszweig wird erkennbar, dass der **Zweck** dieser Bestimmung darin liegt, die **Weitergabe** und Verwendung **interner Informationen** zum Nachteil der GmbH zu verhindern. Die Sicherung der Arbeitskraft des Geschäftsführers für die GmbH ist hingegen nicht das primäre Ziel.[322] **199**

3.2 Gesellschafter-Geschäftsführer

Der Gesellschaftsvertrag kann das gesetzliche Wettbewerbsverbot von Gesellschafter-Geschäftsführern **abschwächen, aufheben** aber auch **erweitern**. Dies kann *allgemein* oder *ad personam* im Einzelfall geschehen. Der Aufsichtsrat kann Geschäftsführer nur dann wirksam vom Wettbewerbsverbot befreien, wenn ihm diese Aufgabe gesellschaftsvertraglich oder durch Gesellschafterbeschluss übertragen wurde.[323] **200**

Die Ausnahme einzelner Gesellschafter-Geschäftsführer vom gesetzlichen Wettbewerbsverbot stellt für diese einen Vorteil dar, weshalb sie gemäß § 39 Abs 4 GmbHG bei der Beschlussfassung darüber **nicht stimmberechtigt** sind.[324] Liegt die Befreiung vom Wettbewerbsverbot nicht im Interesse der GmbH, ist sie von der nicht zustimmenden Gesellschafterminderheit gerichtlich anfechtbar.[325] **201**

Ist die **konkurrenzierende Tätigkeit** bei der Bestellung des Gesellschafters zum Geschäftsführer den übrigen Gesellschaftern **bekannt** und wird deren Aufgabe nicht ausdrücklich gefordert, darf die **Zustimmung** zur Konkurrenztätigkeit vermutet werden. Wird den Gesellschaftern die verbotene Tätigkeit erst später bekannt und verlangen sie deren Einstellung bei Bekanntwerden nicht, gilt dies als konkludente Zustimmung.[326] **202**

---

[322] Vgl *Koppensteiner*, GmbHG² § 24 Rz 1; *Wünsch*, GesRZ 1982, 269; *U. Torggler/Kucsko* in *Straube* (Hrsg), HGB I³ § 112 Rz 12.
[323] Vgl *Reich-Rohrwig*, GmbH-Recht I² Rz 2/293.
[324] Vgl *Koppensteiner*, GmbHG² § 24 Rz 9.
[325] Vgl *Reich-Rohrwig*, GmbH-Recht I² Rz 2/293 mwN.
[326] OGH 2.1.1985, 3 Ob 555/85.

203 Die **Befreiung** vom Wettbewerbsverbot kann jederzeit durch einfachen Gesellschafterbeschluss widerrufen werden.[327] Es genügt die im Gesellschaftsvertrag für gewöhnliche Beschlüsse vorgesehene Mehrheit.[328] Dabei sind alle – auch der betroffene – Gesellschafter stimmberechtigt. Das gilt auch, wenn eine Befreiungsklausel im Gesellschaftsvertrag enthalten ist.[329] Wurde die Befreiung vom Wettbewerbsverbot einzelnen Gesellschaftern gesellschaftsvertraglich als **echtes Sonderrecht** eingeräumt, bedarf es zum wirksamen Widerruf der Zustimmung des Betroffenen.[330]

3.3 Fremdgeschäftsführer

204 Ob auch Fremdgeschäftsführer durch Gesellschafterbeschluss vom Wettbewerbsverbot entbunden werden können, ist umstritten; die wohl hA[331] bejaht dies. Dem ist zuzustimmen, weil § 24 Abs 2 GmbHG[332] lediglich die **Form der Befreiung** vom Wettbewerbsverbot im Rahmen des Gesellschaftsvertrages auf Gesellschafter-Geschäftsführer, **nicht** jedoch die **Befreiung an sich** beschränkt.

205 Die **Entbindung** vom Wettbewerbsverbot kann der hA folgend durch **einfachen Mehrheitsbeschluss** der Gesellschafter bewirkt werden, aber auch im Geschäfts-

---

[327] § 24 Abs 2 letzter Satz GmbHG.

[328] Enthält der Gesellschaftsvertrag keine Regelung zur erforderlichen Mehrheit, ist die gesetzliche, einfache Mehrheit der abgegebenen Stimmen erforderlich.

[329] Vgl *Koppensteiner,* GmbHG² § 24 Rz 10; *Wünsch*, GesRZ 1982, 269; sinngemäß wohl auch *Reich-Rohrwig,* GmbH-Recht I² Rz 2/295; Hinweis: Die Änderung des Gesellschaftsvertrages bedarf gem § 50 Abs 1 GmbHG der ¾-Mehrheit der abgegebenen Stimmen und der Zustimmung des betroffenen Gesellschafters.

[330] Vgl *Koppensteiner,* GmbHG² § 50 Rz 11 f.

[331] Vgl *Kastner/Doralt/Nowotny,* Gesellschaftsrecht⁵ 379; *Reich-Rohrwig,* GmbH-Recht I² Rz 2/300; *Wünsch*, GesRZ 1982, 269; aA *Koppensteiner,* GmbHG² § 24 Rz 11.

[332] § 24 Abs 2 GmbHG: „*Die Einwilligung kann hinsichtlich der zu Geschäftsführern bestellten Gesellschafter im Gesellschaftsvertrage allgemein ausgesprochen sein. (...) Die Einwilligung ist jederzeit widerruflich*".

führervertrag verankert sein. Auch bei gesellschaftsfremden Geschäftsführern gilt, dass eine der GmbH bekannte Konkurrenztätigkeit oder Beteiligung beibehalten werden darf, sofern nichts anderes ausdrücklich vereinbart wird. Die Befreiung vom Wettbewerbsverbot kann bei Fremdgeschäftsführern **nicht einseitig** durch die GmbH **widerrufen** werden.[333] Die Gesellschaft hat sich an den Geschäftsführervertrag zu halten.

3.4 Sanktionen

Eine Verletzung des Wettbewerbsverbots zieht mehrere mögliche, einander ausschließende Rechtsfolgen nach sich. **206**

Gemäß § 24 Abs 3 GmbHG können die *Geschäftsführer ohne Verpflichtung zur Leistung einer Entschädigung* **abberufen** und in weiterer Folge fristlos **entlassen** werden.[334] Der Verstoß stellt auch einen ausreichenden Grund dar, um einen Gesellschafter-Geschäftsführer, dessen Abberufung vertraglich auf wichtige Gründe beschränkt wurde, abzuberufen.[335] **207**

Die GmbH **muss** das Geschäftsführerverhältnis **nicht** zwingend **beenden**, sie kann auch nur die Unterlassung derartiger Verstöße verlangen.[336] **208**

Weiters stehen der GmbH bei schuldhafter Verletzung des Wettbewerbsverbotes *Schadenersatzansprüche* zu. **Alternativ** kann die Gesellschaft verlangen, dass sie selbst *in die vom Geschäftsführer geschlossenen Geschäfte eintritt.*[337] Das Handeln des Geschäftsführers wird somit nachträglich zum Vertretungsakt für die GmbH erklärt. In diesem Fall hat die Gesellschaft dem Geschäftsführer den Aufwand zu ersetzen oder die Erfüllung seiner Leistungspflicht zu übernehmen. Der Geschäftsführer ist zur **Herausgabe** der Vergütung bzw zur Abtretung seines Vergütungsanspruchs verpflich- **209**

[333] Vgl *Reich-Rohrwig,* GmbH-Recht I^2 Rz 2/300 mwN.
[334] Vgl *Koppensteiner,* GmbHG^2 § 24 Rz 14; *Reich-Rohrwig,* GmbH-Recht I^2 Rz 2/296; *Wünsch*, GesRZ 1982, 269.
[335] Vgl *Reich-Rohrwig,* GmbH-Recht I^2 Rz 2/296.
[336] Vgl *Koppensteiner,* GmbHG^2 § 24 Rz 14.
[337] § 24 Abs 3 GmbHG.

tet.[338] Bei **verbotener Beteiligung** an einer anderen Gesellschaft ist die Herausgabe der Anteile an die GmbH nur mit **Zustimmung** der **anderen Gesellschaft** möglich. Wird diese Zustimmung nicht erteilt, müssen die Anteile verkauft und der Gewinn aus dem Verkauf an die GmbH abgetreten werden.

210 Die GmbH hat gegenüber dem Geschäftsführer Anspruch auf **Auskunft** und Rechnungslegung, um eine Entscheidung über die Ausnützung ihres Wahlrechts treffen zu können.[339]

211 Die Schadenersatzansprüche, das Eintrittsrecht sowie das Recht auf Abberufung der Geschäftsführer **verjähren** binnen *drei Monaten,*[340] nachdem sämtliche Mitglieder des Aufsichtsrates oder – wenn kein Aufsichtsrat besteht – alle übrigen Geschäftsführer von der Verletzung des Wettbewerbsverbotes erfahren haben,[341] spätestens aber nach fünf Jahren nach ihrem Entstehen.[342]

3.5 Konkurrenzklausel

212 Das Wettbewerbsverbot kann auch über die Dauer der Organstellung hinaus verlängert werden. Nachorganschaftliche Wettbewerbsverbote bedürfen jedoch einer Vereinbarung im **Geschäftsführervertrag**.

213 Fußt die Geschäftsführertätigkeit auf einem echten Dienstverhältnis, sind die Regelungen der §§ 36 ff AngG einschlägig. Demnach ist die Konkurrenzklausel nur wirksam, wenn die Dauer der Beschränkung *ein Jahr* nicht übersteigt und *nur für den Geschäftszweig der GmbH* gilt. Des Weiteren darf die Beschränkung nicht nach Gegenstand, Zeit oder Ort eine unbillige Erschwerung des Fortkommens des Angestellten bedeuten. Ein Angestellter darf beispielsweise durch die mit

[338] *Reich-Rohrwig,* GmbH-Recht I[2] Rz 2/297.
[339] *Kastner/Doralt/Nowotny,* Gesellschaftsrecht[5] 96.
[340] OGH 16.5.1979, 1 Ob 596/79; OGH 20.6.1980, 2 Ob 516/89.
[341] Für den Beginn der Frist ist positives Wissen erforderlich, Wissenmüssen bzw die bloße Vermutung ist nicht ausreichend; OGH 2.10.1985, 3 Ob 555/85.
[342] § 24 Abs 4 GmbHG.

einer Konkurrenzklausel verbundene Erwerbsbeschränkung nicht gezwungen werden, seine Kenntnisse und Berufserfahrungen brachliegen zu lassen, einen erlernten Spezialberuf aufzugeben und damit zwangsläufig in eine berufsfremde Sparte mit geringerem Einkommen überzuwechseln.[343]

Bei Schuldverhältnissen, die nicht dem AngG unterliegen, ist eine Konkurrenzklausel innerhalb der Grenzen der *guten Sitten* zulässig. Ein Verstoß gegen die guten Sitten liegt insbesondere dann vor, wenn die Berufs- und **Erwerbsinteressen** des Geschäftsführers über den Rahmen der schutzwürdigen Interessen der GmbH hinaus **eingeschränkt** werden.[344] **214**

Für die **Prüfung der Sittenwidrigkeit** sind wiederum die Prinzipien der §§ 36 ff AngG maßgebend. Eine zentrale Rolle dabei spielen folgende Aspekte:[345] **215**

- Berücksichtigung der Art der Beendigung der Geschäftsführerfunktion;
- etwaige Weitergewährung der Geschäftsführerbezüge;
- sachliche Beschränkung auf den Geschäftszweig der GmbH;
- kein übermäßig langer Zeitraum des Konkurrenzverbotes;
- Höhe einer eventuell vereinbarten Konventionalstrafe.

Je stärker das nachorganrechtliche Wettbewerbsverbot in örtlicher, zeitlicher oder sachlicher Hinsicht beschränkt wird, desto eher wird es vor Gericht Bestand haben. Eine **sittenwidrige Konkurrenzklausel** ist nicht nichtig, sondern kann vom Gericht gemildert, insbesondere zeitlich verkürzt werden.[346] **216**

Zu beachten ist, dass ein Dienstgeber (GmbH) seine Rechte aus einer vereinbarten Konkurrenzklausel ver- **217**

343 OGH 15.4.2004, 8 ObA 21/04b.

344 Vgl *Krejci* in *Rummel* (Hrsg), ABGB I³ § 879 Rz 81d.

345 Vgl *Strasser* in *Jabornegg/Strasser* (Hrsg), AktG II⁴ §§ 77–84 Rz 69.

346 Vgl *H. Torggler,* Das Wettbewerbsverbot im Gesellschaftsvertrag der Personengesellschaften, GesRZ 1978, 153.

wirkt, wenn er dem Angestellten (Geschäftsführer) begründeten Anlass zum vorzeitigen Austritt oder zur **Kündigung des Dienstverhältnisses** gegeben hat. Das Gleiche gilt, wenn der Dienstgeber das Dienstverhältnis löst, es sei denn, dass den Angestellten an der Lösung des Dienstverhältnisses ein Verschulden trifft oder der Dienstgeber bei der Auflösung des Dienstverhältnisses erklärt hat, während der Dauer des Konkurrenzverbotes dem Angestellten das ihm zuletzt zukommende Entgelt zu leisten.[347]

218 Zumeist wird für den Fall des Zuwiderhandelns gegen eine Konkurrenzklausel eine **Konventionalstrafe** vereinbart. Eine Konventionalstrafe ist ein pauschalierter Schadenersatz für den Fall der Nicht- oder Schlechterfüllung eines Vertrages. Dem folgend kann der Dienstgeber für den Fall des Zuwiderhandelns gegen die Konkurrenzklausel lediglich die vereinbarte Konventionalstrafe fordern; ein Anspruch auf Erfüllung (= Unterlassen der Konkurrenztätigkeit) sowie die Geltendmachung eines darüber hinausgehenden Schadens ist ausgeschlossen.[348] Dies bedeutet für den Dienstgeber, dass er für den Fall der Vereinbarung einer Konventionalstrafe keinen Anspruch auf Unterlassung der Konkurrenztätigkeit gegenüber dem ehemaligen Dienstnehmer hat. Der Dienstnehmer unterliegt nach Zahlung der Konventionalstrafe bei seiner (konkurrenzierenden) Tätigkeit keinerlei Beschränkungen mehr.

219 Hinzu kommt, dass eine vereinbarte Konventionalstrafe (zwingend) dem **richterlichen Mäßigungsrecht** unterliegt.[349] Das Gericht hat bei der Mäßigung auf die Verhältnismäßigkeit der Strafe, auf die wirtschaftlichen und sozialen Verhältnisse des Arbeitnehmers, insbesondere seine Einkommens- und Vermögensverhältnisse, auf Art und Ausmaß seines Verschuldens an der Vertragsverletzung sowie auf die Höhe des dem Dienstgeber entstandenen Schadens Bedacht zu nehmen.[350]

347 § 37 Abs 1 und Abs 2 AngG.
348 § 37 Abs 3 AngG.
349 § 38 AngG.
350 OGH 13.6.1986, 14 Ob 71/86.

4. Verschwiegenheitspflicht

Mit dem Wettbewerbsverbot in engem Zusammenhang steht die Verpflichtung des Geschäftsführers, **Geheimnisse** der Gesellschaft nicht an außenstehende Dritte weiterzugeben. Geheimhaltungs- und Verschwiegenheitspflichten sind zwar im GmbHG nicht ausdrücklich geregelt, unzweifelhaft stehen sie jedoch in engem Zusammenhang mit der *Sorgfalt eines ordentlichen Geschäftsmannes*.[351] Der Geschäftsführer ist zur Wahrung von Geschäfts- und Betriebsgeheimnissen[352] sowie zur **Verschwiegenheit** über Tatsachen und Betriebsinterna verpflichtet, an deren Geheimhaltung die Gesellschaft ein schutzwürdiges Interesse hat.[353] **220**

5. Nachwirkende Pflichten

Wie das Wettbewerbsverbot durch die Vereinbarung einer Konkurrenzklausel laufen auch bestimmte andere Pflichten über den Zeitpunkt der Beendigung der Geschäftsführerstellung hinaus weiter. Dabei wird grundsätzlich eine Abwägung zwischen dem schutzwürdigen Interesse der Gesellschaft und dem wirtschaftlichen Weiterkommen des Geschäftsführers durchzuführen sein. **221**

Die **Verschwiegenheitspflichten** können nach Beendigung der Geschäftsführertätigkeit andauern, sofern sie das wirtschaftliche Weiterkommen des Geschäftsführers nicht unverhältnismäßig beeinträchtigen.[354] **222**

Die Geschäftsführer sind der Gesellschaft gegenüber verpflichtet, für die Dauer von **fünf Jahren** nach der Beendigung der Organstellung im Rahmen des Zumut- **223**

---

[351] Siehe auch § 84 Abs 1 zweiter Satz AktG.

[352] Zu Betriebsgeheimnissen werden Geheimnisse gezählt, wenn sie sich auf den produktionstechnischen oder kaufmännischen Bereich des Unternehmens beziehen und ein objektives Interesse des Unternehmens besteht, dass die Kenntnisse auf den Personenkreis beschränkt bleiben, der sie zulässigerweise erlangt hat; vgl OGH 18.6.1970, EvBl 1971/101.

[353] Vgl *Koppensteiner,* GmbHG² § 24 Rz 18; *Reich-Rohrwig,* GmbH-Recht I² Rz 2/302; *Krejci* in *Rummel* (Hrsg) ABGB I³ § 1162 Rz 128 ff; *Kastner/Doralt/Nowotny,* Gesellschaftsrecht⁵ 379 f.

[354] Siehe dazu ausführlich *Krejci* in *Rummel* (Hrsg) ABGB I³ § 879 Rz 81c f.

baren **Auskunft** über die Geschäfte und Vermögenswerte der Gesellschaft **aller Art** zu geben.[355] Die Geschäftsführer müssen sich über alles äußern, was die Vermögenslage der Gesellschaft auch nur irgendwie berühren könnte (bspw warum ein Versicherungsanspruch nicht geltend gemacht wurde).[356]

224 Der Wortlaut *„im Rahmen des Zumutbaren"* wirft weitere Fragen auf. Der Gesetzgeber wollte damit an den Sorgfaltsmaßstab eines ordentlichen Geschäftsmannes anknüpfen.[357] Einen objektiven Sorgfaltsmaßstab für das Erinnerungsvermögen eines ordentlichen Geschäftsmannes gibt es jedoch nicht. Unzumutbar ist jedenfalls ein Auskunftsverlangen, das der ehemalige Geschäftsführer infolge Nichtwissens nicht beantworten kann.[358] Unzumutbar sind ferner Auskunftsverlangen, die zur Unzeit gestellt werden. Über Sachverhalte, die den ehemaligen Geschäftsführer **strafrechtlich** oder **zivilrechtlich** haftbar machen würden, muss nichts gesagt werden.[359]

D. Sonstige gesellschaftsrechtliche Pflichten

225 Den Geschäftsführer treffen weiters gesetzlich sehr genau umschriebene Pflichten. Sie ergeben sich direkt aus dem GmbHG, aus dem HGB bzw UGB und aus wichtigen Nebengesetzen wie dem FBG sowie zum Teil auch aus der analogen Anwendung des AktG. Teilweise sind dies einmalige (bspw die Pflichten im Gründungsstadium), teilweise handelt es sich auch um regelmäßig wiederkehrende, oft sogar täglich zu beachtende Pflichten.

1. Pflichten im Gründungsstadium

226 Viele Pflichten der Geschäftsführer entstehen nicht erst im Zeitpunkt der Eintragung der Gesellschaft, sondern bereits mit **Abschluss des Gesellschaftsvertrages** und

[355] § 24a GmbHG.
[356] Vgl *Koppensteiner,* GmbHG² § 24a Rz 3.
[357] Vgl EB zu Art VII Z 5 IRÄG 1997.
[358] OGH 19.6.1997, 6 Ob 33/97i.
[359] Vgl *Koppensteiner,* GmbHG² § 24a Rz 4.

ihrer organrechtlichen Bestellung zu Geschäftsführern. Mit Abschluss des Gesellschaftsvertrages entsteht die Vorgesellschaft, die bis zur Eintragung der GmbH im Firmenbuch am Rechtsverkehr teilnimmt. Die **Vorgesellschaft** wird durch Willenserklärungen der vertretungsbefugten Geschäftsführer berechtigt und verpflichtet, sie kann klagen und geklagt werden.[360]

Bei Vorgesellschaften ist der Umfang der Geschäfts- **227**
führungsbefugnis und der damit verbundenen Pflichten davon abhängig, ob eine Bar- oder eine Sachgründung vorliegt. Bei **Bargründungen** beschränkt sich die Geschäftsführungsbefugnis grundsätzlich auf die im Zuge der Gründung notwendigen Handlungen.[361] Bei **Sachgründungen**, insbesondere bei der Einbringung von Unternehmen, erstreckt sich die Geschäftsführungsbefugnis und -verpflichtung zusätzlich auf die ordnungsgemäße Verwaltung der eingebrachten Gegenstände sowie auf die Fortführung des eingebrachten Betriebs.[362]

Die GmbH entsteht rechtlich erst mit der Eintragung **228**
in das Firmenbuch.[363] Die Eintragung kann gemäß § 9 Abs 1 GmbHG nur *aufgrund einer Anmeldung erfolgen, die von sämtlichen Geschäftsführern unterfertigt* wurde. Diese Bestimmung ist jedoch nicht nur als **Ermächtigung** der Geschäftsführer zur Firmenbuchanmeldung zu lesen, sie bedeutet gleichzeitig auch die **Verpflichtung** dazu.[364] Die Geschäftsführer können sogar durch Klage zur Anmeldung angehalten werden.[365]

---

360 Vgl OGH 24.11.1998, 1 Ob 188/98y; OGH 29.6.1999, 1 Ob 70/99x.

361 Wobei diesbezüglich im Gesellschaftsvertrag oder durch einstimmigen Gesellschafterbeschluss anderes festgelegt werden kann, vgl *Koppensteiner*, GmbHG² § 2 Rz 12.

362 *Reich-Rohrwig*, GmbH-Recht I² Rz 1/526.

363 § 2 Abs 1 GmbHG.

364 Die Verpflichtung ist keine öffentlich-rechtliche, sondern lediglich eine zivilrechtliche; das Firmenbuchgericht kann die Geschäftsführer nicht, etwa mittels Ordnungsstrafen, zur Anmeldung drängen. Die pflichtwidrige Verzögerung der Anmeldung ist jedoch ein Abberufungsgrund und kann den Geschäftsführer gegenüber der Gesellschaft schadenersatzpflichtig machen (siehe *Koppensteiner*, GmbHG² § 9 Rz 6).

365 Ausführlich *Wünsch*, Die Bedeutung des FGG für die GmbH und deren Eintragungen im Handelsregister, GesRZ 1982, 155.

229 **Sämtliche** Geschäftsführer müssen die Gesellschaft zur Eintragung in das Firmenbuch des nach dem Sitz der Gesellschaft zuständigen Landesgerichts (in Wien des Handelsgerichts Wien) anmelden. Die Anmeldung muss **notariell beglaubigt** unterfertigt werden. Eine Bevollmächtigung eines einzigen Geschäftsführers oder eines Dritten zur Unterfertigung der Anmeldeerklärung ist nicht zulässig.[366] Die Gesellschafter der GmbH wirken an der Anmeldung selbst nicht mit.

230 Gemäß § 9 Abs 2 GmbHG sind mit der Anmeldung nachstehende **Unterlagen vorzulegen**:[367]

- der Gesellschaftsvertrag bzw die Errichtungserklärung in notarieller Ausfertigung;[368]
- die Gesellschafterliste;
- ein Geschäftsführerverzeichnis;
- der Nachweis über die Bestellung der Geschäftsführer in beglaubigter Form, gegebenenfalls der Nachweis über die Bestellung der Aufsichtsratsmitglieder und eine Musterzeichnung;
- die Erklärung der Geschäftsführer, dass die Bareinlagen eingezahlt wurden und dass sie über diese frei verfügen können (sog §-10-GmbHG-Erklärung);[369]
- bei Sachgründungen: der Gründungsbericht der Gesellschafter und der Prüfbericht der Geschäftsführer;
- die steuerliche Unbedenklichkeitsbescheinigung oder die notarielle Selbstberechnungserklärung.

2. Generalversammlung

231 Jede GmbH muss zumindest **einmal jährlich** eine Generalversammlung abhalten, wenn der Gesellschaftsvertrag die Möglichkeit der schriftlichen Beschlussfas-

[366] *Reich-Rohrwig*, GmbH-Recht I^2 Rz 1/564; *Wünsch*, GesRZ 1982, 155.

[367] Vgl *Reich-Rohrwig*, GmbH-Recht I^2 Rz 1/569 ff.

[368] Nicht ausreichend ist eine beglaubigte Abschrift; *Gellis/Feil*, GmbHG^5 § 9 Rz 2 mwN.

[369] Vom Firmenbuch wird in der Regel eine Erklärung verlangt, die nicht älter als zwei Wochen ist.

sung ausschließt.[370] Im Zuge der Einberufung, Vorbereitung, Abhaltung und Nachbereitung der Generalversammlung treffen den Geschäftsführer einige Pflichten, ihm kommen dabei aber auch wichtige Rechte zu. **Einberufungsbefugt** sind grundsätzlich **nur**[371] die Geschäftsführer.[372] Grundsätzlich darf **jeder einzelne** Geschäftsführer eine Generalversammlung einberufen, selbst wenn ansonsten Gesamtvertretung vorgesehen ist.[373] Der Gesellschaftsvertrag kann diese Regel zwar modifizieren, bei Gefahr in Verzug muss jedoch jeder Geschäftsführer allein eine Generalversammlung einberufen dürfen.[374] Jeder Gesellschafter, der zumindest 10 % der Gesellschaftsanteile hält, kann die **Einberufung** einer Generalversammlung **verlangen**; die Geschäftsführer müssen diesem Verlangen Folge leisten.[375] Kommen die Geschäftsführer diesem Verlangen nicht innerhalb von zwei Wochen nach, so können die Antragsteller selbst einberufen.[376]

Die gesetzliche **Einberufungsfrist** beträgt 7 Tage;[377] **232**
im Gesellschaftsvertrag kann diese Frist jedoch verlängert werden. Gleichzeitig mit der Einberufung der Generalversammlung muss deren **Tagesordnung** an die Gesellschafter verschickt werden. Eine nachträgliche Ergänzung der Tagesordnung muss mindestens 3 Tage vor der Versammlung vorgenommen werden.[378]

---

[370] § 36 Abs 1 GmbHG.

[371] Der Gesellschaftsvertrag kann aber zusätzlich andere Personen oder Organe (namentlich einzelne Gesellschafter, Aufsichtsrat oder Beirat) mit der Einberufung betrauen.

[372] Darauf weist das Wort „auch" in § 36 Abs 1 GmbHG hin; siehe *Koppensteiner,* GmbHG² § 36 Rz 5.

[373] *Gellis/Feil,* GmbHG⁵ § 36 Rz 4: *Das Berufungsrecht der Geschäftsführer ist nach richtiger Ansicht keine Vertretungshandlung nach § 18 Abs 2, sondern eher eine der Geschäftsführung.*

[374] *Gellis/Feil,* GmbHG⁵ § 36 Rz 4: *Daraus* [aus der Qualifikation des Einberufungsrechts einer Generalversammlung als Geschäftsführungshandlung] *folgt, dass jeder Geschäftsführer einberufen kann, wenn Gefahr abzuwenden ist.* Gleichsinnig auch *Koppensteiner,* GmbHG² § 36 Rz 5f.

[375] § 37 Abs 1 GmbHG.

[376] § 37 Abs 2 GmbHG.

[377] § 38 Abs 1 GmbHG.

[378] *Koppensteiner,* GmbHG² § 38 Rz 10.

233 **Besondere Vorkommnisse** in der GmbH können zusätzliche Generalversammlungen erforderlich machen. Das Gesetz normiert nur einen bestimmten Fall ausdrücklich (den Verlust des halben Stammkapitals),[379] überlässt es aber dem Gesellschaftsvertrag, weitere Ereignisse zu bestimmen, die die Pflicht zur Einberufung einer Generalversammlung auslösen sollen.

234 Die Geschäftsführer haben grundsätzlich **kein Teilnahmerecht** an der Generalversammlung, sie **müssen** jedoch **teilnehmen**, falls die Gesellschafter es verlangen.[380] In der Praxis nehmen die Geschäftsführer jedoch regelmäßig an der Generalversammlung teil, bietet diese doch auch ein Forum zum Informationsaustausch zwischen Geschäftsführung und Gesellschaftern. Die Geschäftsführer sind – während der Generalversammlung – jedem Gesellschafter gegenüber **auskunftspflichtig**, soweit die verlangten Informationen mit den Tagesordnungspunkten in Zusammenhang stehen.[381]

235 In Zusammenhang mit der Generalversammlung bedeutend ist die Protokollierung von Beschlüssen.[382] Gefasste Beschlüsse sind nach der Generalversammlung unverzüglich in eine **Niederschrift** aufzunehmen.[383] Die Niederschrift ist sorgfältig aufzubewahren und den Gesellschaftern sowie den Mitgliedern des Aufsichtsrates während der Geschäftsstunden zur Einsichtnahme zugänglich zu machen.[384] Das Einsichtsrecht ist gerichtlich durchsetzbar.[385] Aus Gründen der Beweisbarkeit der Korrektheit der Niederschrift empfiehlt es sich, die Generalversammlung mittels Tonbandgerät aufzuzeichnen.

---

379 § 36 Abs 2 GmbHG.

380 *Koppensteiner,* GmbHG² § 34 Rz 11.

381 *Koppensteiner,* GmbHG² § 34 Rz 13; *Koppensteiner*, Zum Informationsrecht des GmbH-Gesellschafters, in *Doralt/Nowotny* (Hrsg), Kontinuität und Wandel, Festschrift für Walther Kastner zum 90. Geburtstag (1992) 229.

382 Beschlussfähig ist die Generalversammlung, wenn 10 % des Stammkapitals (nicht 10 % der Stimmen oder Gesellschafter) bei der Beschlussfassung vertreten sind.

383 § 40 GmbHG.

384 *Gellis/Feil,* GmbHG⁵ § 40 Rz 8.

385 *Koppensteiner*, GmbHG² § 40 Rz 8.

Bestimmte Beschlüsse bedürfen zur Gültigkeit besonderer **Formvorschriften**. Vor allem der Formvorschrift der notariellen Beurkundung kommt besondere Bedeutung zu. Die verpflichtende notarielle Beurkundung kennt das GmbHG nur für **satzungsändernde Beschlüsse**[386] und für den **Auflösungsbeschluss**[387] der GmbH. Der Gesellschaftsvertrag kann jedoch die Gültigkeit weiterer Beschlüsse an die Beurkundung durch einen Notar binden. Werden diese Beschlüsse ohne notarielle Beurkundung gefasst, sind sie von sich aus nichtig.[388] Sie dürfen weder von den Geschäftsführern noch von den Gesellschaftern ausgeführt werden. Da die Eintragung von satzungsändernden Beschlüssen im Firmenbuch konstitutive[389] Wirkung hat, ist der beglaubigte Abänderungsbeschluss beizuschließen.[390] Das Firmenbuchgericht hat somit das ordnungsgemäße Zustandekommen des Beschlusses zu überprüfen. **236**

3. Buchführung und internes Kontrollsystem

Zu den Pflichten jedes Unternehmens gehört die Führung von Aufzeichnungen über den Hergang, die Abwicklung und den Erfolg der Geschäfte. **237**

Nach § 22 Abs 1 GmbHG haben die *Geschäftsführer dafür zu sorgen, dass die Gesellschaft über ein Rechnungswesen und ein internes Kontrollsystem verfügt, das den Anforderungen des Unternehmens entspricht.* Mit dem Ausdruck „*Rechnungswesen*" wird klar gestellt, dass nicht nur die handelsrechtliche **Rechnungslegung** und **Buchführung**, sondern auch darüber hinausgehende Rechnungsunterlagen (bspw eine Kostenrechnung) zu erstellen sind, falls dies betriebswirtschaftlich erforderlich erscheint. Neben der vergangenheitsbezogenen Rechnungslegung und Buchführung sind auch **zukunftsorientierte Rechnungen** (Rentabi- **238**

386 § 49 Abs 1 GmbHG.
387 § 84 Abs 1 Z 2 GmbHG.
388 *Thöni*, Rechtsfolgen fehlerhafter GmbH Gesellschafterbeschlüsse (1998) 80 f.
389 *Koppensteiner*, GmbHG² § 49 Rz 14.
390 Siehe *Deu/Helm*, Die Anmeldung zum Firmenbuch I (2003) 119.

litätsrechnungen, Planbilanzen, Liquiditätsvorschauen, Investitionsrechnungen etc) zu erstellen und aufzubewahren. Anhand dieser Planungsrechnungen sind regelmäßig **Soll-Ist-Vergleiche** durchzuführen und im Bedarfsfall ist den Entwicklungen entgegenzusteuern. Ist ein Aufsichtsrat eingerichtet, sind die Planungsrechnungen und Soll-Ist-Vergleiche Teil der dem Aufsichtsrat verpflichtend zu erstattenden Berichte.[391] Wurde kein Aufsichtsrat eingerichtet, müssen die Berichtsobliegenheiten zwar nicht der Generalversammlung gegenüber wahrgenommen werden, die **Verpflichtung zur Planung** und zur Soll-Ist-Analyse ist der hM folgend vom Bestehen eines Aufsichtsrates unabhängig.[392] Die von Literatur, Judikatur und Legislative entwickelten Grundsätze[393] zur Berichterstattung an den Aufsichtsrat sind auch Maßstab für die Planungen der aufsichtsratslosen Gesellschaften.

239 Die handelsrechtliche Verpflichtung zur **Buchführung** beginnt mit der Abwicklung von Geschäften, also unter Umständen bereits vor der Eintragung der GmbH.[394] Die Pflicht zur Buchführung beginnt **spätestens** jedoch mit der Entstehung der GmbH durch Eintragung ins Firmenbuch. Das Steuerrecht setzt die Vorgesellschaft mit der späteren GmbH gleich, Geschäftsvorfälle sind ab dem Zeitpunkt der Errichtung der Vorgesellschaft (Errichtung des Gesellschaftsvertrages) buchungs- und steuerpflichtig.[395]

240 Im Zeitpunkt der Geschäftsaufnahme muss eine **Eröffnungsbilanz** aufgestellt werden.[396] Dabei gelten die

---

[391] Siehe dazu unter Kapitel III.D.4.

[392] Siehe dazu *Mandl*, Rechnungswesen und internes Kontrollsystem gem. IRÄG 1997, 356.

[393] Siehe dazu unter Kapitel III.D.4.

[394] *Nowotny* in *Straube* (Hrsg), HGB II^2 (2000) § 193 Rz 3 ff; siehe auch *H. Torggler/U. Torggler* in *Straube* (Hrsg) HGB II^2 § 189 Rz 7 f.

[395] Siehe § 4 Abs 1 KStG.

[396] Wird ein Unternehmen, Betrieb oder Teilbetrieb auf Basis einer höchstens neun Monate vor der Einbringung erstellten Bilanz in eine GmbH eingebracht, kann die Eröffnungsbilanz auf diesen in der Vergangenheit liegenden „Einbringungsstichtag" zurückbezogen werden.

Grundsätze ordnungsgemäßer Buchführung in gleicher Weise wie für den Jahresabschluss. Bei jahresabschluss**prüfungspflichtigen** GmbHs ist die Eröffnungsbilanz vom Abschlussprüfer hinsichtlich der Richtigkeit der Bewertungsansätze[397] von Sachanlagen zu prüfen.

Ein internes Kontrollsystem hat sich vorrangig darauf zu beziehen, ob das betriebliche Rechnungswesen korrekt ist und genau geführt wird.[398] **241**

4. Informationspflichten

4.1 Berichte an den Aufsichtsrat

Die Geschäftsführer sind verpflichtet, dem Aufsichtsrat mindestens einmal jährlich über grundsätzliche Fragen der künftigen Geschäftspolitik des Unternehmens zu berichten; weiters haben sie die künftige Entwicklung der Vermögens-, Finanz- und Ertragslage anhand einer Vorschaurechnung (**Jahresbericht**) darzustellen. Darüber hinaus haben sie dem Aufsichtsrat regelmäßig – mindestens vierteljährlich – über den Gang der Geschäfte im Vergleich zur Vorschaurechnung Bericht zu erstatten (**Quartalsbericht**). Über Angelegenheiten, die für die Liquidität oder Rentabilität der Gesellschaft von erheblicher Bedeutung sind, müssen die Geschäftsführer den Aufsichtsrat unverzüglich informieren (**Sonderbericht**).[399] Die Berichtspflichten stehen ganz im Zeichen der Insolvenzprophylaxe und dienen als Teil der insolvenzrechtlichen Fortbestehensprognose der **Insolvenzfrüherkennung**.[400] **242**

Der Jahresbericht ist einmal jährlich zu erstatten. Obwohl das Gesetz hierfür keinen ausdrücklichen Termin nennt, ist anzunehmen, dass dies grundsätzlich **vor** bzw zu Beginn des **Geschäftsjahres** zu geschehen hat. Andernfalls hätten wesentliche Elemente des Berichts, na- **243**

---

[397] Etwaige Unrichtigkeiten würden sich auf die folgenden Jahresabschlüsse auswirken.

[398] *Koppensteiner,* GmbHG² § 22 Rz 25a mwN.

[399] § 28a Abs 1 GmbHG.

[400] Siehe *Jaufer,* Berichtswesen bei Kapitalgesellschaften und ihre Wirkung auf die insolvenzrechtliche Fortbestehensprognose, RWZ 2004, 57.

mentlich die geschäftsjahrbezogene Vorschaurechnung, keinen Sinn. Zu berichten ist über grundsätzliche Fragen der Geschäftspolitik und über die künftige Entwicklung der Vermögens-, Finanz- und Ertragslage. Dabei knüpft der Jahresbericht an die Gliederung des Jahresabschlusses an.[401]

244 Die **Vorschaurechnung** besteht aus den drei Komponenten Planbilanz, Plan-G+V und Plan-Cash-flow-Rechnung. Wegen der vorgesehenen Kontrolle der Vorschaurechnung durch die Quartalsberichte ist sie in **vier Abschnitte** zu gliedern, die sich jeweils auf einen Zeitraum von 3 Monaten beziehen.[402] Die Vorschaurechnung hat dem jeweiligen Stand der Betriebswirtschaftslehre zu entsprechen. Sie darf nicht bloße Prognosen, sondern muss Rechnungen mit Vorgabecharakter enthalten.[403]

245 Der Inhalt der Begriffe Planbilanz und Plan-G+V ergibt sich aus den Parallelbegriffen des Jahresabschlusses.[404] Die Planbilanz und die Plan-G+V knüpfen an die Daten des Jahresabschlusses an. Der Plan-Cash-flow ergibt sich aus der Plan-G+V und soll den **Finanzbedarf** bzw den Finanzüberschuss der Planperiode aufzeigen.[405]

246 In den Quartalsberichten soll die Entwicklung der Gesellschaft anhand eines Vergleichs mit der Vorschaurechnung dargestellt werden. Die Erstellung von Quartalsbilanzen, Quartals-G+Vs und Quartals-Cash-flows wird gefordert. Über die Gründe von **Abweichungen** von den Planzahlen ist zu berichten, Aussagen darüber, ob an den Planungen festgehalten bzw inwieweit korrigierend eingegriffen werden soll, sind in den Quartalsbericht aufzunehmen.

247 Sowohl Jahres- als auch Quartalsberichte bedürfen der **Schriftlichkeit**. Eine mündliche Berichterstattung ist ausgeschlossen.[406]

---

401 *Koppensteiner,* GmbHG² § 28a Rz 3.
402 So *Egger*, Die Vorschaurechnung und der vierteljährliche Soll-Ist-Vergleich, RWZ 1997, 327.
403 *Egger*, RWZ 1997, 327.
404 *Mandl,* RWZ 1997, 356.
405 *Egger*, RWZ 1997, 327; *Mandl,* RWZ 1997, 356.
406 Siehe § 28a GmbHG.

Sonderberichte sind zu erstellen, wenn wichtige Umstände, die für die Rentabilität und Liquidität der Gesellschaft von erheblicher Bedeutung sind, eintreten. Ein wichtiger Anlass, der zur Berichterstattung zwingt, ist beispielsweise das Vorliegen von **Liquiditätsengpässen** oder das Auftreten **hoher Verluste**.[407] Inhaltlich hat der Sonderbericht seine Gründe zu verdeutlichen und dabei Ursachen und Konsequenzen der Situation darzustellen. Ferner sind konkrete Maßnahmen der Geschäftsführung anzukündigen und zu beschreiben. Sonderberichte dürfen auch mündlich erteilt werden.[408] 248

Ergänzend zu den Berichten, die die Geschäftsführung initiativ von sich aus zu erstatten hat, kann der **Aufsichtsrat** jederzeit zusätzliche **Berichte verlangen**.[409] Die Berichte sollen nach Maßgabe des Geschehens innerhalb der GmbH und deren Notwendigkeit für eine effektive Kontrolle abverlangt werden. Die jederzeitige Berichterstattungspflicht bezieht sich nur auf Fragen der Geschäftspolitik und auf erhebliche Geschäftsführungsmaßnahmen und darf nicht missbräuchlich ausgeübt werden. Sie findet dort ihre Grenze, wo das Verlangen nach Berichterstattung zu einer unzumutbaren Störung der Geschäftsführung führt.[410] 249

4.2 Einsichtsrecht der Gesellschafter

Innerhalb eines Zeitraums von *vierzehn Tagen* **vor** der **Generalversammlung**, die über die Feststellung des Jahresabschlusses zu beschließen hat, dürfen die Gesellschafter in sämtliche *Bücher und Schriften der GmbH Einsicht nehmen*.[411] Da die Abstimmung über die Feststellung eine genaue Information über alle für die Erstellung des Jahresabschlusses relevanten Umstände erfordert, ist der inhaltliche Umfang des **Ein-** 250

[407] Siehe *Jaufer*, RWZ 2004, 57.

[408] *Koppensteiner*, GmbHG² § 28a Rz 7.

[409] § 30j Abs 2 GmbHG; *Reich-Rohrwig*, GmbH-Recht I² Rz 4/324.

[410] *Reich-Rohrwig*, GmbH-Recht I² Rz 4/328 ff; schikanöse Ausübung eines Rechts.

[411] § 22 Abs 2 GmbHG.

sichtsrechts grundsätzlich **unbegrenzt**.[412] Das Einsichtsrecht umfasst auch das Recht zur Anfertigung von Kopien.[413]

251 Auch einem Gesellschafter, der selbst einer **konkurrenzierenden Tätigkeit** nachgeht, müssen die für die Feststellung des Jahresberichts erforderlichen Informationen offen gelegt werden, selbst wenn dadurch eine Gefährdung der Interessen der GmbH zu befürchten ist.[414] Der Zugang zu wettbewerbsrelevanten Informationen ist ihm jedoch zu versagen.[415] Dem Gesellschafter steht es aber offen, einen zur Verschwiegenheit verpflichteten Sachverständigen einzuschalten, der die ordnungsgemäße Erstellung des Jahresabschlusses überprüft.

252 Ein Anspruch der Gesellschafter auf Einsichtnahme in die Geschäftsunterlagen **außerhalb** des oben beschriebenen Zeitraumes von 14 Tagen vor der Generalversammlung wurde von der Judikatur bejaht, auch wenn dies über das im GmbHG ausdrücklich verankerte Recht hinausgeht:[416] „*Dem Gesellschafter steht zur Wahrnehmung seiner Leitungs-, Prüfungs- und Vermögensrechte ein nicht näher zu begründender Informationsanspruch gegenüber der GmbH zu. Das Informationsrecht darf jederzeit – auch außerhalb der Generalversammlung und der oben beschriebenen Frist – ausgeübt werden. Den Gesellschaftern ist jederzeit Zugang zu den Büchern, Schriften und Aufzeichnungen der GmbH zu gewähren*“. Diese uE richtige Rechtsansicht wird auch von der überwiegenden Mehrheit von Literatur und Lehre befürwortet.[417]

---

412 Vgl *Rieder,* Unbeschränktes Einsichts-/Informationsrecht des GmbH-Gesellschafters? SWK 2005, 335.

413 OLG Wien NZ 1997, 99; *Reich-Rohrwig*, GmbH-Recht I² Rz 2/740.

414 *Koppensteiner,* GmbHG² § 22 Rz 29 f.

415 Vgl *Rieder,* SWK 2005, 335.

416 OGH 6.9.1990, 6 OB 17/90.

417 Vgl ua *Gellis/Feil,* GmbHG⁵ § 22 Rz 10; *Reich-Rohrwig,* Zum Informationsrecht des GmbH-Gesellschafters, ecolex 1992, 334; *Thiery,* Jederzeitiges Informationsrecht des GmbH-Gesellschafters, ecolex 1991, 27; aA *Koppensteiner,* GmbHG² § 22 Rz 37 f.

E. Öffentlich-rechtliche Pflichten

Die GmbH nimmt durch ihre Tätigkeiten am **öffentlichen Geschäftsleben** teil und wird dabei von den Geschäftsführern vertreten und repräsentiert. Im öffentlichen Interesse werden der GmbH Pflichten auferlegt, für deren Erfüllung die Geschäftsführer verantwortlich sind. In Folge einer Missachtung dieser Pflichten trifft die Geschäftsführer die Gefahr einer (zumindest subsidiären) Haftung. Eine Fülle von Pflichten wird den Geschäftsführern sowohl vom Steuerrecht als auch vom Arbeits- und Sozialversicherungsrecht auferlegt. Daneben können umfassende Pflichten aus anderen wirtschaftsrelevanten Rechtsgebieten auf den Geschäftsführer zukommen. Diese vielfach sehr **speziellen Normen** knüpfen zumeist an die Tätigkeit der GmbH und den gesellschaftsvertraglichen Unternehmensgegenstand an. 253

Besonders zu erwähnen ist in diesem Zusammenhang 254
die **Gewerbeordnung** (GewO), die vor allem im Bereich der gebundenen und sensiblen Gewerbe sehr strenge Zugangsvoraussetzungen und Auflagen normiert. Die Beachtung dieser Verpflichtungen ist letztendlich von den Geschäftsführern zu verantworten. Sie müssen dafür Sorge tragen, dass die vorgeschriebenen Auflagen erfüllt werden. Besitzen die Geschäftsführer den uU geforderten gewerberechtlichen **Befähigungsnachweis** nicht, muss eigens ein **gewerberechtlicher Geschäftsführer**[418] bestellt werden. Eine umfassende und vollständige Darstellung sämtlicher sich für den Geschäftsführer aus öffentlich-rechtlichen, insb gewerberechtlichen und berufsrechtlichen Vorschriften ergebenden Verpflichtungen, würde den Rahmen dieses Ratgebers sprengen. Somit soll an dieser Stelle auf die einschlägige und umfassende Literatur verwiesen werden.

[418] Siehe weiterführend zum gewerberechtlichen Geschäftsführer *Reich-Rohrwig*, GmbH-Recht I^2 Rz 2/5 ff.

F. Weisungen der Gesellschafter

1. Einführung

255 Die Geschäftsführer sind im Rahmen ihrer Tätigkeit verpflichtet, *alle Beschränkungen einzuhalten, die im Gesellschaftsvertrag, durch Beschluss der Gesellschafter oder in einer verbindlichen Anordnung des Aufsichtsrates für den Umfang ihrer Befugnis festgesetzt sind.*[419]

256 Die Bestimmung des § 20 Abs 1 GmbHG stellt die Grundlage für ein **umfassendes Weisungsrecht** der Gesellschafter gegenüber der Geschäftsführung dar. Den Gesellschaftern wird das Recht eingeräumt, durch Weisungen in die Geschäftsführung einzugreifen und die Geschäftsführer durch Beschlussfassung an ihren Willen zu binden.

257 Weisungen an die Geschäftsführer erhalten jedoch nur in Form eines **formellen Gesellschafterbeschlusses**, der entweder in einer Generalversammlung oder mittels schriftlichen Umlaufbeschlusses[420] gefasst wurde, Gültigkeit. Einzelne Gesellschafter haben kein Weisungsrecht gegenüber Geschäftsführern.[421]

258 Die Weisungen können Gebote oder Verbote darstellen und sich auf einzelne oder auf mehrere gleichartige Geschäfte und Maßnahmen beziehen. Sie können aber auch generelle Verhaltens- und Handlungsrichtlinien beinhalten, welche oft in Form einer Geschäftsordnung von den Gesellschaftern beschlossen werden.[422]

---

419 § 20 Abs 1 GmbHG.

420 Der schriftliche Umlaufbeschluss ist nur möglich, wenn alle Gesellschafter einstimmig dieser Art der Beschlussfassung zustimmen; ausführlich zum Umlaufbeschluss *Wünsch,* Die Abstimmung im schriftlichen Wege nach § 34 GmbHG, GesRZ 1996, 61.

421 Siehe dazu unter Kapitel III.F.3.

422 Vgl *Schima,* Der GmbH-Geschäftsführer und der Wille des Mehrheitsgesellschafters (I), GesRZ 1999, 100; *Koppensteiner,* GmbHG[2] § 20 Rz 9.

2. Weisungsfreier Mindestbereich?

Die Gesellschafter können sich **jederzeit** in Angelegenheiten der Geschäftsführung einbringen und selbst Fragen des **Tagesgeschäfts** mit für die Geschäftsführer bindender Wirkung an sich ziehen. Das Vertretungsmonopol der Geschäftsführer bleibt davon jedoch unbeschränkt.[423] 259

Damit stellt sich die Frage, ob für die Geschäftsführer ein weisungsfreier Mindestbereich existiert, in dem ihre Kompetenz nicht durch Gesellschafterweisungen beschränkt werden kann. Nach der hM[424] gibt es einen solchen weisungsfreien Mindestbereich grundsätzlich nicht, doch muss differenziert werden: 260

2.1 Gesetzliche Mindestkompetenzen

Bestimmte gesetzliche Mindestkompetenzen dürfen von **keinem anderen Gesellschaftsorgan** wahrgenommen werden, so etwa die Verpflichtung zur Buchführung, die Führung eines adäquaten Rechnungs- und Kontrollwesens, die Vornahme der erforderlichen Firmenbuchanmeldungen oder die Stellung eines Insolvenzantrages. Weisungen der Gesellschafter, welche die Missachtung derartiger gesetzlicher Pflichten verlangen, dürfen von den Geschäftsführern nicht befolgt werden.[425] 261

2.2 Gesellschaftsvertragliche Weisungsverbote

Ein gesellschaftsrechtlicher Mindestbereich existiert jedenfalls dann, wenn im Gesellschaftsvertrag eine **Beschränkung** des Weisungsrechts verankert wurde. Die Gesellschafter können auf diesem Wege den Geschäftsführern einen bestimmten Freiraum zusichern. Ob Weisungen befolgt werden müssen, die trotz der gesell- 262

---

[423] Vgl *Reich-Rohrwig,* GmbH-Recht I[2] Rz 2/258; *Koppensteiner,* GmbHG[2] § 20 Rz 20.

[424] *Reich-Rohrwig,* GmbH-Recht I[2] Rz 2/259; *Kraus,* Kompetenzverteilung bei der GmbH, ecolex 1998, 631 mwN.

[425] Bei Befolgung könnten die Geschäftsführer ersatzpflichtig werden (*Schima,* GesRZ 1999, 100).

schaftsvertraglichen Einschränkung erteilt werden, ist rechtlich umstritten. Der OGH[426] geht jedoch von der Unverbindlichkeit dieser Weisungen für den Geschäftsführer aus.

263 Jedenfalls kann der Geschäftsführer die Ausführung gesellschaftsvertragswidriger Weisungen verweigern, wenn die Weisungsbeschränkungen dem Schutz von Minderheitsgesellschaftern dienen, die dadurch vor zu weitgehenden Eingriffen des Mehrheitsgesellschafters geschützt werden sollen.[427] Jedoch kommt dem Geschäftsführer selbst in Fällen, in denen der Gesellschaft im Zuge der Befolgung der Weisung wirtschaftlicher Schaden droht, **kein generelles Weigerungsrecht** zu.[428] Lediglich Weisungen, die den Geschäftsführer zu **strafbaren** bzw **sittenwidrigen** Handlungen anhalten, dürfen von diesem nicht beachtet werden.[429]

2.3 Geschäftsführervertragliche Weisungsverbote

264 In der Praxis kann sich auch aus dem Geschäftsführervertrag ein **weisungsfreier Handlungsbereich** des Geschäftsführers ergeben. Gegen eine zu starke Einengung seiner Befugnisse durch die Gesellschafter kann der Geschäftsführer „Sanktionen“ ergreifen. Beispielsweise hat ein Geschäftsführer, der selbst kleinere Anschaffungen von Büromaterial genehmigen lassen muss, wohl das Recht, sein Mandat niederzulegen und auch das Dienstverhältnis **aus wichtigem Grund** mit sofortiger Wirkung zu lösen, was für die GmbH regelmäßig mit gewissen finanziellen Konsequenzen (Schadenersatzforderungen etc) verbunden ist.[430]

265 Mit dem Rücktritt und der vorzeitigen Auflösung des Vertrages sind sowohl für die GmbH als auch für den Geschäftsführer Unannehmlichkeiten verbunden, die

[426] OGH SZ 34/40; aA *Koppensteiner,* GmbHG[2] § 20 Rz 9.
[427] *Schima,* GesRZ 1999, 100.
[428] *Harrer*, Haftungsprobleme bei der GmbH (1990) 93: *explizit existenzgefährdende Weisungen darf der Geschäftsführer jedoch nicht ausführen.*
[429] *Schima,* GesRZ 1999, 100.
[430] *Schima,* GesRZ 1999, 100.

zumindest für den Geschäftsführer durch die finanzielle Entschädigung abgefedert werden können. Gleichfalls bieten die der GmbH durch einen **Rücktritt** drohenden finanziellen und personellen Konsequenzen dem Geschäftsführer ein Druckmittel, falls er eine Einschränkung der Weisungstätigkeit und -häufigkeit einfordern will.[431]

3. Der Wille des Mehrheitsgesellschafters

Weisungen an die Geschäftsführung müssen in Be- 266
schlussform ergehen. Dem **einzelnen Gesellschafter** steht – gleichgültig wie groß sein Stimmenanteil ist – **kein Weisungsrecht** zu.[432] Auch ein 99-%-Gesellschafter kann keine wirksamen Weisungen aussprechen, ohne seine Mitgesellschafter an der Willensbildung zu beteiligen.

Für den Geschäftsführer ist es unerlässlich, zwischen 267
Willensäußerungen des Mehrheitsgesellschafters und **Beschlüssen** der Gesellschaftermehrheit zu **unterscheiden**. Denn die Befolgung einer Willensäußerung, die nicht durch Gesellschafterbeschluss zustande gekommen ist, macht den Geschäftsführer der GmbH gegenüber haftbar. Der Geschäftsführer gerät in dieser Situation regelmäßig in das **Spannungsfeld** zwischen gesetzlicher Regelung, Verpflichtung zum Schutz der Minderheitsgesellschafter und faktischer Macht des Mehrheitsgesellschafters. Der gewöhnliche GmbH-Gesellschaftsvertrag bindet die **Abberufung** von (Fremd-) Geschäftsführern an keine besonderen Gründe und lediglich an die einfache Mehrheit.[433] Der Geschäftsführer wird daher vordergründig gut beraten sein, den Willen des Mehrheitsgesellschafters zu befolgen.[434] Er begibt sich dadurch jedoch gleichzeitig in die Gefahr einer allfälligen Schadenersatzpflicht gegenüber der GmbH.

---

[431] Siehe *Schima,* GesRZ 1999, 100.

[432] Durch die Rechtsprechung des OGH vielfach bestätigt, bspw bereits OGH 9.11.1977, 1 Ob 690/77; OGH 27.4.1978, 6 Ob 576/78: Auch im Klageweg kann kein Gesellschafter vom Geschäftsführer eine Geschäftsführungshandlung verlangen.

[433] § 16 GmbHG.

[434] Vgl *Schima,* GesRZ 1999, 100.

268 Korrekterweise müsste ein Geschäftsführer in dieser Situation auf einer **ordnungsgemäßen Beschlussfassung** bestehen. Durch die gesetzliche Einberufungsfrist[435] der Generalversammlung entsteht dadurch allerdings die Gefahr der Lähmung der Geschäftsführung.

269 Ein Geschäftsführer, der den erklärten Willen des Mehrheitsgesellschafters nicht umgehend umsetzt, sondern die Gesellschafterversammlung einschaltet, wird in der Praxis regelmäßig nicht lange im Unternehmen verbleiben. Eine allfällige **Abberufung** in so einem Fall fußt jedoch auf keinem wichtigen Grund und kann daher angefochten werden, was zu erheblichen finanziellen Belastungen der GmbH führen kann.[436]

4. Übertragung des Weisungsrechts

270 Es gibt zahlreiche Gesellschaften, die über eine klare Gesellschaftermehrheit bzw einen Mehrheitsgesellschafter verfügen. Der **Mehrheitsgesellschafter** übernimmt vielfach mit vollem Einverständnis der anderen Gesellschafter **allein** die Leitung und Kontrolle der Geschäftsführung. Die anderen Gesellschafter begnügen sich regelmäßig mit ihrer Stellung als Mitinhaber und Gewinnanteilsbezieher.[437]

271 Die wirksame **Verlagerung** der **Weisungsbefugnisse** auf einzelne Gesellschafter, auf andere Organe oder auf Dritte wird in der Literatur unter Berufung auf § 20 Abs 2 GmbHG bejaht.[438] In der Praxis werden Weisungsrechte oftmals einem Beirat[439] oder einem einzelnen Gesellschafter (bspw dem „Seniorchef“) übertragen. Die Übertragbarkeit der Weisungsbefugnis auf den Aufsichtsrat ergibt sich direkt aus dem Gesetz.[440]

[435] § 38 Abs 1 GmbHG sieben Tage, gesellschaftsvertraglich idR auf 14 Tage verlängert.

[436] Siehe *Schima,* GesRZ 1999, 100.

[437] *Schima,* Der GmbH-Geschäftsführer und der Wille des Mehrheitsgesellschafters (II), GesRZ 1999, 159.

[438] *Reich-Rohrwig,* GmbH-Recht I^2 Rz 2/255.

[439] Ausführlich zum Beirat *Reich-Rohrwig,* GmbH-Recht I^2 Rz 4/483 ff und 4/378 ff.

[440] Siehe § 30l Abs 4 GmbHG.

Die Übertragung des Weisungsrechts auf den Mehrheitsgesellschafter ist rechtlich als **Vorwegzustimmung** zu seinen Entscheidungen und damit als Vorratsbeschluss zu verstehen. Der Geschäftsführer muss in diesem Fall den Weisungen folgen, eine Befassung der anderen Gesellschafter ist grundsätzlich nicht mehr möglich. Trotz einer rechtmäßigen Übertragung des Weisungsrechts können die Geschäftsführer die **Generalversammlung** zur **Beschlussfassung** bemühen, wenn die Interessen der GmbH die Nichtbefolgung des Weisungsbeschlusses verlangen. Die Generalversammlung als oberstes Entscheidungsorgan kann die Weisung sodann bestätigen oder abändern.[441] **272**

Ein Geschäftsführer, der die Weisung jener Person oder jenes Organs befolgt, dem das Weisungsrecht wirksam übertragen wurde, wird gem § 25 Abs 5 GmbHG von der **Haftung** gegenüber der Gesellschaft **befreit**.[442] **273**

5. Anfechtung – Nichtigkeit

Grundsätzlich können die Geschäftsführer gültig zustande gekommene Weisungen nur dann ablehnen, wenn sie durch deren Befolgung zivil-, straf- oder verwaltungsrechtlich **belangt** werden könnten.[443] Befolgt ein Geschäftsführer einen **gültigen** Gesellschafterbeschluss, tritt für ihn grundsätzlich eine Haftungsbefreiung ein.[444] **274**

Fraglich ist, inwieweit Geschäftsführer mangelhaft zustande gekommenen Weisungsbeschlüssen Folge leisten müssen. Dabei ist zu unterscheiden, ob der Beschluss **nichtig** oder **anfechtbar** ist. Das Recht zur Anfechtung besitzen sowohl die Geschäftsführer als auch die Gesellschafter, falls vorhanden auch die Mitglieder des Aufsichtsrates. Die **Gesellschafter** sind jedoch **nur** dann zur Anfechtung **legitimiert**, wenn sie in der Ge- **275**

---

[441] Vgl *Koppensteiner,* GmbHG[2] § 30j Rz 20; siehe auch ausführlich *Hügel*, GesRZ 1982, 305.
[442] Vgl *Koppensteiner,* GmbHG[2] § 25 Rz 17.
[443] In diesem Fall müssen die Geschäftsführer die Befolgung der Weisung ablehnen.
[444] Siehe § 25 Abs 5 GmbHG.

neralversammlung teilgenommen und ihren **Widerspruch** zum betreffenden Beschluss **zu Protokoll** gegeben haben.[445] Die Anfechtung hat binnen einem Monat ab Zusendung des Generalversammlungsprotokolls zu erfolgen.

276 **Absolut nichtige** Beschlüsse der Gesellschafter dürfen von den Geschäftsführern keinesfalls beachtet werden.[446] Diese Beschlüsse müssen nicht angefochten werden. Weisungen, die vom Geschäftsführer eine Missachtung öffentlich-rechtlicher Pflichten verlangen, wie bspw die Verletzung von Buchführungs- und abgaberechtlichen Pflichten, darf keinesfalls Folge geleistet werden. Weisungen, durch deren Vollzug sich der Geschäftsführer **strafbar** machen würde, sind ebenfalls zu ignorieren.[447] Analoges gilt für Weisungen, die **Gläubigerschutzvorschriften** (zB das Verbot der Einlagenrückgewähr[448]) verletzen.[449]

277 Für Beschlüsse, die nicht absolut nichtig, jedoch **anfechtbar** sind, verlangt die hM[450] vom Geschäftsführer eine **Ermessensentscheidung**. Dabei sind die Vorteile einer unverzüglichen Ausführung der Weisung gegen die Wahrscheinlichkeit einer erfolgreichen Anfechtungsklage gegeneinander abzuwägen. Eine Verpflichtung, solche Beschlüsse nach § 41 Abs 3 GmbHG anzufechten, besteht für den Geschäftsführer grundsätzlich nicht.[451]

278 Beschlüssen, die bereits **rechtskräftig** sind, weil sie durch Ablauf der Anfechtungsfrist unanfechtbar sind, ist grundsätzlich Folge zu leisten, es sei denn, es liegt eine Gefährdung der Gläubigerinteressen vor.

---

[445] Siehe § 41 GmbHG.
[446] *Kastner/Doralt/Nowotny*, Gesellschaftsrecht^5 385.
[447] Vgl OGH 24.3.1988, 6 Ob 515/88.
[448] Siehe § 82 Abs 1 GmbHG.
[449] *Kastner/Doralt/Nowotny*, Gesellschaftsrecht^5 386.
[450] Siehe *Koppensteiner*, GmbHG^2 § 20 Tz 9 mwH; siehe *Kastner/Doralt/Nowotny*, Gesellschaftsrecht^5 386 mwH.
[451] *Koppensteiner*, GmbHG^2 § 20 Tz 9.

IV. Die GmbH in der Krise

Eine Unternehmenskrise stellt für alle Beteiligte eine schwierige Situation dar: Gläubiger bangen um ihre Forderungen, Arbeitnehmer fürchten um ihre Jobs, und Gesellschafter und Geschäftsführer streiten zumeist über die beste Vorgehensweise. Die Geschäftsführer geraten in solchen Situationen oftmals ins **Spannungsfeld** zwischen **Gesellschafterwille**, **gesetzlichen Regelungen** und persönlichen **Haftungsfragen**. Um in dieser Situation adäquate Entscheidungen treffen zu können, ist es wichtig, potentielle haftungsrechtliche Konsequenzen von Handlungen und Unterlassungen in persönlicher als auch in organrechtlicher Hinsicht genau zu kennen. 279

Für bestimmte Ereignisse der Unternehmenskrise normiert die Rechtsordnung **konkrete Rechtshandlungen**. Ein Unterlassen dieser Handlungen macht den Geschäftsführer nahezu immer gegenüber der GmbH, den Gesellschaftern, den Gläubigern oder der Öffentlichkeit **haftbar**. Zur späteren Beweisführung empfiehlt es sich daher, sämtliche Unternehmensentscheidungen lückenlos zu dokumentieren und rechtzeitig externe Berater und Experten zu konsultieren. Folgende Ereignisse lösen unmittelbar eine Handlungspflicht des Geschäftsführers aus: 280

Ereignisse	Feststellung	Handlung
Verlust des halben Stammkapitals	durch Bilanz und/oder laufende Erfolgsrechnung	Einberufung einer außerordentlichen Gesellschafterversammlung
Reorganisationsbedarf	URG-Kennzahlen	Reorganisationsverfahren vorschlagen
Insolvenz; Überschuldung	keine liquiden Mittel; neg Fortbestehensprognose	Anmeldung von Konkurs od Ausgleich (60-Tagesfrist)

A. Außerordentliche Generalversammlung bei Verlust des halben Stammkapitals

281 Die zumeist erste Verpflichtung der Geschäftsführer in Krisenzeiten der GmbH ist die unverzügliche Einberufung einer außerordentlichen Generalversammlung, wenn *die Hälfte des Stammkapitals verloren gegangen ist.*[452] Primärer Zweck dieser Norm ist es, den Gesellschaftern eine **grundsätzliche Diskussion** über die weitere Geschäftspolitik zu ermöglichen.[453]

282 Der Wert **muss nicht** mittels **Bilanz** festgestellt werden,[454] es genügt, dass der Sachverhalt auf irgendeine Weise[455] der Geschäftsführung oder dem Aufsichtsrat

---

[452] § 36 Abs 2 GmbHG. Neben dieser unverzüglichen Einberufung der Generalversammlung ist diese immer dann einzuberufen, wenn es die Interessen der Gesellschaft erfordern. Ist dies der Fall, wird die Entscheidungskompetenz von der Geschäftsführung in die Generalversammlung verlagert (vgl *Holeschofsky*, Zur Haftung für den fehlgeschlagenen Sanierungsversuch – Marginalien zu OGH 14.7.1986, 1 Ob 571/86, GesRZ 1987, 36).

[453] Vgl *Koppensteiner,* GmbHG² § 36 Rz 11: *„Der Gläubigerschutz ist nicht primärer Normzweck"*; so auch *Holeschofsky,* GesRZ 1987, 36; vgl auch *Nowotny* in *Bierich/Hommelhoff/Kropff* (Hrsg), Unternehmen und Unternehmensführung im Recht, Festschrift für Johannes Semler zum 70. Geburtstag (1993) 236; ein Verzicht auf die Einberufung durch Satzungsbestimmung im Vorhinein ist nicht möglich. Nur wenn sich die Gesellschafter in Kenntnis der Situation einstimmig gegen eine Einberufung aussprechen, kann diese entfallen, da die Gesellschafter dadurch wissentlich auf ihr Recht zur gemeinsamen Beratung verzichten. Eine Verantwortung gegenüber Gläubigern kann der hM folgend den Gesellschaftern daraus nicht erwachsen.

[454] Anders die Rechtslage in Deutschland: § 49 Abs 3 dGmbHG *„(...) wenn aus der Jahresbilanz* [oder im Laufe des Geschäftsjahres aufgestellten Bilanz] *sich ergibt, dass die Hälfte des Stammkapitals verloren ist"*. Vgl dazu *Römermann* in *Michalski* (Hrsg), GmbHG II § 49 Rz 99 ff.

[455] Am besten dafür geeignet erscheint wohl die laufende Erfolgsrechnung, anhand derer auch die monatlichen oder zumindest quartalsmäßigen Soll-Ist-Vergleiche mit der Planungsrechnung erfolgen. Während einer Krise sollten die Soll-Ist-Vergleiche monatlich durchgeführt werden. Die hM in Deutschland verpflichtet den Geschäftsführer auch unterjährig zur Verlustfeststellung auf Grund von Zwischen-, Quar-

bekannt wird.[456] Würde die Möglichkeit der Verlustfeststellung auf das Vorliegen einer formellen Bilanz beschränkt, wäre eine dynamische, unterjährige Überwachung nicht möglich, die Warn- und Informationsfunktion würde dadurch konterkariert.

Wird der Verlust des halben Stammkapitals festgestellt, muss **unverzüglich** eine Generalversammlung einberufen werden. Die Diskussion über den Hälfteverlust muss bereits in der Einberufung als Tagesordnungspunkt angekündigt werden.[457] Die Geschäftsführer müssen sich in der Generalversammlung über die nach ihrer Ansicht geeignete weitere Vorgehensweise (zB Durchführung einer Kapitalerhöhung) äußern.[458] **283**

Die Grundsätze für die **Bewertung** der Wirtschaftsgüter bei der Feststellung des Verlustes des halben Stammkapitals sind **umstritten**. Die in Österreich **überwiegende Meinung**[459] vertritt, dass die Aktiva inklusive allfälliger stiller Reserven[460] dem bilanziellen Stammkapital der GmbH gegenübergestellt werden. Als Verlust soll nicht der rein bilanzielle Verlust, sondern der tatsächliche Verlust dargestellt werden.[461] Ergibt diese Gegenüberstellung, dass die somit zu Verkehrswerten bewerteten Aktiva die Hälfte des Stammkapitals nicht übertreffen, ist unverzüglich eine außerordentliche Ge- **284**

---

tals- oder Monatsbilanzen (vgl bspw *Marsch-Barner/Dieckmann* in *Priester/Mayer* (Hrsg), Münchner Handbuch des Gesellschaftsrechts III^2 § 45 Rz 47).

456 Vgl *Reich-Rohrwig,* Verlust des halben Stammkapitals und drohende Insolvenz, ecolex 1990, 354; *Gellis/Feil,* GmbHG^5 § 36 Rz 8 ff.

457 Zur Einberufung einer Generalversammlung siehe Checkliste im Anhang.

458 Vgl *Dellinger,* Zur geplanten Haftung der Organmitglieder gemäß § 24 Unternehmensreorganisationsgesetz, ZIK 1997, 8; *Koppensteiner,* GmbHG^2 § 36 Rz 12.

459 Vgl bspw *Nowotny* in FS Semler, 244 f; *Koppensteiner,* GmbHG^2 § 36 Rz 12; *Doralt/Nowotny/Kalss* (Hrsg), AktG I § 83 Rz 5.

460 Sofern die stillen Reserven klar dokumentiert und nachvollziehbar sind; vgl *Koppensteiner*, GmbHG^2 § 36 Rz 12 und *Doralt/Nowotny/Kalss* [Hrsg], AktG I § 83 Rz 5.

461 Vgl dazu *Strasser* in *Jabornegg/Strasser*, AktG II^4 §§ 77–84 Rz 26.

neralversammlung einzuberufen. Die hM vertritt dies vor allem aus der Überlegung heraus, dass eine verfrühte bzw oftmalige Einberufung einer außerordentlichen Generalversammlung die Warnfunktion der Bestimmung aushöhlen würde.[462]

285 Der in Österreich **herrschenden** Literatur- und **Lehrmeinung** kann aus Praktikabilitätsgründen **nicht zugestimmt** werden. Obwohl eine ordnungsgemäß aufgestellte Bilanz als Indikator für den Hälfteverlust nicht gefordert wird, sollten bei der Ermittlung dieses Verlusts die **Bilanzierungsgrundsätze** beachtet werden – va sollten Aktiva und Passiva mit ihren Buchwerten angesetzt werden. Dies dient sowohl der **Praktikabilität** als auch der **Sicherheit**. Die Bewertung zu Verkehrswerten und die Auflösung von stillen Reserven eröffnet zumeist einen weiten Bewertungsspielraum, der Unsicherheiten und für die Geschäftsführer Haftungsgefahren provoziert. Zugegebenermaßen kann die Warnfunktion durch „zu frühe" Einberufung der Generalversammlung ausgehöhlt werden, die gegenteilige Gefahr, dass die Verkehrswerte nachträglich betrachtet zu hoch angesetzt wurden, ein Hälfteverlust somit nicht festgestellt und in weiterer Folge zu spät reagiert wurde,[463] erscheint uE als bedeutsamer. Eine möglicherweise sehr frühe und auch oftmalige Befassung der Gesellschafter ist durchaus gerechtfertigt, wenn man der Idee der Früherkennung und Frühwarnung, die sich durch die gesamte Thematik der Unternehmenskrise und durch das Insolvenzrecht zieht, folgt.[464]

---

[462] Vgl dazu *Nowotny* in FS Semler 244, der als weiteres Argument für die Bewertung zu Verkehrswerten auch das Fehlen der Bilanz als gesetzlicher Formvorschrift zur Feststellung des Hälfteverlustes nennt.

[463] Wird die Generalversammlung zumindest fahrlässig nicht einberufen bzw zu spät einberufen, kann der Entlassungsgrund des § 27 Z 1 AngG (Vertrauensunwürdigkeit) vorliegen (vgl OGH 4.3.1980, 4 Ob 50/79) und eine vorzeitige Abberufung als Geschäftsführer wäre möglich (vgl *Reich-Rohrwig,* ecolex 1990, 354).

[464] Die in Deutschland hM (vgl bspw *Marsch-Barner/Dieckmann* in *Priester/Mayer* (Hrsg), Gesellschaftsrecht III[2] § 45 Rz 47)

Die Einberufungspflicht besteht im Ergebnis dann wenn: **286**

- die zu **Buchwerten** bewerteten verwertbaren Aktiva
- abzüglich der **Verbindlichkeiten** und **passiven Rechnungsabgrenzungen**
- den Betrag des **halben** nominellen **Stammkapitals** nicht übersteigen.

Die ausdrückliche Verpflichtung zur Einberufung einer **287** Generalversammlung beim Verlust des halben Stammkapitals bedeutet jedoch nicht, dass die Geschäftsführer immer erst dann die Gesellschafter verständigen und einbeziehen müssen. Die allgemeine Bestimmung des § 36 Abs 2 GmbHG, wonach eine **Generalversammlung** immer dann einzuberufen ist, wenn es die Lage oder das Interesse der Gesellschaft verlangt, kann eine Einberufung schon vor der Feststellung des Verlustes des halben Stammkapitals erfordern.[465] Die Verlustentwicklung ist regelmäßig ein dynamischer Prozess. Entstehen Verluste (bedeutende Verluste aus der laufenden Geschäftstätigkeit, außerordentliche Verluste durch Veränderungen der Marktsituationen oder durch Schadensfälle etc), die in Summe an den Betrag des halben Stammkapitals herankommen, sollten sich die Geschäftsführer auf die Einberufung einer Generalversammlung bereits vorbereiten, um den Hälfteverlust zeitgerecht feststellen und unverzüglich reagieren zu können.[466] Darüber hinaus können im Gesellschaftsvertrag auch **verschärfende Bedingungen** (bspw Verlust eines Drittels des nominellen Stammkapitals) für die Einberufungsverpflichtung beschlossen werden.[467]

Die Entscheidungsbefugnis über das **weitere Schicksal** **288** der Gesellschaft wird durch die Einberufung der Gene-

hält abweichend von der österreichischen Literaturmeinung das Abgehen von der Bewertungs- und Bilanzierungspraxis für nicht möglich. Stille Reserven dürfen nicht aufgedeckt und Aktiva und Passiva nur mit den Buchwerten bewertet werden.

465 Vgl *Nowotny* in FS Semler 245.

466 Vgl *Nowotny* in FS Semler 246.

467 Vgl *Strasser* in *Jabornegg/Strasser* (Hrsg), AktG II^4 §§ 77–84 Rz 21.

ralversammlung in die Hände der **Gesellschafter** gelegt. Sie können Maßnahmen ergreifen oder unterlassen und übernehmen insofern die Geschäftsführung.[468]

289 Wird ein Beschluss gefasst, so haben die Geschäftsführer diesen dem **Handelsgericht** mitzuteilen.[469] Diese Mitteilung führt nicht zu einer Eintragung in das Firmenbuch, sondern ist zur Urkundensammlung zu nehmen, der Beschluss wird somit nicht publik. Wird kein Beschluss gefasst, braucht das Handelsgericht auch über die Generalversammlung nicht informiert zu werden.[470]

B. Reorganisationsverfahren

290 Das Unternehmensreorganisationsgesetz soll mit Hilfe der Androhung von Schadenersatzpflichten[471] die Geschäftsführung zur Einleitung von **Reorganisationsmaßnahmen** schon **vor** dem Eintritt der **Insolvenz** drängen.[472] Ob Reorganisationsbedarf besteht, wird anhand zweier Bilanzkennzahlen, der *Eigenmittelquote* und der *fiktiven Schuldentilgungsdauer*, ermittelt:

Eigenmittelquote:[473]

$$\frac{\text{Eigenkapital + unversteuerte Rücklagen}}{\text{Gesamtkapital – Anzahlungen auf Vorräte}}$$

Fiktive Schuldentilgungsdauer:[474]

$$\frac{\text{Rückstellungen + Verbindlichkeiten}}{\text{Überschuss aus gewöhnl Geschäftstätigkeit}}$$

[468] Vgl *Holeschofsky,* GesRZ 1987, 36.
[469] Vgl § 36 Abs 2 letzter Satz GmbHG.
[470] Vgl *Koppensteiner,* GmbHG² § 36 Rz 13.
[471] Vgl § 22 Abs 1 URG; siehe sogleich: Die vertretungsbefugten Organe (Geschäftsführer) einer prüfungspflichtigen juristischen Person, welche Konkurs oder Anschlusskonkurs eröffnet, haften zur ungeteilten Hand, je Person jedoch nur bis € 100.000,–.
[472] Vgl *Mohr,* URG (1997) I. Teil 15.
[473] Vgl § 23 URG.
[474] Vgl § 24 URG.

Ein Reorganisationsbedarf wird vermutet, wenn die *Eigenmittelquote unter 8 %* liegt **und**[475] die *fiktive Schuldentilgungsdauer mehr als 15 Jahre* beträgt.[476] 291

Die Unter- bzw Überschreitung der Kennzahlengrenzwerte ist für das Unternehmen ein **Warnsignal** und soll die Geschäftsführung veranlassen, (mit Hilfe sachkundiger Berater) eine Sanierung des Unternehmens einzuleiten.[477] 292

Die gesetzlichen Kennzahlen sind Mittelwerte und sollen für alle Branchen anwendbar sein.[478] Auch wenn die Grenzwerte durch betriebswirtschaftliche Erkenntnisse und Studien gestützt werden, kann ein tatsächlicher Restrukturierungs- und **Sanierungsbedarf** schon **vor** dem Über- bzw Unterschreiten dieser **Grenzwerte** entstehen.[479] 293

Weder das URG oder das GmbHG noch das HGB bzw UGB sehen eine ausdrückliche **Verpflichtung**[480] der Geschäftsführer zur **Berechnung der Kennzahlen** vor.[481] Die Kennzahlen müssen[482] vom **Abschlussprüfer** im Zuge seiner Prüfungstätigkeit[483] berechnet werden.[484] Selbst den Geschäftsführern von nichtprüfungs- 294

475 Erst nach Über- bzw Unterschreitung **beider** Grenzwerte wird gesetzlich ein Reorganisationsbedarf vermutet.

476 Vgl § 22 Abs 1 Z 1 URG.

477 Vgl *Mohr,* URG § 22 Tz 9.

478 Vgl *Mohr,* URG § 22 Tz 13.

479 Die im URG genannten Kennzahlenwerte stellen daher die absolute Grenze dar bei deren Erreichen eine Handlungspflicht besteht.

480 Jedoch kann aus dem Sorgfaltsmaßstab jedenfalls eine Pflicht zur Überwachung und Beobachtung der finanziellen Lage des Unternehmens abgeleitet werden.

481 Vgl *Sterl,* Keine gesetzliche Pflicht für Geschäftsführer und Vorstandsmitglieder zur Berechnung der URG-Kennzahlen – wie lang noch? SWK 2003, W 38.

482 Vgl § 273 Abs 2 HGB bzw § 273 Abs 2 UGB.

483 Dabei ist zu beachten, dass der Jahresabschluss erst Monate nach den Geschäftsfällen geprüft wird. Vielfach wird der Reorganisationsbedarf somit zu spät erkannt. Um Insolvenzgefahren rechtzeitig zu erkennen, sollten schon bei Anzeichen von Krisen die monatlichen und quartalsmäßigen Saldenlisten im Sinne der URG-Kennzahlen laufend überprüft werden.

484 Vgl § 22 Abs 1 URG.

pflichtigen Kapitalgesellschaften[485] wird derzeit keine Verpflichtung zur Berechnung dieser Kennzahlen aufgebürdet.[486]

295 Ist die Gesellschaft nicht offenkundig insolvent und ergibt die Kennzahlenberechnung Reorganisationsbedarf, **kann**[487] jederzeit ein Antrag auf Einleitung eines Reorganisationsverfahrens beim zuständigen Gerichtshof erster Instanz[488] eingebracht werden.

296 Die Entscheidung über die Einleitung von Sanierungs- und Reorganisationsmaßnahmen nach der Feststellung des gesetzlichen Reorganisationsbedarfs bleibt der Geschäftsführung überlassen. Eine **Unterlassung** ist **nicht rechtswidrig,**[489] erhöht für den Geschäftsführer jedoch das Haftungsrisiko, falls in späterer Folge ein **Konkurs** oder **Anschlusskonkurs** eröffnet wird. Die Haftung ist jedoch betragsmäßig begrenzt (pro Geschäftsführer € 100.000,–).[490]

297 Voraussetzung für eine Haftung ist eine **Konkurs-** oder **Anschlusskonkurseröffnung** binnen zwei Jahren nach der (letztmaligen bzw aktuellsten) Feststellung des Reorganisationsbedarfs.[491] Die Haftung entfällt, wenn der Geschäftsführer die Einleitung eines Reorganisationsverfahrens der Generalversammlung oder dem Aufsichtsrat vorschlägt, dies jedoch vom befassten Organ nicht genehmigt wird.[492] Weiters entfällt die URG-Haftung, wenn ein Gutachten eines Wirtschaftsprüfers den URG-rechtlichen Reorganisationsbedarf verneint.[493]

---

485 Vgl dazu die Bestimmungen zu den Größenklassen in § 221 HGB bzw § 221 UGB.

486 Vgl *Sterl,* SWK 2003, W 38.

487 *„Es besteht keine Verpflichtung zur Einleitung des Reorganisationsverfahrens“*: *Mohr,* URG § 1 Tz 3.

488 Vgl § 3 URG.

489 Vgl *Mohr,* URG § 1 Tz 3.

490 Vgl § 22 Abs 1 URG.

491 Vgl § 22 Abs 1 URG und *Wagner*, Geschäftsführerhaftung und URG (1999) Rz 175.

492 Vgl § 25 URG, jedoch haften jene Mitglieder der Organe, welche gegen die Einleitung des Reorganisationsverfahrens gestimmt haben zur ungeteilten Hand, jedoch je Person mit maximal € 100.000,–.

493 Vgl § 26 Abs 1 URG.

Die **URG-Haftung** kann somit durch den rechtzeitigen Vorschlag, ein Reorganisationsverfahren einzuleiten, umgangen werden. Es ist jedoch festzuhalten, dass dies nur in Einzelfällen eine Haftung verhindert. Die URG-Kennzahlen sind so gewählt, dass ihr Über- bzw Unterschreiten normalerweise gleichzeitig andere Insolvenztatbestände erfüllt. Die Warnfunktion des URG läuft in den meisten Fällen leer, da die Unternehmen erst sehr spät reorganisationsbedürftig iSd URG, jedoch zu diesem Zeitpunkt vielfach bereits überschuldet oder zahlungsunfähig sind. **298**

C. Insolvenz

Die Insolvenztatbestände *Zahlungsunfähigkeit* und *Überschuldung* sind Grundvoraussetzung[494] für einen Insolvenzantrag:[495] **299**

Zahlungsunfähigkeit	Überschuldung
– Der GmbH fehlen dauerhaft die finanziellen Mittel, um ihre Verbindlichkeiten zu bezahlen.	– Das Vermögen der GmbH inkl stiller Reserven deckt die Verbindlichkeiten nicht **und** – Vorliegen einer negativen Fortbestehensprognose

Die zwei Insolvenztatbestände sind von einander unabhängig zu beurteilen. Das Vorliegen bereits eines Tatbestandes löst die Verpflichtung zur Konkursanmeldung aus. **300**

---

[494] Vgl *Hilber*, Überschuldung und ihre Konsequenzen für den GmbH-Geschäftsführer, ecolex 1998, 401; *Rechberger/Thurner*, Insolvenzrecht[2] Rz 56; eine eindeutige gesetzliche Definition fehlt; vgl *Dellinger* in *Konecny/Schubert* (Hrsg), Insolvenzgesetze (1997) Rz 4 zu § 66 KO.

[495] Vgl §§ 66 f KO und § 1 AO.

1. Zahlungsunfähigkeit

301 Zur Feststellung der Zahlungsunfähigkeit dient der verpflichtend zu erstellende **Liquiditätsplan**. Anhand dieser Vorschau kann der Zahlungsmittelbedarf bzw Zahlungsmittelüberschuss der kommenden drei bis sechs Monate abgelesen werden. Reichen die vorhandenen finanziellen Mittel dauerhaft nicht aus, um alle[496] **fälligen Gesellschaftsverbindlichkeiten**[497] rechtzeitig zu begleichen, und kann sich die Gesellschaft die erforderlichen Zahlungsmittel voraussichtlich auch nicht alsbald verschaffen,[498] liegt Zahlungsunfähigkeit vor.

302 Von der Zahlungsunfähigkeit muss die augenblickliche, vorübergehende **Zahlungsstockung**[499], die noch keine Konkursanmeldungspflicht auslöst, abgegrenzt werden. Die Trennlinie zwischen Zahlungsunfähigkeit und Zahlungsstockung ist häufig schwer zu ziehen. In der Praxis wirft sich dabei vielfach die Frage nach dem **zeitlichen Element** der vorübergehenden Zahlungsstockung auf, insbesondere welche „Stockungsbeseitigungsfrist" eingeräumt werden kann.[500] Die Vorschläge in Literatur und Rechtsprechung reichen von wenigen Tagen über eine Frist von 60 Tagen[501] (die uns im Insolvenzrecht häufig begegnet) bis zu Fristen von einem halben Jahr. Ein Teil der Lehre und Judikatur vertritt,

496 Vgl *Dellinger* in *Konecny/Schubert* (Hrsg), Insolvenzgesetze Rz 36 zu § 66 KO mwN zur Diskussion, nur Schulden andrängender Gläubiger zu berücksichtigen.

497 Das Nichtvorliegen von Mahnungen und vor allem von laufenden Zwangsvollstreckungen zur Durchsetzung der Forderungen ist kein Ausschließungsgrund der Zahlungsunfähigkeit.

498 Vgl *Dellinger* in *Konecny/Schubert* (Hrsg), Insolvenzgesetze Rz 5 zu § 66 KO mwN.

499 Siehe dazu *Rechberger/Thurner*, Insolvenzrecht[2] Rz 62: „[...] *diese liegt vor, wenn der Schuldner über entsprechende Aktiven zur Abdeckung der Verbindlichkeiten verfügt, diese jedoch augenblicklich nicht flüssig machen kann*".

500 Vgl *Buchegger* in *Feldbauer-Durstmüller/Schlager* (Hrsg), Krisenmanagment-Sanierung-Insolvenz 960.

501 Vgl OLG Wien 15.4.1993, 6 R 103/93 (60 Tage); OLG Wien 1.6.1994, 6 R 57/94 (zwei Monate).

dass die Länge der Frist im Einzelfall und nach dem jeweiligen Handelsbrauch zu beurteilen ist.[502]

Die Einführung einer generell gültigen objektivierten Frist ist uE nicht angebracht, da erfahrungsgemäß jede Insolvenz über eine andere Gläubigerstruktur und unterschiedliche Zahlungs- bzw Zahlungsaufschubgepflogenheiten verfügt. Die sich geradezu aufdrängende insolvenzrechtliche „Standardfrist" von **60 Tagen** sollte als **Richtschnur**, nicht jedoch als absolute Grenze zur Trennung zwischen Zahlungsstockung und Zahlungsunfähigkeit verwendet werden. 303

2. Überschuldung

Eine **Überschuldung**[503] liegt vor, wenn sich *keine positive Fortbestehensprognose erstellen lässt* ***und*** *das Vermögen zur Befriedigung der Gläubiger unzureichend ist.*[504] Erst wenn beides kumulativ vorliegt, ist insolvenzrechtliche Überschuldung gegeben. Beide Elemente (Überschuldungsstatus und Prognose) sind gleichberechtigt, eine zwingende, gesetzliche Reihenfolge gibt es nicht.[505] Als logische **Reihenfolge** bietet sich jedoch zuerst die Erstellung einer **Fortbestehens-** 304

[502] Vgl *Buchegger* in *Feldbauer-Durstmüller/Schlager* (Hrsg), Krisenmanagment-Sanierung-Insolvenz 961 mwN; aA *Dellinger* in *Konecny/Schubert* (Hrsg), Insolvenzgesetze § 66 KO Rz 49, der eine objektive generelle Frist von drei bis sechs Monaten – zusätzlich zur Verkehrsauffassung – vorschlägt, um eine „ewige" Zahlungsstockung zu vermeiden.

[503] Durch die Überschuldung wird ein weiterer Konkurseröffnungstatbestand eingeführt, der ausschließlich für juristische Personen, Gesellschaften ohne natürliche Person als unbeschränkt haftenden Gesellschafter und die eigens genannten Verlassenschaften gilt. Die Überschuldung ist ein weit gefasster Insolvenztatbestand, während die Zahlungsunfähigkeit einen engeren Rahmen für die verpflichtende Konkurseröffnung steckt. Erfahrungsgemäß liegt Überschuldung zumeist vor dem Eintritt der Zahlungsunfähigkeit vor.

[504] Vgl Leitentscheidung des OGH vom 3.12.1986, 1 Ob 655/86 und vgl auch *Dellinger* in *Konecny/Schubert* (Hrsg), Insolvenzgesetze § 67 KO Rz 34 ff mwN.

[505] Vgl *Buchegger* in *Feldbauer-Durstmüller/Schlager* (Hrsg), Krisenmanagment-Sanierung-Insolvenz 966.

prognose[506] an und erst in weiterer Folge eine **Überschuldungsprüfung**. Ergeben die in Erfüllung der Verpflichtung zur Planung und Budgetierung aufgestellten Planungs- und Prognoserechnungen eine positive Entwicklungsvorschau,[507] kann die zumeist mit hohem zeitlichen und finanziellen Aufwand verbundene Überschuldungsprüfung entfallen.[508] Demzufolge reicht es zumeist aus, erst bei Vorliegen einer negativen Fortbestehensprognose eine Überschuldungsprüfung durchzuführen.[509]

305 Die **Überschuldungsprüfung** nach Feststellung einer negativen Fortbestehensprognose wirft die Frage nach der **Bewertung** der vorhandenen Aktiva und Passiva auf. Grundsätzlich sieht das Prinzip des **Going-Concern** die Bewertung gemäß der Betriebsfortführungsprämisse vor. Dabei wird auf eine planmäßige Verwertung bzw Nutzungsmöglichkeit aller Vermögensgegenstände innerhalb der normalen Unternehmenstätigkeit abgezielt.[510] Beim Vorliegen rechtlicher[511] und tatsäch-

[506] Die Fortbestehensprognose sollte unbedingt mit realistischen (uU mit pessimistischen) Planungsrechnungen untermauert werden.

[507] Liegen Indizien für erhebliche wirtschaftliche Schwierigkeiten und für eine mögliche Einstellung der Unternehmenstätigkeit vor, muss jedenfalls eine eingehende Fortführungsprognose erstellt werden, vgl dazu *Gassner/Lahodny-Karner/Urtz* in *Straube* (Hrsg), HGB II^2 § 201 Rz 33a.

[508] Auf das Vorliegen einer negativen Fortbestehensprognose wird vielfach auch deshalb abgestellt, da ansonsten gesunde, aber fremdfinanzierte Unternehmen rechnerisch als insolvenzrechtlich überschuldet anzusehen wären (vgl dazu OGH 3.12.1986, 1 Ob 655/86).

[509] Inwiefern die Fortführung des Betriebes nach Vorliegen einer negativen Fortbestehensprognose (bspw wegen der Untersagung der Produktion aufgrund von Umweltauflagen) sinnvoll ist, muss im Einzelfall geprüft werden.

[510] Vgl *Gassner/Lahodny-Karner/Urtz* in *Straube* (Hrsg), HGB II^2 § 201 Rz 30 ff.

[511] Bspw Auslaufen von wichtigen Patent-, Lizenz- und Mietrechten und Konzessionen; Einschränkung der Produktion aufgrund von Umweltschutzauflagen, Änderung der rechtlichen Rahmenbedingungen etc.

licher[512] Gründe, die eine Unternehmensfortführung unmöglich oder sehr unwahrscheinlich erscheinen lassen, muss von diesem Bewertungs- und Bilanzierungsprinzip abgegangen und der **Liquidationsstatus** ermittelt werden.[513] Dabei sind aktuelle **Einzelveräußerungswerte** für die Aktiva anzusetzen. Die Passiva müssen um Liquidationskosten und soziale Lasten erhöht werden. Die Veräußerungspreise hängen dabei vielfach auch von der **Zerschlagungsgeschwindigkeit** ab.[514]

Die Überprüfung, ob insolvenzrechtliche Überschul- **306**
dung vorliegt, sollte somit anhand eines zweistufigen Prüfungsschemas geschehen:

- Wird eine **positive** Fortbestehensprognose erstellt und diese auch vom Abschlussprüfer bestätigt, liegt **keine** insolvenzrechtliche **Überschuldung** vor.
- Ist die Fortbestehensprognose **negativ**, muss eine Bilanz zu **Liquidationswerten**[515] erstellt werden. Überwiegen die Vermögensgegenstände nach Zerschlagungswerten die Verbindlichkeiten, so liegt keine insolvenzrechtliche Überschuldung vor. Ergibt die Li-

[512] Bspw Unfähigkeit zur Durchführung notwendiger Investitionen; Ausfall wesentlicher Kreditgeber; Zulieferer oder Abnehmer; Wegfall des Zugangs zu Rohstoffmärkten aufgrund politischer Veränderungen; Fehlschläge bei der Einführung neuer Produkte etc.

[513] Vgl *Baborka* in *Feldbauer-Durstmüller/Schlager* (Hrsg), Krisenmanagment-Sanierung-Insolvenz 618f.

[514] In diesem Zusammenhang wird darauf hingewiesen, dass bei Unternehmen mit Fortführungsschwierigkeiten ein positiver Liquidationswert regelmäßig nicht festgestellt werden kann. Eine Unternehmensfortführung in Folge eines (noch) positiven Liquidationswertes nach Feststellung einer negativen Fortführungsprognose ist nur in den seltensten Fällen möglich.

[515] Dabei werden die Vermögensgegenstände der Gesellschaft mit jenen Werten angesetzt, die bei einem Abverkauf, einer Versilberung des Vermögens, realistischerweise zu erzielen wären. Dabei erfordert der Gläubigerschutz eine vorsichtige Bewertung; vgl *Dellinger* in *Konecny/Schubert* (Hrsg) Rz 47 zu § 67 KO.

quidationsbilanz einen Überhang der Verbindlichkeiten über die Vermögensgegenstände, ist insolvenzrechtlicher Handlungsbedarf gegeben – **Überschuldung** liegt vor.[516]

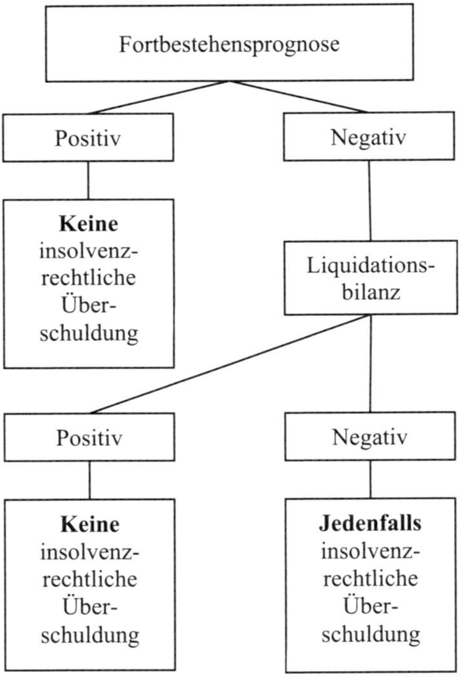

3. Insolvenzrechtliche Beobachtung

307 Die Feststellung des insolvenzrechtlichen Status des Unternehmens ist **Aufgabe der Geschäftsführer**.[517] Um eine Überprüfung der Lage jederzeit zu ermöglichen, bietet sich folgende dreistufige Vorgehensweise an, in deren Mittelpunkt die verpflichtenden Planungen und Soll-Ist-Vergleiche stehen:[518]

[516] Vgl dazu *Bertl* in *Bertl/Mandl/Mandl/Ruppe* (Hrsg), Insolvenz – Sanierung – Liquidation (1998) 10 ff.
[517] Dies ergibt sich aus § 69 KO.
[518] Vgl *Jaufer,* RWZ 2004, 57 ff.

1. Erstellung eines **Unternehmenskonzeptes**, in dem Verlustursachen, Schwachstellen im Unternehmen, mögliche Umsatzsteigerungen und Kosteneinsparungen analysiert werden;
2. Aufstellung von **Planungsrechnungen**[519] über die zukünftigen Erträge, Geldflüsse und Vermögensveränderungen;
3. Ermittlung einer **Fortbestehensprognose** aus den Ergebnissen der Punkte 1. und 2.

Wie häufig und in welchen Abständen der insolvenzrechtliche Status des Unternehmens ermittelt werden muss, ist gesetzlich nicht geregelt. **308**

Bei Gesellschaften mit **Aufsichtsrat** verpflichten die **Quartalsberichte**[520] jedenfalls zu einem regelmäßigen Vergleich zwischen Realität und Planung und ermöglichen somit, rechtzeitig negative Entwicklungen zu bemerken und ihnen entgegenzusteuern bzw ein Insolvenzverfahren einzuleiten. **309**

Für Gesellschaften, die **keinen Aufsichtsrat** eingerichtet haben, gibt es keine ausdrücklich normierten Kontrollperioden.[521] Nach verbreiteter Meinung ist jedoch der Aufsichtsrat nicht der alleinige Adressat der Jahres- und Quartalsberichte.[522] Aus der Verpflichtung zur **Planung** und aus der Verpflichtung zur Errichtung eines **internen Kontrollsystems**[523] ergibt sich, dass auch die Geschäftsführer selbst Adressaten dieser Berichte sind. Daher empfiehlt es sich, auch ohne eine Verpflichtung zur regelmäßigen Berichterstattung an den Aufsichtsrat auf Basis der jährlichen Planungen **regelmäßig** (viertel- oder zumindest halbjährig) einen **Soll-Ist-Vergleich** durchzuführen. Schon wegen der haftungsrecht- **310**

---

[519] Siehe dazu Kapitel III.D.3 und Kapitel III.D.4.

[520] Vgl § 28a GmbHG.

[521] Anders die Rechtslage in Deutschland: § 64 dGmbHG verpflichtet die Geschäftsführer zur beständigen Selbstprüfung des Unternehmens; vgl dazu ausführlich *Schmidt/Uhlenbruck* (Hrsg), Die GmbH in Krise, Sanierung und Insolvenz (1999) Rz 590 ff.

[522] Vgl *Egger*, RWZ 1997, 327; *Grof,* Unterschiedliche Anforderungen an das Controlling nach dem IRÄG 1997 und dem KontraG 1998, RWZ 1999, 362.

[523] Vgl § 22 Abs 1 GmbHG.

lichen Aspekte muss es im eigenen Interesse der Geschäftsführer liegen, Planungs- und Kontrollinstrumente zur **Krisenfrüherkennung** einzusetzen.

311 Während einer **Unternehmenskrise** muss der insolvenzrechtliche Status laufend evaluiert werden, das kann in Extremfällen sogar so weit gehen, dass die Ergebnisse sowohl der Fortbestehensprognose als auch der Liquidationsbilanz und die Frage, ob Zahlungsunfähigkeit eingetreten ist, täglich überprüft werden müssen.

4. Insolvenzantrag

312 Nach Feststellung der Zahlungsunfähigkeit oder der Überschuldung stehen dem Schuldner mehrere Wege offen – der gerichtliche **Konkurs**, der gerichtliche **Ausgleich**, aber auch der außergerichtliche Ausgleich.[524] Während die Befriedigung der Gläubigerinteressen durch Liquidation des Unternehmens das primäre Ziel des Konkursverfahrens ist, bildet die Unternehmensfortführung und Sanierung als Mittel zur Gläubigerbefriedigung den Kern des Ausgleichsverfahrens.[525] Der außergerichtliche Ausgleich bietet einige Vorteile (bspw freie Quotenvereinbarung, offen gelegte Ungleichbehandlungen von Gläubigern sind zulässig), ist jedoch nur bei einer überschaubaren Anzahl von Gläubigern ratsam.

313 Der **Konkurseröffnungsantrag** muss vom Geschäftsführer **unverzüglich** nach Eintritt der Überschuldung[526] (oder der Zahlungsunfähigkeit), **spätestens** jedoch **60 Tage** nach Eintritt der Konkurskriterien beim zuständigen Konkursgericht eingebracht werden.[527] Die Konkurseröffnung kann jedoch auch auf Antrag ei-

---

[524] Vgl *Rechberger/Thurner,* Insolvenzrecht² Rz 425 ff.

[525] Vgl *Rechberger/Thurner,* Insolvenzrecht² Rz 17 f.

[526] Die Überschuldung ist erfahrungsgemäß in den meisten Fällen dem Vorliegen der Zahlungsunfähigkeit zeitlich vorgelagert.

[527] Vgl § 69 Abs 2 KO und *Rechberger/Thurner,* Insolvenzrecht² Rz 193. Die 60-Tage-Frist ist auch für die Dauer des Tatzeitraumes nach § 159 StGB von Bedeutung; ein späterer Geschäftsführerwechsel löst keinen neuen Fristenlauf aus (OGH 10.12.1990, 15 Os 120/90).

nes Gesellschaftsgläubigers[528] oder (in wenigen Fällen) von Amts wegen[529] erfolgen.

Während des 60 Tage andauernden Zeitfensters bleibt den Geschäftsführern die Möglichkeit, **Sanierungsmaßnahmen** einzuleiten und erfolgreich abzuschließen.[530] Die Frist darf nicht ausgenützt werden,[531] wenn die Sanierung nicht aussichtsreich ist.[532] Darüber hinaus müssen die *Aussichten und Vorteile der Sanierungsmaßnahmen die Nachteile für die Gläubiger bei einem Scheitern immer überwiegen.*[533] **314**

Die Sanierung muss **innerhalb der Frist** erfolgreich **beendet** sein, sonst trifft den Geschäftsführer der Vorwurf des *schuldhaften Zögerns.*[534] **315**

Wird der Pflicht zur Konkursantragstellung gar nicht oder nur verspätet nachgekommen, **haften** die **Geschäftsführer** den Gläubigern gegenüber für den so genannten Insolvenzschaden, der sich aus der Verschlechterung der Konkursquote (sog **Quotenschaden**)[535] und **316**

[528] Vgl § 70 KO. Eine Vielzahl der Anträge zur Konkurseröffnung wird von den Sozialversicherungsträgern, insbesondere von den Gebietskrankenkassen, eingebracht.

[529] Vgl bspw § 69 AO (Anschlusskonkurs).

[530] Vgl *Schumacher,* Sanierungsversuche in der 60-Tage-Frist, ecolex 1990, 337.

[531] Das Gesetz spricht davon, dass *ohne schuldhaftes Zögern* nach dem Eintritt der Zahlungsunfähigkeit oder Überschuldung ein Insolvenzantrag gestellt werden muss.

[532] Vgl OGH 17.11.1987, 3 Ob 520/86.

[533] Vgl *Schumacher,* ecolex 1990, 337.

[534] Die Frage der Fristversäumung und die Problematik der gescheiterten Sanierungsversuche bergen für den Geschäftsführer erhebliche Gefahren. Die Abschätzung, ob Sanierungsversuche positiv abgeschlossen werden können, sollte mit besonderer Vorsicht geschehen. Eine Ex-post-Betrachtung der Situation zum Zeitpunkt der Einleitung der Sanierungsmaßnahmen kann vielfach zum Ergebnis gelangen, dass die Geschäftsführung die Aussichtslosigkeit der Sanierungsversuche hätte erkennen müssen und sie sich somit der Konkursverschleppung schuldig macht. Es muss sich um – bei pflichtgemäßer Sorgfalt – aussichtsreiche und realisierbare Sanierungsversuche handeln (OGH 20.2.1991, 11 Os 87/90). Misslingen solche Sanierungsversuche, sind diese strafrechtlich irrelevant (OGH 14.5.1996, 14 Os 178/95).

[535] Vgl *Rechberger/Thurner,* Insolvenzrecht^2 Rz 194; siehe mehr zum Thema Haftung in Kapitel V.

aus dem Vertrauensschaden der Neugläubiger[536] zusammensetzt.[537] Für den Vertrauensschaden haften die Geschäftsführer persönlich und unbegrenzt. Neben den zivilrechtlichen Konsequenzen wird durch die Konkursverschleppung vielfach auch der strafrechtliche Tatbestand der betrügerischen Krida oder der fahrlässigen Beeinträchtigung von Gläubigerinteressen verwirklicht.[538]

D. Eigenkapitalersatzgesetz

317 Das österreichische Eigenkapitalersatzrecht wurde durch die Rechtsprechung[539] entwickelt. Mit dem Eigenkapitalersatzgesetz[540] (EKEG) hat der Gesetzgeber dieser Entwicklung Rechnung getragen und für Gesellschafter, die eine Sanierung ihrer Gesellschaft mittels eigener Darlehen planen, weitgehend Rechtssicherheit geschaffen.

318 Durch das EKEG erfahren Gesellschafterdarlehen während einer Unternehmenskrise unter bestimmten Voraussetzungen eine **Umqualifizierung** von **Fremd-** in **Eigenkapital**. Die Forderung des Gesellschafters gegenüber der Gesellschaft kann während ihrer Krise von ihm nur eingeschränkt geltend gemacht werden. Er tritt mit seiner Forderung hinter alle übrigen Gläubiger der Gesellschaft zurück.[541]

---

[536] Gläubiger, die erst nach dem Vorliegen der Insolvenzvoraussetzungen mit der Gesellschaft Geschäfte aufnahmen.

[537] Vgl OGH 22.7.1997, 7 Ob 2339/96p; siehe weiters *Karollus* in *Feldbauer-Durstmüller/Schlager* (Hrsg), Krisenmanagement-Sanierung-Insolvenz 1162.

[538] Siehe dazu Kapitel V.

[539] Die erste Entscheidung des OGH zum Eigenkapitalersatzrecht in Österreich erging am 8.5.1991: OGH 8.5.1991, 8 Ob 9/91.

[540] Art I Gesellschafts- und Insolvenzrechtsänderungsgesetz 2003 – GIRÄG 2003, BGBl I 2003/92, anwendbar für Tatbestände, die nach dem 31.12.2003 verwirklicht wurden; zur Behandlung von Tatbeständen, die bereits vor diesem Stichtag begannen und erst danach verwirklicht wurden vgl *Höller*, Zum zeitlichen Anwendungsbereich des Eigenkapitalersatzgesetzes, ecolex 2004, 452.

[541] Vgl dazu *Zehetner/Bauer*, Eigenkapitalersatzrecht (2004) 39.

Die **Definition** der Krise knüpft an die Insolvenztatbestände Zahlungsunfähigkeit und Überschuldung[542] sowie an das Über- bzw Unterschreiten der URG-Kennzahlen[543] an. Nach der Rechtsprechung ist eine der Voraussetzungen, um ein Darlehen[544] als **eigenkapitalersetzend** zu qualifizieren, dass dieses zu einem Zeitpunkt gewährt wurde, in dem die **Gesellschaft kreditunwürdig** war. Um diesen Zeitpunkt festzustellen, stellt das EKEG auf die **URG-Kennzahlen** ab, verlangt gleichzeitig jedoch, dass das Erreichen der Kennzahlen für die Gesellschafter erkennbar ist. Ein Gesellschafterkredit ist somit eigenkapitalersetzend, wenn im Zeitpunkt der Gewährung des Kredits aus dem zuletzt[545] aufgestellten Jahresabschluss ersichtlich ist, dass die URG-Kennzahlen vorliegen[546] bzw, dass die Insolvenztatbestände erfüllt sind. Vom Gesellschafter wird somit erwartet, dass er sich vor Gewährung eines Kredits durch Einsicht in den zuletzt aufgestellten Jahresabschluss informiert.[547] **319**

Die Nachrangigkeit der Gesellschafterforderung wird durch die in § 14 EKEG normierte **Rückzahlungssperre** sichergestellt. Danach dürfen Gesellschafter „(...) *einen Eigenkapital ersetzenden Kredit (...) nicht zurückfordern, solange die Gesellschaft nicht saniert ist (...).*“ Für die Einhaltung der Rückzahlungssperre werden die **Geschäftsführer verantwortlich** gemacht.[548] Der Gesellschafter muss die zu Unrecht an ihn zurückgezahlten eigenkapitalersetzenden Kredite an **320**

---

[542] Vgl § 2 Abs 1 Z 1 und 2 EKEG.

[543] Vgl § 2 Abs 1 Z 3 EKEG. Siehe dazu Kapitel IV.B.

[544] Die Gewährung eines Kredites ist der zentrale Begriff im EKEG. „Kredit“ wird nicht näher definiert, darunter ist aber nach hA jede Liquiditätszuführung zu verstehen; vgl *Zehetner/Bauer*, Eigenkapitalersatzrecht 56.

[545] Vgl § 2 Abs 2 Z 2 EKEG; Hinweis: Wurde ein Jahresabschluss nicht rechtzeitig aufgestellt, gilt dasselbe, wenn ein Jahresabschluss dies ergeben hätte (EB zu § 2 der RV zum EKEG).

[546] Vgl EB zu § 2 der RV zum EKEG.

[547] Vgl EB zu § 2 der RV zum EKEG.

[548] Vgl *Schopper/Vogt,* Eigenkapitalersatzgesetz (2003) § 14 Rz 25.

die Gesellschaft wieder zurückzahlen. Die Geschäftsführer haften mit dem empfangenden Gesellschafter solidarisch, wenn sie schuldhaft (wissentlich) eigenkapitalersetzende Kredite während der Krise an diesen zurückzahlen.[549]

321 Die Rückzahlungssperre hat aber auch einen **strafrechtlichen Aspekt**, der in gleicher Weise den auszahlenden Geschäftsführer und den anstiftenden Gesellschafter trifft. Bei entsprechendem Vorsatz wird dadurch der Tatbestand der betrügerischen Krida[550] erfüllt, welcher mit einer Freiheitsstrafe von bis zu 10 Jahren bestraft wird.[551]

322 Von der Wirkung der Rückzahlungssperre sind **Gesellschafter** mit einer Beteiligung von zumindest 25 % oder mit einem kontrollierenden Einfluss auf die Gesellschaft (Stimmrechtsmehrheit oder Sperrminorität) **erfasst**.[552] Somit sind Klein- und Kleinstgesellschafter von der Wirkung des EKEG ausgenommen.[553] Jedoch werden auch Kredite, die (auch) von Kleinstgesellschaftern durch **abgestimmtes Verhalten** oder durch Absprache gemeinsam oder gleichzeitig gewährt oder besichert werden, in den Anwendungsbereich des EKEG einbezogen.[554] Durch die Regelung des § 6 EKEG werden gering beteiligte Gesellschafter durch derart abgestimmtes Verhalten in den Wirkungsbereich des Eigenkapitalersatzrechts einbezogen, wenn deren Beteiligung in Summe 25 % beträgt.

323 Weiters werden auch **Treuhandschaften**, die zur Verschleierung der Beteiligungsverhältnisse errichtet werden, direkt dem Treugeber zugerechnet.[555] Einem Ge-

[549] Vgl *Schopper/Vogt,* Eigenkapitalersatzgesetz § 14 Rz 25.
[550] Siehe dazu ausführlich unten Kapitel V.
[551] Vgl *Reich-Rohrwig*, Das neue Eigenkapitalersatzgesetz, ecolex 2004, 106.
[552] Vgl § 5 EKEG; siehe ausführlich *Niederberger*, Eigenkapitalersatz: Der aktuelle Gesetzesentwurf, GeS 2002, 5.
[553] Vgl OGH 16.7.2004, 8 ObS 12/04d; eine „Kapitalzuführungsabsicht" kann wegen der mangelnden Einflussnahme auf die Kapitalverwendung nicht angenommen werden; vgl auch OGH 11.5.2005, 9 ObA 9/05x.
[554] Vgl *Reich-Rohrwig*, ecolex 2004, 106.
[555] Vgl § 7 EKEG.

sellschafter, der sich mit einer Beteiligung von 24 % „begnügt“ und den übrigen Teil seiner Beteiligung über einen Treuhänder hält, wird auch die restliche Beteiligung zugerechnet.[556] Jedenfalls von der Wirkung des EKEG erfasst sind Gesellschafter (unabhängig von ihrer Beteiligungsquote[557]), die mit einem gesellschaftsvertraglichen **Sonderrecht** auf Geschäftsführung ausgestattet sind.[558] Dabei ist uE nicht erheblich, ob das Sonderrecht tatsächlich wahrgenommen wird.[559] Auffällig ist, dass auch Personen, die an der Gesellschaft nicht beteiligt sind, jedoch faktisch einen beherrschenden Einfluss ausüben, unter die Rückzahlungssperre des EKEG fallen.[560]

Neben der Kreditgewährung im Sinne eines Geldkredites oder eines Warenkredites sind auch **Gesellschaftersicherheiten** in der Krise eigenkapitalersetzend.[561] Bürgt ein Gesellschafter für die Verbindlichkeiten der Gesellschaft, bestellt er ein Pfand oder leistet er eine vergleichbare Sicherheit, so kann der Gläubiger während der Krise direkt den Gesellschafter in Anspruch nehmen. Bezahlt der Gesellschafter die Schuld der GmbH, so kann er bei der Gesellschaft erst Regress nehmen, wenn diese saniert ist. Ein Ersatz der vom Gesellschafter übernommenen Gesellschaftsschulden ist somit ebenfalls von der Rückzahlungssperre erfasst.[562] Das „Stehenlassen“ einer bereits vor der Krise eingeräumten Sicherstellung ist davon jedoch nicht umfasst.[563] **324**

---

[556] Sofern der Masseverwalter den Zusammenhang beweisen kann, vgl *Dellinger*, EKEG – Leicht zu umgehen? GeS 2004, 125.

[557] Vgl *Schopper/Vogt*, Eigenkapitalersatzgesetz § 5 Rz 32.

[558] Vgl § 5 Abs 2 Z 3 EKEG.

[559] Vgl § 5 Abs 2 Z 3 EKEG: „*Eine Beteiligung ist kontrollierend, wenn er* [Gesellschafter] *das Sonderrecht hat, selbst Mitglied des Leitungsorgans zu sein*“.

[560] Vorstellbar ist dies bspw bei atypischen Verpfändungen von Gesellschaftsanteilen, die dem Pfandgläubiger weitgehende Mitbestimmungsrechte einräumen, die über die kreditvertragstypischen Informations- und Einsichtsrechte hinausgehen.

[561] Vgl § 15 EKEG.

[562] Vgl *Schopper/Vogt*, Eigenkapitalersatzgesetz § 15 Rz 10.

[563] Vgl *Schopper/Vogt*, Eigenkapitalersatzgesetz § 15 Rz 6.

325 Das Eigenkapitalersatzrecht richtet sich primär an die Gesellschafter, jedoch wird dadurch auch eine (Mit-) **Verantwortung der Geschäftsführer** für die Einhaltung der Regelungen zur Kapitalerhaltung und zur Gläubigergleichbehandlung normiert. Die Geschäftsführer müssen während der Krise – vor allem jedoch im Graubereich der beginnenden Krise – darauf achten, welche Zahlungen an wen geleistet werden. Der Geschäftsführer muss sich aktiv gegen die Rückzahlung eigenkapitalersetzender Darlehen stellen, denn nicht nur der erhaltende (und anstiftende) Gesellschafter, sondern auch die Geschäftsführer haften solidarisch für die zu Unrecht ausgezahlten Einlagen.[564] **Gesellschafterweisungen** zur Rückzahlung eigenkapitalersetzender Darlehen sind **nichtig** und dürfen nicht befolgt werden.

[564] Die Haftung ergibt sich aus den Regeln über die verbotene Einlagenrückgewähr; vgl OGH 8.5.1991, 8 Ob 9/91 und vgl *Zehetner/Bauer*, Eigenkapitalersatzrecht 96 mwN.

V. Haftung

A. Allgemeines

Die Geschäftsführer sind der Gesellschaft gegenüber verpflichtet, bei ihrer Geschäftsführung die Sorgfalt eines ordentlichen Geschäftsmannes auszuüben.[565] Die generelle Verantwortung des Geschäftsführers besteht somit primär **gegenüber** der **Gesellschaft**, nicht aber gegenüber einzelnen Gesellschaftern[566] oder Gläubigern[567]. 326

In bestimmten Fällen können die Geschäftsführer aber auch **direkt** von **Gesellschaftern** und **Gesellschaftsgläubigern** in Anspruch genommen werden. Der Bereich der zivilrechtlichen Haftungsgefahren wird darüber hinaus von verwaltungs- und strafrechtlichen Tatbeständen ergänzt. 327

Für *„Verbindlichkeiten der Gesellschaft haftet nur das Gesellschaftsvermögen"* (§ 61 Abs 2 GmbHG). Dieses **Haftungsprivileg** bildet den Kern des GmbH-Rechts.[568] Eine Haftung des Geschäftsführers kommt somit nur in Betracht, wenn er seine Pflichten verletzt.[569] 328

Unabhängig davon, wem gegenüber der Geschäftsführer haftet (der Gesellschaft oder einem Dritten gegenüber), müssen nach den allgemeinen zivilrechtlichen Schadenersatzregeln der §§ 1295 ff ABGB folgende vier Voraussetzungen für eine Verschuldenshaftung vorliegen: 329

- erlittener **Schaden**,
- **Kausalität** zwischen Schaden und pflichtwidriger Handlung/Unterlassung,
- **Rechtswidrigkeit** der Handlung oder des Unterlassens,
- **Verschulden**.

---

[565] Siehe § 25 GmbHG.

[566] OGH 12.11.1992, 7 Ob 621/92.

[567] OGH 20.11.1991, 1 Ob 617/91.

[568] *Harrer,* Haftungsprobleme bei der GmbH 8.

[569] *Harrer,* Haftungsprobleme bei der GmbH 14; das Unternehmerrisiko trägt die GmbH.

330 Die Feststellung des **Schadens** kann anhand eines Vergleiches der vermögensrechtlichen Situation der GmbH **vor** der schädigenden Handlung und **danach** durchgeführt werden.[570] Der Schaden enthält gemäß Artikel 8 Nr 2 EVHGB *auch den entgangenen Gewinn*.[571]

331 Der **kausale** Zusammenhang zwischen der Handlung bzw der Unterlassung des Geschäftsführers und dem Eintritt des Schadens muss von der **Gesellschaft bewiesen** werden.[572] In vielen Fällen (va bei den Sorgfaltspflichten) kann bereits aus der Natur des Schadens auf den Geschäftsführer als dessen Verursacher geschlossen werden.[573] Die Art des Schadens kann sogar *so stark für den Zusammenhang mit einem pflichtwidrigen Verhalten des Geschäftsführers sprechen, dass eine weitere Beweisführung durch die Gesellschaft als nicht mehr notwendig ausscheidet*.[574]

332 Die für den Schadenersatz geforderte **Rechtswidrigkeit** der gesetzten Handlung bzw Unterlassung ergibt sich zumeist aus der Verletzung der Sorgfaltspflichten (bspw rechtzeitige Konkursantragstellung) oder dem Verstoß gegen Verbote oder Gebote der Rechtsordnung bzw gegen die guten Sitten[575] (deliktische Haftung).[576]

333 Neben tatsächlichem Schaden und der Kausalität zwischen Schadenseintritt und rechtswidrigen Verhalten setzt ein Schadenersatzanspruch **schuldhaftes Handeln**, also ein Verschulden des Geschäftsführers vor-

---

[570] Vgl dazu *Reischauer* in *Rummel* (Hrsg), ABGB II^2 (1992) § 1323.

[571] *Koppensteiner,* GmbHG^2 § 25 Rz 21; zustimmend auch *Reich-Rohrwig,* GmbH-Recht I^2 Rz 2/403; zur Problematik der Feststellung der Höhe des entgangenen Schadens siehe *Kramer* in *Straube* (Hrsg), HGB I^3, Art 8 Nr 2 Rz 3 ff.

[572] *Koppensteiner,* GmbHG^2 § 25 Rz 29.

[573] *Reich-Rohrwig,* GmbH-Recht I^2 Rz 2/418; regelmäßig wird die Kausalität durch Verwendung der „conditio sine qua non"-Formel geprüft, hiebei wird das aktive Verhalten weggedacht bzw eine pflichtwidrig unterlassene Handlung hinzugefügt und geprüft, ob der Schaden immer noch eingetreten wäre.

[574] OGH 8.7.1993, 6 Ob 583/93.

[575] § 1295 Abs 2 ABGB.

[576] *Reich-Rohrwig,* GmbH-Recht I^2 Rz 2/406.

aus. Dieses liegt bereits vor, wenn er die erforderliche Sorgfalt vermissen lässt.[577] Der Geschäftsführer kann sich dabei nicht auf seine persönliche Unfähigkeit berufen, denn der Besitz der zur Geschäftsführung notwendigen Fähigkeiten gilt als Voraussetzung.[578] Das Verschulden wird vermutet, der Geschäftsführer kann sich jedoch entlasten, indem er beweist, dass er die adäquate Sorgfalt angewendet hat (Beweislastumkehr).[579]

Die Haftungsbestimmungen sind **zwingendes Recht**[580] **334**
und können weder durch Gesellschaftsvertrag oder Gesellschafterbeschluss, noch im Rahmen des Geschäftsführervertrages gänzlich ausgeschlossen werden.[581] Eine **Herabmilderung** der Ansprüche ist nur insoweit möglich, *als die Ansprüche nicht zur Befriedigung von Gesellschaftsgläubigern* erforderlich sind.[582]

	Anspruch von	**Durchsetzung**	**Haftungsart**
Zivilrecht	GmbH; Gesellschafter; Gläubiger	ordentl Gericht	Schadenersatz
Verwaltungsrecht	Öffentlichkeit; Staat	Verwaltungsbehörden	Geldstrafe
Strafrecht	Öffentlichkeit; Staat	ordentl Gericht	Geldstrafe; Freiheitsstrafe

577 *Reich-Rohrwig,* GmbH-Recht I² Rz 2/387.
578 *Reich-Rohrwig,* GmbH-Recht I² Rz 2/416.
579 OGH 10.1.1978, 3 Ob 536/77.
580 OGH 17.6.1959, 5 Ob 202/59.
581 *Handig,* Haftung des handelsrechtlichen Geschäftsführers, SWK 2002, W 45.
582 OGH 8.5.1980, 8 Ob 505/80.

B. Zivilrechtliche Haftung

1. Haftung gegenüber der Gesellschaft und den Gesellschaftern

335 Die Nichteinhaltung der in § 25 Abs 1 GmbHG normierten **Sorgfaltspflicht**[583] wird mit der Haftungsbestimmung des § 25 Abs 2 GmbHG sanktioniert. Nach der generellen Norm *haftet der Geschäftsführer jedoch nur gegenüber der Gesellschaft*, nicht aber einzelnen Gesellschaftern oder Gesellschaftsgläubigern gegenüber.[584] Diese gesetzlich normierte Organverantwortung zieht grundsätzlich **alle** bestellten **Geschäftsführer** zur Haftung heran; sie haften solidarisch für den entstandenen Schaden. Eine Zuständigkeits- oder Ressortverteilung innerhalb des Organs entlastet den einzelnen Geschäftsführer nur unter bestimmten Voraussetzungen.

1.1 Verletzung der Verhaltenspflichten

336 Die Befolgung der (in Kapitel III ausführlich beschriebenen) Verhaltens- und Sorgfaltspflichten soll durch drohende Schadenersatzverpflichtungen sichergestellt werden. **Schadenersatzansprüche** können grundsätzlich **nur** von der **Gesellschaft** gegen die Geschäftsführer geltend gemacht werden. Dafür bedarf es eines Beschlusses der Generalversammlung.[585] Im Schadenersatzprozess vor einem ordentlichen Gericht wird die GmbH durch einen allenfalls bestellten Aufsichtsrat bzw durch einen zu bestellenden Prozesskurator vertreten.[586]

1.2 Weisung und Haftung

337 Gesellschafterbeschlüsse und Weisungen[587] des Aufsichtsrates oder Beirates[588] befreien den Geschäftsfüh-

583 Siehe Kapitel III.
584 OGH 20.11.1991, 1 Ob 617/91.
585 Siehe § 35 Abs 1 Z 6 GmbHG.
586 § 35 Abs 1 Z 6 GmbHG; vgl *Koppensteiner*, GmbHG² § 35 Rz 32.
587 Vgl Kapitel III.F.
588 Sofern diesen beiden Organen eine gesellschaftsvertragliche Weisungsbefugnis zukommt.

rer **grundsätzlich** von seiner Haftung der GmbH gegenüber.[589] Die **Haftungsbefreiung** gilt jedoch **nicht**, wenn der Schadenersatzanspruch *zur Befriedigung der* **Gläubiger** *erforderlich ist.*[590] Die gesetzlichen Haftungsbestimmungen bleiben somit zugunsten der Gesellschaftsgläubiger auch bei Gesellschafterbeschlüssen mit Weisungscharakter aufrecht.[591] In einem wirtschaftlich gut situierten Unternehmen wird die Befolgung der Weisung in der Regel den Geschäftsführer von der Haftung befreien, während in Krisensituationen eine Haftungsbefreiung vielfach nicht eintreten wird.[592]

Der **Wille des Mehrheitsgesellschafters** darf mit einem ordnungsgemäß zustande gekommenen Gesellschafterbeschluss nicht gleichgesetzt werden.[593] Der Geschäftsführer wird bei der Befolgung von Willensäußerungen des Mehrheitsgesellschafters der GmbH gegenüber **nicht** von der Haftung **freigestellt**. Der Mehrheitsgesellschafter hat kein gesetzliches Weisungsrecht, weshalb seinen Willensäußerungen die haftungsentlastende Wirkung eines Gesellschafterbeschlusses nicht zukommen kann.[594] **338**

Wird die **Weisungsbefugnis** von den Gesellschaftern einem bestimmten Gesellschafter oder einem Dritten **übertragen**,[595] so wirken dessen Weisungen haftungsbefreiend,[596] da die Zustimmung sämtlicher anderer Gesellschafter als gegeben angesehen wird. **339**

Das Handeln eines **geschäftsführenden Alleingesellschafters** deckt sich mit dem Willen der Gesellschaft. Er haftet ihr gegenüber daher nicht und zwar *auch dann nicht, wenn er später seine Anteile verkauft.*[597] Ein Ge- **340**

---

589 *Reich-Rohrwig,* GmbH-Recht I² Rz 2/407.
590 § 25 Abs 5 GmbHG.
591 *Koppensteiner,* GmbHG² § 25 Rz 17.
592 Vgl *Schima,* GesRZ 1999, 159.
593 Siehe dazu Kapitel III.F.
594 So auch *Schima,* GesRZ 1999, 159.
595 Siehe Kapitel III.F.4.
596 *Schima,* GesRZ 1999, 159.
597 OGH 29.3.1990, 6 Ob 704/89.

sellschafter-Geschäftsführer einer **Zweimann-GmbH**, der eine vom anderen Gesellschafter geforderte Maßnahme durchführt, führt damit einen formlosen Gesellschafterbeschluss herbei, der ihn von der Geschäftsführerhaftung freistellt.[598]

1.3 Haftung gegenüber einzelnen Gesellschaftern

341 Auch Ansprüche von Gesellschaftern sind grundsätzlich nur gegen die Gesellschaft selbst zu richten.[599] Eine Haftung des Geschäftsführers für die Schäden der Gesellschafter, insbesondere für die **Verminderung** des Wertes ihrer **Geschäftsanteile**,[600] kommt allgemein nicht in Betracht.[601]

342 Die Erfüllung **gesellschaftsinterner** Pflichten der Geschäftsführer, wie etwa

- die Zusendung des Jahresabschlusses,
- Gewährung der Bucheinsicht,
- Erteilung von Auskünften,
- Gleichbehandlung der Gesellschafter,

liegt jedoch im unmittelbaren Interesse der Gesellschafter und nicht der GmbH.[602] Ob sich aus dieser Interessenlage eine **direkte Haftung** der Geschäftsführer gegenüber den Gesellschaftern ergibt, ist nicht restlos geklärt, wird jedoch von Teilen der Lehre bejaht.[603]

343 Der Geschäftsführer **haftet** allerdings **persönlich** gegenüber den Gesellschaftern, aber auch gegenüber den Gesellschaftsgläubigern für Schäden, die durch **Unter-**

598 *Reich-Rohrwig,* GmbH-Recht I² Rz 2/413.

599 *Koppensteiner*, GmbHG² § 25 Rz 33; tw aA *Reich-Rohrwig*, GmbH-Recht I² Rz 2/508 bei Verletzung von absolut geschützten Rechten.

600 *Handig,* SWK 2002, W 45.

601 OGH 20.11.1991, 1 Ob 617/91.

602 *Reich-Rohrwig,* GmbH-Recht I² Rz 2/511.

603 Dafür *Reich-Rohrwig,* GmbH-Recht I² Rz 2/511; einschränkend *Zöllner* in *Baumbach/Hueck* (Hrsg), GmbHG¹⁷ § 43 Rz 48; aA *Koppensteiner,* GmbHG² § 22 Rz 32; *ders* auf Gesellschafter-Geschäftsführer einschränkend zustimmend in GmbHG² § 25 Rz 47. Im Übrigen entsteht der GmbH dadurch kein Schaden, was einen Schadenersatzanspruch der GmbH gegenüber den Geschäftsführern grundsätzlich ausschließt.

lassung der Anmeldung oder **durch falsche Angaben** zum Firmenbuch entstanden sind.[604]

2. Haftung gegenüber Gesellschaftsgläubigern

Ähnlich wie die Gesellschafter haben auch die Gesellschaftsgläubiger grundsätzlich **keinen** direkten **Schadenersatzanspruch** gegen die Geschäftsführer. **344**

Das GmbHG normiert jedoch zwei Ausnahmen, die für den Geschäftsführer eine direkte Außenhaftung bedeuten:[605] **345**

- die Schädigung durch **unrichtige Firmenbucheintragungen** im Zuge der Einforderung von ausständigen Einlagen (§ 64 Abs 2 GmbHG) und
- die Schädigung durch falsche Angaben im Zuge einer **Kapitalherabsetzung** (§ 56 Abs 3 GmbHG).

2.1 Unrichtige Firmenbucheintragungen

Die Geschäftsführer haften gemäß § 64 Abs 2 GmbHG *[f]ür einen durch Unterlassung der Anmeldung oder durch falsche Angaben verursachten Schaden (...) dem dadurch Beschädigten persönlich zur ungeteilten Hand.* Die Bestimmung ist im Zusammenhang mit den §§ 9 und 11 GmbHG zu lesen. Demnach ist das Firmenbuchgericht über die **Stammeinlagen** und die darauf geleisteten Einzahlungen zu informieren. Die Bestimmung verfolgt das Ziel, die Informationen des Firmenbuchgerichts auf dem jeweils aktuellen Stand zu halten.[606] Die Regelung bezieht sich **nur** auf Firmenbucheintragungen, die im Zusammenhang mit den **Stammeinlagen** der Gesellschafter stehen; andere Eintragungen werden davon nicht berührt.[607] **346**

---

[604] Siehe § 64 Abs 2 GmbHG; dies ist auch der einzige gesetzlich normierte Fall der direkten Haftung des Geschäftsführers gegenüber den Gesellschaftern.

[605] Siehe *Gellis/Feil*, GmbHG[5] § 56 Rz 5.

[606] *Koppensteiner*, GmbHG[2] § 64 Rz 1.

[607] Siehe *Koppensteiner*, GmbHG[2] § 64 Rz 1f.

2.2 Kapitalherabsetzung

347 Eine Herabsetzung des Stammkapitals darf erst in das Firmenbuch eingetragen werden, wenn der Nachweis erbracht wurde, dass sämtliche Gesellschaftsgläubiger individuell *verständigt und befriedigt oder sichergestellt wurden.*[608] Ist der Nachweis falsch, so **haften alle Geschäftsführer** solidarisch den Gläubigern *für den ihnen dadurch entstandenen Schaden bis zu dem Betrage, für den aus dem Gesellschaftsvermögen Befriedigung nicht erlangt werden konnte.*[609]

348 Der **Schadenersatzanspruch** steht **direkt**[610] dem geschädigten **Gläubiger** zu und ist mit dem Betrag der Kapitalherabsetzung beschränkt.[611] Die Haftung tritt bspw ein, wenn eine Gesellschaftsverbindlichkeit infolge der Kapitalherabsetzung nicht mehr beglichen werden kann.[612] Die Haftung entfällt allerdings, wenn ein anspruchsberechtigter Gläubiger durch das Gesellschaftsvermögen befriedigt werden kann.

3. Beweislastumkehr

349 Nach hA muss der **Geschäftsführer** die **Sorgfaltsmäßigkeit** seines Verhaltens **beweisen**[613] und aufzeigen, dass der Schaden ohne sein Verschulden eingetreten ist.[614] Diese Beweislastumkehr führt zu sehr umfangreichen Darlegungspflichten des Geschäftsführers und kann schließlich im „worst case" in eine **Erfolgshaftung** ausarten. Da allerdings die GmbH das Erfolgs-

[608] § 56 Abs 1 iVm Abs 2 GmbHG.

[609] § 56 Abs 3 GmbHG.

[610] Der dargestellte direkte Haftungsanspruch steht dabei jedoch nur jenen Gläubigern zu, die von einer unzutreffenden Angabe betroffen sind, bspw nicht individuell informiert worden sind. Diese Beschränkung des Gläubigerkreises ist auch als Grund für die direkte Haftung der Geschäftsführer anzusehen.

[611] *Koppensteiner,* GmbHG[2] § 56 Rz 6; so auch *Gellis/Feil*, GmbHG[5] § 56 Rz 5.

[612] *Gellis/Feil*, GmbHG[5] § 56 Rz 5.

[613] OGH 9.1.1985, 3 Ob 521/84.

[614] *Kastner/Doralt/Nowotny,* Gesellschaftsrecht[5] 395; *Harrer,* Haftungsprobleme bei der GmbH, 41; *Koppensteiner,* GmbHG[2] § 25 Rz 29; *Gellis/Feil*, GmbHG[5] § 25 Rz 12; sog Beweislastumkehr.

und Unternehmerrisiko trägt, werden Umstände, die die Verantwortlichkeit des Geschäftsführers erheblich in Frage stellen, als ausreichender Gegenbeweis zu qualifizieren sein.[615] Bei Schäden aus **Konkursverschleppung** trifft den Geschäftsführer eine verstärkte Beweislast, ordnungsgemäß gehandelt zu haben.[616]

4. Verjährung

Schadenersatzansprüche der GmbH gegenüber dem **350** Geschäftsführer verjähren gemäß § 25 Abs 6 GmbHG innerhalb von fünf Jahren. Die Verjährungsfrist **beginnt** nach überwiegender Ansicht mit der Entstehung des Schadenersatzanspruches,[617] also im **Zeitpunkt der Schädigung** und nicht erst im Zeitpunkt der Kenntnisnahme des Schadens.[618] Kommt der Schädigung jedoch auch strafrechtliche Relevanz zu und wird die Handlung mit einer mehr als einjährigen Freiheitsstrafe bedroht, beträgt die **Verjährungsfrist** auch für die zivilrechtlichen Ansprüche **30 Jahre** (so bspw bei Schäden aus Untreuehandlungen).[619] Bei fortgesetzten Handlungen entsteht der Schadenersatzanspruch gleichermaßen jeweils und immer wieder im Zeitpunkt der Schädigung.

Fraglich ist, ob die **gesetzliche Verjährungsfrist** durch **351** vertragliche Regelungen **verkürzt** werden kann. UE nach ist die Verjährung vertraglich (durch Vereinbarung im Geschäftsführervertrag) verkürzbar. Dies ergibt sich daraus, dass die Gesellschaft auf Ansprüche gem § 25

---

615 Ähnlich *Reich-Rohrwig,* GmbH-Recht I² Rz 2/420.

616 Siehe dazu ausführlich Kapitel V.D.

617 *Koppensteiner,* GmbHG² § 25 Rz 23; *Gellis/Feil*, GmbHG⁵ § 25 Rz 30.

618 Die Rechtsprechung (insb OGH 3.7.1975, 2 Ob 356/74) vertritt jedoch zu den vergleichbaren Regelungen des Aktienrechts die Ansicht, dass der Beginn der Verjährung nach den allgemeinen Schadenersatzregeln (§§ 1295 ff ABGB) festzulegen sei und die Frist somit erst im Zeitpunkt der *subjektiven Kenntnis* des Schadens, des Schädigers und des Verschuldens zu laufen beginne. Vgl dazu insb *Eckert/Linder*, Verjährung von Ersatzansprüchen gegen Vorstandsmitglieder, ecolex 2005, 449.

619 Siehe *Reich-Rohrwig,* GmbH-Recht I² Rz 2/423.

Abs 7 GmbHG verzichten kann; sinngemäß kann die Gesellschaft auch bereits vor Entstehen der Ansprüche darauf verzichten bzw die Frist zur Geltendmachung verkürzen. Die einschlägige Literatur zum österreichischen GmbHG nimmt zu dieser Frage kaum Stellung.[620] Die Literatur und Lehre zur allgemeinen zivilrechtlichen Verjährung anerkennt die Möglichkeit der vertraglichen Verkürzung jedoch sehr wohl.[621] Der deutsche BGH[622] und auch die deutsche hM[623] haben sich bereits für die Zulässigkeit der vertraglichen **Verkürzung** auf bis zu **sechs Monate** ausgesprochen. Die Überlegungen des BGH sind auch für die österreichische Rechtslage bemerkenswert, wird dadurch doch die Anwendbarkeit der von der Literatur anerkannten vertraglichen Verkürzbarkeit der allgemeinen zivilrechtlichen Verjährungsfristen für das Gesellschaftsrecht bestätigt.

352 Verstöße der Geschäftsführer gegen das **Wettbewerbsverbot** bzw das Eintrittsrecht der GmbH und das Recht auf Abberufung des Geschäftsführers verjähren gemäß § 24 Abs 4 GmbHG *binnen drei Monaten* nach Kenntnisnahme[624] des Aufsichtsrates[625], spätestens jedoch fünf Jahre nach der (abgeschlossenen) Konkurrenztätigkeit.[626] Die kurze Verjährungsfrist gilt auch für vertraglich vereinbarte Konkurrenzverbote, die inhaltlich nur die gesetzliche Regelung wiederholen.[627]

---

620 *Koppensteiner,* GmbHG² § 25 Rz 23 f verzichtet darauf, auf diese Frage einzugehen und beschreibt lediglich die Möglichkeit des Verzichts; fast wortgleich *Gellis/Feil*, GmbHG⁵ § 25 Rz 28 ff; ebenso *Reich-Rohrwig,* GmbH-Recht I² Rz 2/422.

621 Siehe *Mader* in *Schwimann* (Hrsg), ABGB VII² (1997) § 1502 Rz 4; *Dittrich/Tades* (Hrsg), ABGB II³⁴ (1994) § 1502 E 4; *Schubert* in *Rummel* (Hrsg), ABGB II² § 1502 Rz 1.

622 Siehe BGH 16.9.2002-II ZR 107/01, veröffentlicht in DB 2002, 2480.

623 *Zöllner* in *Baumbach/Hueck* (Hrsg), GmbHG¹⁷ § 43 Rz 45 mwH; *Haas* in *Michalski*, GmbHG II § 43 Rz 11.

624 Positives Wissen ist erforderlich.

625 Ist kein Aufsichtsrat bestellt, dann der übrigen Geschäftsführer, vorausgesetzt, diese sind nicht selbst am Konkurrenzverstoß beteiligt.

626 *Koppensteiner,* GmbHG² § 24 Rz 15.

627 *Reich-Rohrwig,* GmbH-Recht I² Fn 94 zu Rz 2/298.

C. Öffentlich-rechtliche Haftung

Eine Haftung des Geschäftsführers gegenüber der Öffentlichkeit kann sich einerseits aus möglichen strafrechtlichen Verantwortlichkeiten, andererseits aus der Stellung der Öffentlichkeit als (normaler) Gläubiger[628] der GmbH ergeben. 353

1. Strafrechtliche Haftung

Die strafrechtliche Haftung zeichnet sich durch die Androhung von **gerichtlichen Freiheitsstrafen** und die damit verbundene Aufnahme in das Strafregister („Vorstrafe“) aus. 354

1.1 Strafbestimmungen im GmbHG

Das GmbHG enthält in § 122 eine eigene Strafbestimmung, wonach Verstöße dagegen mit einer Freiheitsstrafe von bis zu einem Jahr bedroht sind. Folgende Handlungen bzw Unterlassungen werden unter Strafe gestellt: 355

- die **unrichtige** Wiedergabe der Verhältnisse der Gesellschaft im **Jahresabschluss** und im Lagebericht, in der Generalversammlung und in sonstigen Auskünften;
- das **Verschweigen** erheblicher **Umstände** oder die Weitergabe falscher Tatsachen in Berichten an den Abschlussprüfer;
- das **Unterlassen** eines **Sonderberichts** an den Aufsichtsrat angesichts der drohenden Gefährdung der Liquidität der Gesellschaft;
- **falsche** Angaben bei der **Firmenbucheintragung**.

[628] Auch die „Öffentlichkeit“ (zB der Bund oder eine Gemeinde) kann privatrechtlich tätig werden und mit anderen Körperschaften oder Personen Verträge schließen. Ist die Öffentlichkeit daher ein „normaler“ (privatrechtlicher) Gläubiger, sind für Schäden auch die Regelungen und Prinzipien des zivilrechtlichen Schadenersatzrechts anzuwenden. Eine explizit öffentlich-rechtliche Haftung ergibt sich für den Geschäftsführer hingegen wenn die Öffentlichkeit aufgrund ihrer Hoheitsgewalt tätig wird (Bescheid bzw Urteil).

356 Die Strafbestimmung des GmbHG stellt somit eine Reihe von unrichtigen Angaben unter gerichtliche Strafe. Normadressaten sind die **Geschäftsführer**.[629] Ein Geschäftsführer, der im Gremium gegen die Weitergabe der falschen Angaben votiert, ist dadurch nicht automatisch strafbefreit. Er **muss aktiv** zur **Verhinderung** der falschen Angaben beitragen, indem er bspw die richtigen Angaben macht.[630] Auf Verschuldensebene setzt die Strafbestimmung **Vorsatz** voraus, bedingter Vorsatz genügt, grobe Fahrlässigkeit reicht nicht aus.[631] Die Straftatbestände sollen nicht nur Gläubiger, sondern auch die Gesellschafter selbst schützen. Strafbar ist deshalb *nicht nur die wissentlich zu günstige Vermögensdarstellung, sondern auch die vorsätzlich unrichtige Darstellung, die ein zu ungünstiges Bild von der Lage der Gesellschaft vermittelt.*[632] Gesellschafter könnten daraufhin veranlasst sein, ihren GmbH-Anteil zu billig zu verkaufen. Darüber hinaus sieht § 125 GmbHG gerichtliche Zwangs-, jedoch keine Freiheitsstrafen vor, falls *die Bestimmungen der §§ 30d und 30j GmbHG*[633] *und der §§ 222*[634] *und 281*[635] *HGB bzw UGB nicht eingehalten werden*. Die **Zwangsstrafe** beträgt bis zu € 3.600,–.

1.2 Wirtschaftsdelikte im StGB

357 Durch die Schaffung des Verbandsverantwortlichkeitsgesetzes[636] wurde in Österreich erstmals ein Strafrecht für juristische Personen eingeführt. Die persönliche **strafrechtliche** Verantwortung der **Organe**, die das

[629] *Koppensteiner,* GmbHG² § 122 Rz 3.
[630] *Langer,* Die Strafbestimmungen in Aktiengesetz und GmbH-Gesetz (1994) 100.
[631] Siehe *Koppensteiner,* GmbHG² § 122 Rz 6; *Langer,* Strafbestimmungen 135 f; *Nowotny,* Unrichtiger Jahresabschluss und strafrechtliche Haftung, RdW 1992, 71.
[632] *Nowotny,* RdW 1992, 71.
[633] Die Bestimmungen regeln die gerichtliche Bestellung von Aufsichtsratsmitgliedern sowie den Informationsfluss zwischen der Geschäftsführung und dem Aufsichtsrat.
[634] § 222 HGB bzw UGB regelt den Inhalt des Jahresabschlusses.
[635] § 281 HGB bzw UGB regelt die Offenlegung des Jahresabschlusses.
[636] BGBl I 151/2005.

Unternehmen nach außen vertreten, bleibt jedoch bestehen. Im Falle einer Ressortverteilung trifft die strafrechtliche Verantwortung vor allem den jeweiligen Leiter des Aufgabenbereichs. Dennoch bleibt die Verantwortung der anderen Geschäftsführer für den gesamten Geschäftsbetrieb aufrecht. Sie trifft eine umfassende Aufsichts- und Überwachungspflicht.[637]

Die Tatbestände, die für Geschäftsführer typischerweise in Frage kommen, sind: **358**

- Betrug;
- Untreue;
- betrügerische Krida und
- die grob fahrlässige Beeinträchtigung von Gläubigerinteressen.

- **Betrug (§§ 146 bis 148 StGB)**

Wer mit dem Vorsatz, durch das Verhalten des Getäuschten sich oder einen Dritten unrechtmäßig zu bereichern, jemanden durch Täuschung über Tatsachen zu einer Handlung, Duldung oder Unterlassung verleitet, die diesen am Vermögen schädigt,[638] erfüllt den Tatbestand des Betruges. **359**

Getäuscht wird in der Praxis häufig über die **Zahlungswilligkeit** oder **-fähigkeit** der Gesellschaft.[639] Oft wird der Geschädigte darüber in Irrtum geführt, dass die Gesellschaft zur Erfüllung der Verbindlichkeiten (noch) in der Lage sei. **360**

Beim Tatbestand des Betruges handelt es sich um ein Vorsatzdelikt; der Täter muss mit **Täuschungs-**, **Bereicherungs-** und **Schädigungsvorsatz** handeln, um den Tatbestand des Betruges zu erfüllen.[640] Wer leichtsinnig Schulden macht, auf die Gefahr hin, diese nicht bezahlen zu können, handelt nur fahrlässig. Das gilt auch für Kredite im Rahmen eines Geschäftsbetriebes, die in **361**

---

637 *Luschin*, Zur Geschäftsführerhaftung bei Ressortverteilung, RdW 2000, 2ff.

638 Siehe § 146 StGB.

639 *Leukauf/Steininger*, StGB³ (1992) § 146 Rz 10.

640 *Kirchbacher/Presslauer* in *Höpfel/Ratz* (Hrsg), Wiener Kommentar zum StGB² (2001) § 146 Rz 114 ff.

der Hoffnung aufgenommen werden, eingetretene Verluste zu kompensieren, solange wirtschaftliche Misserfolge und Fehlschläge nicht von vornherein in Kauf genommen werden.[641] Auch das Eingehen eines riskanten Geschäfts oder sachlich unbegründeter wirtschaftlicher Optimismus indiziert für sich alleine noch keinen Schädigungsvorsatz. Das **Strafausmaß** umfasst eine Freiheitsstrafe von bis zu sechs Monaten oder eine Geldstrafe von bis zu 360 Tagessätzen.[642]

- **Untreue (§ 153 StGB)**

362 Untreue bedeutet, dass der Geschäftsführer seine **Vertretungsmacht pflichtwidrig** einsetzt, *um die Gesellschaft zu schädigen und sich oder einen Dritten zu bereichern.*[643] Die Pflichtwidrigkeit kann sich aus einem Verstoß gegen Gesetz, Gesellschaftsvertrag, Geschäftsordnung oder Geschäftsführervertrag ergeben.[644] Nicht nur das aktive Tun, sondern auch das Unterlassen einer Tätigkeit kann den Tatbestand der Untreue erfüllen.[645] Beispiele für Untreue aus der Praxis wären:

- das Heranziehen von Angestellten der GmbH für **Privatarbeiten** des Geschäftsführers;[646]
- die missbräuchliche Gewährung von **Sonderkonditionen** an sich selbst;[647]
- die Einschaltung eines **Zwischenerwerbers** beim Kauf von Wirtschaftsgütern und Liegenschaften.[648]

---

[641] *Leukauf/Steininger*, StGB³ § 146 Rz 74; vgl auch *Kirchbacher/Presslauer* in *Höpfel/Ratz* (Hrsg), Wiener Kommentar zum StGB² § 146 Rz 161 zur möglichen Konkurrenz mit § 159 StGB (Grob fahrlässige Beeinträchtigung von Gläubigerinteressen).

[642] In den Fällen des schweren Betruges (§ 147 StGB) und des gewerbsmäßigen Betruges (§ 148 StGB) erhöht sich der Strafrahmen je nach Qualifikation auf bis zu zehn Jahre Freiheitsstrafe.

[643] Siehe § 153 StGB; vgl *Leukauf/Steininger*, StGB³ § 153 Rz 2.

[644] Vgl *Leukauf/Steininger*, StGB³ § 153 Rz 15.

[645] Vgl auch *Kirchbacher/Presslauer* in *Höpfel/Ratz* (Hrsg), Wiener Kommentar zum StGB² § 153 Rz 30.

[646] OGH 31.8.1977, 10 Os 61/77.

[647] OGH EvBl 1984/128.

[648] OGH 2.7.1985, 10 Os 211/84.

Der durch die Untreue entstandene Schaden trifft die GmbH und nicht die Gesellschafter, somit ist nur die **Gesellschaft klageberechtigt**.[649] Das **Strafausmaß** umfasst eine Freiheitsstrafe von bis zu sechs Monaten oder eine Geldstrafe von bis zu 360 Tagessätzen.[650] **363**

- **Betrügerische Krida (§ 156 StGB); Grob fahrlässige Beeinträchtigung von Gläubigerinteressen (§ 159 StGB)**

Beide Tatbestände setzen die *tatsächliche,* aber auch die *scheinbare Verringerung des Vermögens* der GmbH unter Strafe. Die betrügerische Krida und die grob fahrlässige Beeinträchtigung von Gläubigerinteressen hängen sehr eng mit der Insolvenz der Gesellschaft zusammen. Bei der *betrügerischen Krida* wird die **vorsätzliche Schädigung** von Gläubigern bestraft.[651] **364**

Tathandlungen der betrügerische Krida sind: **365**

- das Verheimlichen, Beiseiteschaffen, Veräußern oder Beschädigen eines Bestandteils des Gesellschaftsvermögens;
- das Vorschützen oder Anerkennen einer nicht bestehenden Verbindlichkeit;
- jede wirkliche oder scheinbare Verringerung des Schuldnervermögens.

Als Beispiele für Tathandlungen aus der Rechtsprechung wären etwa das Verschenken von Waren, das Treiben übermäßigen Aufwands oder das Verbringen von Gegenständen in Länder, mit denen kein Vollstreckungsübereinkommen besteht, zu nennen.[652] **366**

Der **Strafrahmen** bei betrügerischer Krida beträgt bis zu fünf Jahren Freiheitsstrafe; bei einem Schaden von mehr als € 40.000,– erhöht sich der Strafrahmen auf ein bis zu zehn Jahre. **367**

---

[649] Vgl *Leukauf/Steininger*, StGB[3] § 153 Rz 39.

[650] Wenn sich der Schaden auf mehr als € 2.000,– beläuft, erhöht sich der Strafrahmen auf bis zu drei Jahre. Ein Schaden von mehr als € 40.000,– wird mit Freiheitsstrafe von bis zu zehn Jahren geahndet (siehe § 153 StGB).

[651] Vgl *Luschin,* Beteiligung an fahrlässiger Krida (1998) 23.

[652] *Kirchbacher/Presslauer* in *Höpfel/Ratz* (Hrsg), Wiener Kommentar zum StGB[2] § 156 Rz 17 unter Anführung zahlreicher Judikate.

368 Davon abzugrenzen ist die *grob fahrlässige Beeinträchtigung von Gläubigerinteressen* (§ 159 StGB), für deren Begehung **kein Vorsatz** gefordert wird.

369 Dieses Delikt knüpft jedoch an einen **abschließend** aufzählenden **Katalog** an. Kridaträchtig handelt somit nur, wer[653]

- einen bedeutenden Bestandteil seines Vermögens zerstört, beschädigt, unbrauchbar macht, verschleudert oder verschenkt;
- durch ein außergewöhnlich gewagtes Geschäft, durch Spiel oder Wette übermäßig hohe Beträge ausgibt;
- übermäßigen Aufwand treibt;
- Geschäftsbücher zu führen unterlässt oder mangelhaft führt;
- Jahresabschlüsse, zu deren Erstellung er verpflichtet ist, nicht erstellt.

370 Der **Strafrahmen** für grob fahrlässige Beeinträchtigung von Gläubigerinteressen beträgt bis zu zwei Jahre Freiheitsstrafe. Nicht strafbar sind somit die leicht fahrlässige Herbeiführung der Zahlungsunfähigkeit, die leicht fahrlässige Konkursverschleppung, die leichtsinnige oder unverhältnismäßige Ausnutzung von Krediten sowie riskante Geschäfte im Rahmen des gewöhnlichen Geschäftsbetriebes.

1.3 Vermeidung strafrechtlicher Risiken

371 Die Vereinbarung eines Haftungsausschlusses oder einer Haftungsübernahme ist für strafrechtliche Risiken nicht möglich. Gerade in diesem Bereich sind vorbeugende Maßnahmen besonders wichtig:

- eindeutige schriftliche Aufgaben- und Verantwortungsverteilung;
- regelmäßiges Einholen von Informationen über die finanzielle Lage der Gesellschaft (auch bei interner Aufgabenverteilung);

[653] Siehe §159 Abs 5 StGB.

- Bestandsaufnahme bei Übernahme der Geschäftsführung;
- Beachtung anerkannter betriebswirtschaftlicher Grundsätze;
- Kenntnis der maßgeblichen Rechtsvorschriften;
- ordentliche Buchführung;
- genaues Berichtswesen gegenüber Gesellschaftern und Aufsichtsrat;
- laufende Überwachung von Angestellten und Hilfspersonal, besonders im Krisenfall;
- genaue Prüfung vor der Gewährung von Zahlungserleichterungen;
- Einholung von Fachmeinungen.

2. Verwaltungsrechtliche Verantwortlichkeit

Neben der strafrechtlichen Haftung kennt auch das Verwaltungsrecht einen Haftungs- bzw Strafanspruch. Auch im **Verwaltungsstrafrecht** haftet nicht die juristische Person, sondern haften die für sie tätigen Organe (Geschäftsführer).[654] Die Geschäftsführer können jedoch *verantwortliche Beauftragte*[655] bestellen und dadurch ihre Verantwortlichkeit minimieren. Sie bleiben jedoch strafrechtlich verantwortlich, wenn sie die Tat vorsätzlich nicht verhindert haben. **372**

2.1 Abgabenverbindlichkeiten der GmbH

Gemäß § 9 BAO haften *die Vertreter neben den durch sie vertretenen Abgabenpflichtigen (...) insoweit, als die Abgaben infolge schuldhafter Verletzung* der Pflichten der Vertreter nicht eingebracht werden können.[656] **373**

Für die Haftung ist **nur** die Verletzung von **abgabenrechtlichen Pflichten** von Bedeutung, die Verletzung anderer Pflichten spielt keine Rolle.[657] **374**

[654] Siehe § 9 VStG.
[655] § 9 Abs 2 VStG.
[656] Auch die neun LAbgO enthalten gleichsinnige Bestimmungen, siehe bspw § 7 WAO, § 7 TLAO, § 7 K-LAO.
[657] Siehe dazu bspw VwGH 18.10.1995, 91/13/0037, 91/13/0038.

375 Zu den abgabenrechtlichen Pflichten des Geschäftsführers zählt primär die ordnungsgemäße Entrichtung der Abgaben der GmbH. Werden Abgaben nicht entrichtet, weil die Gesellschaft überhaupt keine liquiden Mittel hat, so verletzt der Vertreter dadurch keine abgabenrechtliche Pflicht.[658]

376 Nur **schuldhafte Verletzungen** ziehen eine abgabenrechtliche Haftungsinanspruchnahme nach sich.[659] Dabei reicht jedoch *leichte Fahrlässigkeit*[660] aus. Die Unkenntnis der betreffenden Rechtsvorschriften bewahrt den Geschäftsführer nicht vor der Haftung.[661] Nach der ständigen Rechtsprechung des VwGH[662] hat aber der **Geschäftsführer** zu **beweisen**, aus welchen Gründen ihm die Erfüllung abgabenrechtlicher Verpflichtungen unmöglich war, ansonsten wird ein Verschulden des Geschäftsführers angenommen.

377 Im Falle einer **Ressortverteilung** kann die Verantwortung für die Abgabenverbindlichkeiten zwar einem Geschäftsführer zugeteilt werden; dies befreit jedoch die anderen nicht gänzlich von ihrer Verantwortlichkeit.[663] Jeden Geschäftsführer trifft eine **Überwachungspflicht** der anderen hinsichtlich der Erfüllung abgabenrechtlicher Vorschriften.[664]

2.2 Sozialversicherungsbeiträge der GmbH

378 Der Geschäftsführer haftet auch für die Entrichtung der Sozialversicherungsbeiträge.[665] Die Haftung ist mit jener für Abgabenverbindlichkeiten vergleichbar, weshalb die bereits beschriebenen zum Abgabenrecht entwickelten Grundsätze auch auf die sozialversicherungsrechtliche Haftung angewendet werden.[666]

---

658 *Ritz,* BAO^2 (1999) § 9 Rz 10; VwGH 20.9.1996, 94/17/0420.
659 So *Ritz,* BAO^2 § 9 Rz 18.
660 VwGH 18.10.1995, 91/13/0037, 91/13/0038.
661 VwGH 10.10.1996, 94/15/0122.
662 Siehe bspw VwGH 9.7.1997, 94/13/0281; VwGH 29.1.1998, 96/15/0196; VwGH 10.9.1998, 96/15/0053.
663 Siehe *Ritz,* BAO^2 § 9 Rz 23.
664 VwGH 21.5.1992, 93/17/0049.
665 Siehe § 67 Abs 10 ASVG.
666 Vgl *Reich-Rohrwig,* GmbH-Recht I^2 Rz 2/575.

Durch das *Sozialbetrugsgesetz*[667] wurde § 153c in das StGB eingefügt. Dieser bedroht das Vorenthalten von Dienstnehmerbeiträgen zur Sozialversicherung mit einer Freiheitsstrafe von bis zu zwei Jahren. Die Bestimmung ist nicht gänzlich neu, gleicht sie doch im Wortsinn (weitgehend auch im Wortlaut) dem „alten", aufgehobenen § 114 ASVG. Bedeutsam ist jedoch, dass dem *Sozialbetrug* somit eine strafrechtliche[668] (und nicht nur verwaltungsrechtliche) Dimension zukommt.[669] **379**

D. Haftung in der Krise

1. Haftung nach dem URG

Die Entscheidung über die Einleitung von Sanierungs- **380**
und Reorganisationsmaßnahmen nach der Feststellung des gesetzlichen Reorganisationsbedarfs bleibt der Geschäftsführung überlassen. Eine **Unterlassung** ist **nicht rechtswidrig.**[670] Der Geschäftsführer geht dabei wissentlich das Risiko der Insolvenz ein. Verwirklicht sich dieses Risiko später (innerhalb von zwei Jahren), dann soll auch der Verantwortliche dafür, dass die GmbH dieses Risiko eingegangen ist, für die Schädigung einstehen.[671] Voraussetzung für eine Haftung ist, dass ein **Konkurs** oder ein **Anschlusskonkurs** eröffnet wurde und die Geschäftsführer innerhalb der letzten zwei Jahre vor der Konkurseröffnung einen Bericht des Abschlussprüfers erhalten haben, der den Reorganisationsbedarf der GmbH aufzeigt.[672]

---

[667] BGBl I 152/2004.

[668] Gefahr eines Eintrages ins polizeiliche Strafregister.

[669] Zu beachten ist weiters, dass das StGB durch das Sozialbetrugsgesetz eine Sonderbestimmung für das Vorenthalten von Beiträgen nach dem Bauarbeiter-Urlaubs- und Abfertigungsgesetz (§ 153d StGB) und eine Sonderbestimmung für Organisierte Schwarzarbeit (§ 153e StGB) enthält. Diesbezügliche Vergehen werden mit Freiheitsstrafe von bis zu 5 bzw bis zu 2 Jahren bedroht.

[670] Siehe *Mohr,* URG § 1 Tz 3.

[671] Vgl dazu *Dellinger,* Vorstands- und Geschäftsführerhaftung nach dem URG, ZIK 1997, 207.

[672] Vgl *Wagner*, Geschäftsführerhaftung und URG Rz 175.

381 Pro Geschäftsführer ist die **Haftung betragsmäßig** mit € 100.000,– **begrenzt**[673] und umfasst nur die durch die Konkursmasse nicht gedeckten Verbindlichkeiten. Der Geschäftsführer haftet somit nicht für den gesamten der GmbH entstandenen Schaden.[674]

382 Kann bewiesen werden, dass die Insolvenz nicht wegen der Unterlassung der Reorganisation eingetreten ist, entfällt die Haftung.[675] Die Beweislast liegt dabei auf Seiten der Geschäftsführung. Gemäß § 25 URG haftet ein Organmitglied nicht, wenn es die Einleitung eines Reorganisationsverfahrens vorgeschlagen, aber die Zustimmung des Aufsichtsrates oder der Generalversammlung nicht erhalten hat. Die **Haftung entfällt** gem § 26 URG auch, wenn in einem weiteren Gutachten eines Wirtschaftsprüfers der Reorganisationsbedarf verneint wird.

2. Haftung nach der Konkursordnung

383 § 69 Abs 2 KO verpflichtet den Geschäftsführer zur rechtzeitigen Konkurseröffnung.[676] Der Konkursantrag ist sofort nach der Feststellung der **Zahlungsunfähigkeit** oder der **Überschuldung** zu stellen. Der Geschäftsführung bleibt höchstens ein Zeitfenster von 60 Tagen nach Feststellung der Insolvenz, um Sanierungsmaßnahmen einzuleiten und **erfolgreich** abzuschließen.[677]

384 Wird die Konkursanmeldung **schuldhaft verzögert**, haftet der verantwortliche Geschäftsführer gegenüber den Gläubigern für die Verringerung der Konkursmasse.

673 Siehe § 22 URG.

674 Vgl *Dellinger,* ZIK 1997, 207.

675 Vgl *Dellinger,* ZIK 1997, 207.

676 *„(...) ohne schuldhaftes Zögern, spätestens aber 60 Tage nach Eintritt der Zahlungsunfähigkeit (...)“.* Die Pflicht zur Stellung eines Insolvenzantrages trifft alle Geschäftsführer unabhängig von der Art ihrer Vertretungsbefugnis.

677 Siehe Kapitel IV.C.

Der Insolvenzschaden besteht dabei aus drei Komponenten:[678]

- bei Fortbetrieb werden (höchstwahrscheinlich) weitere Verluste erwirtschaftet; die Differenz zwischen Vermögen und Schulden wird größer;
- es werden Zahlungen an einzelne Gläubiger geleistet, was zu Quotenschäden der verbliebenen Gläubiger führt;
- es treten neue Gläubiger hinzu, die es als Vertragspartner nicht gegeben hätte, wenn die Insolvenz zeitgerecht angemeldet worden wäre.

Der sog **Quotenschaden** bemisst sich dabei anhand der **385** Differenz der fiktiven Quote im Zeitpunkt der unterlassenen Konkursanmeldung und der durch die Konkursverschleppung verringerten tatsächlichen Quote.[679] Neugläubigern wird der so genannte **Vertrauensschaden** geschuldet.[680] Der Gläubiger ist so zu stellen, als hätte er niemals mit der Gesellschaft Geschäfte geschlossen.[681] Er erhält somit Anspruch auf den Wert seiner Leistung abzüglich der Gewinnspanne. Die Geschäftsführer haften für diesen Teil des Insolvenzschadens **persönlich** und **unbegrenzt**.

Die Geschäftsführer werden darüber hinaus zur Haf- **386** tung herangezogen, wenn die Gesellschaft über **kein kostendeckendes Vermögen** für das Verfahren verfügt. Sie haben gem § 72a KO gemeinsam einen *Kostenvorschuss für die Anlaufkosten des Verfahrens zu leisten,* der zumeist *€ 4.000,–* nicht übersteigt.[682]

Neben der zivilrechtlichen Verantwortlichkeit sind die **387** bereits erläuterten strafrechtlichen Tatbestände der betrügerischen Krida und der grob fahrlässigen Beeinträchtigung von Gläubigerinteressen die größten Haftungsgefahren im Falle der Insolvenz.

---

678 Siehe *Seicht*, Der Insolvenzverschleppungsschaden, seine Komponenten und deren Quantifizierung (I), GesRZ 2004, 343.

679 Vgl dazu *Reich-Rohrwig,* GmbH-Recht I² Rz 2/452.

680 Siehe dazu OGH 22.10.1997, 7 Ob 2339/96p.

681 Siehe *Karollus* in *Feldbauer-Durstmüller/Schlager* (Hrsg), Krisenmanagement-Sanierung-Insolvenz 1162.

682 Siehe *Rechberger/Thurner,* Insolvenzrecht² Rz 198.

3. Haftung nach dem Eigenkapitalersatzgesetz

388 Das Eigenkapitalersatzgesetz richtet sich primär an jenen Gesellschafter, der in der Krise gewährte Darlehen jeder Art zurückfordert und zurückerhält. Primär haftet der Gesellschafter dafür, dass das **zurückgezahlte Darlehen** (sowohl Tilgung als auch Zinsen) der Gesellschaft wieder zur Verfügung gestellt wird. Ist das zurückgezahlte Darlehen beim Gesellschafter (teilweise oder zur Gänze) uneinbringlich, so wird der rückzahlende Geschäftsführer zur Haftung für den ausstehenden Betrag herangezogen.

389 Das EKEG selbst enthält jedoch **keine eigene** zusätzliche **Haftungsnorm**. Die Geschäftsführerhaftung wird somit durch analoge Anwendung der Haftungsregeln des GmbHG normiert. Der OGH sprach sich für den Analogieschluss zum Verbot der Rückzahlung von Nachschüssen iSd § 74 GmbHG aus.[683] Demnach dürfen Nachschüsse nur dann zurückgezahlt werden, wenn sie nicht zur Deckung von *bilanzmäßigen Verlusten am Stammkapital* erforderlich sind.

390 Die analoge Anwendung des § 74 GmbHG wirft die Frage auf, ob die Haftung des Geschäftsführers bereits nach Beseitigung des bilanziellen Verlustes entfällt. Da die EKEG-Definition der Krise an die URG-Kennzahlen anknüpft und davon ausgeht, dass der Tatbestand, der eine Krise auslöst, sie in umgekehrter Hinsicht wieder beenden kann, wird erst nach Wegfall des Reorganisationsbedarfs (Nichterreichen einer der URG-Kennzahlen) die Haftung der Geschäftsführer beseitigt sein.[684] Die Geschäftsführer haften somit **subsidiär** jedenfalls für Darlehensrückzahlungen, die zwischen dem Feststellen des Vorliegens und der Feststellung des Nicht-Mehr-Vorliegens der URG-Kennzahlen erfolgen.

---

683 Siehe OGH 8.5.1991, 8 Ob 9/91; weiterführend *Schmidsberger*, Eigenkapitalersatz versus Einlagenrückgewähr, GesRZ 1997, 14.

684 Ähnlich *Zehetner/Bauer*, Eigenkapitalersatzrecht 97; *Koppensteiner*, GmbHG^2 § 74 Rz 14.

Da die Haftung subsidiären Charakter besitzt, haftet der Geschäftsführer nur für jenen Teil der Rückzahlung, der beim Gesellschafter nicht zurückgefordert werden kann bzw uneinbringlich ist. 391

E. Haftungsbeschränkung

Die aufgezeigten Haftungsfälle können für den Geschäftsführer eine große Gefahr darstellen. Von großer Wichtigkeit sind somit Richtlinien, Verhaltensweisen, Empfehlungen und Handlungsalternativen, die es dem Geschäftsführer ermöglichen, seine **persönliche Haftung** zu **minimieren**. Während die strafrechtliche Verantwortlichkeit niemals beschränkt werden kann, kann sowohl die Haftung gegenüber der GmbH als auch gegenüber den Gesellschaftsgläubigern oftmals auf ein Mindestmaß reduziert werden.[685] 392

1. Beschränkung durch Ressortverteilung

Sind mehrere Geschäftsführer vorhanden, dürfen die Aufgaben auf einzelne Geschäftsführer aufgeteilt werden. Für den Grad der Haftungsminderung ist die **Urheberschaft der Ressortverteilung** von Bedeutung – also die Frage, ob sich die Geschäftsführer die Aufgaben untereinander aufteilen oder ob die Ressortverteilung von den Gesellschaftern beschlossen wird bzw bereits im Gesellschaftsvertrag vorgesehen ist. 393

Ressortverteilung durch	**Hauptverantwortung**	**Mitverantwortung**
Geschäftsführer	zugeteilter Bereich	Kernbereich der Geschäftsführung
Gesellschafter	zugeteilter Bereich	Gläubigerschutzinteressen

[685] Das Dienstnehmerhaftpflichtgesetz (DHG) ist jedoch nach der herrschenden Rechtsprechung für Geschäftsführer nicht anwendbar, selbst dann nicht, wenn sie Dienstnehmer sind (nicht beteiligt, weisungsgebunden etc); vgl *Koppensteiner*, GmbHG[2] § 25 Rz 15 mwN.

1.1 Ressortverteilung durch die Geschäftsführer

394 Um eine effiziente Wahrnehmung der Aufgaben und ein rasches Reagieren auf wirtschaftliche, technische und rechtliche Entwicklungen zu ermöglichen, anerkennen die hL und die Judikatur die Möglichkeit einer **autonomen** Aufteilung der **Geschäftsführeraufgaben** nach sachlichen und örtlichen Bereichen und eine damit einhergehende umfangmäßige Beschränkung der persönlichen Agenden.[686]

395 Die Arbeitsaufteilung **befreit** den nicht zuständigen Geschäftsführer dennoch **nicht gänzlich** von seiner Verantwortung.[687] Dabei wird zwischen dem Kernbereich der Geschäftsführung und den sonstigen Geschäftsführungsagenden unterschieden:[688]

Kernbereich der Geschäftsführung	**sonstige Geschäftsführungs-agenden**
Buchführungspflicht Erstellung des Jahresabschlusses Einberufung der Generalversammlung Anmeldungen zum Firmenbuch Konkursanmeldung	Abgaben- und Steuerverpflichtungen Leistung der Sozialversicherungsbeiträge Marketing, Werbung Personalmanagement Einkauf, Organisation

396 Hinsichtlich des **Kernbereichs** der Geschäftsführung bleibt der nicht zuständige Geschäftsführer **mitverantwortlich** für die Einhaltung der Pflichten. Die zwingende Verantwortlichkeit aller Geschäftsführer gründet sich darauf, dass die jeweiligen gesetzlichen Bestimmungen von sämtlichen Mitgliedern des Organs beach-

686 Siehe *Luschin,* RdW 2000, 2; *Reich-Rohrwig,* GmbH-Recht I^2 Rz 2/255; siehe auch *Csoklich,* Haftung des Vorstandes einer Privatstiftung, RdW 1999, 253.
687 *Harrer,* Haftungsprobleme bei der GmbH 94.
688 Vgl *Kastner/Doralt/Nowotny,* Gesellschaftsrecht^5 382.

tet werden müssen.[689] Dabei wird ein **regelmäßiger Informationsfluss** zwischen den Geschäftsführern gefordert. Wenn ein Verdacht besteht, sind die anderen Geschäftsführer angehalten einzugreifen.[690] Die wirksame **Haftungsbeschränkung** durch Ressortverteilung hängt somit primär von der internen Organisation und Dokumentation des Informationsaustausches ab.[691]

Bei den **sonstigen Bereichen** der Geschäftsführung **397**
haftet grundsätzlich nur der zuständige Geschäftsführer für die von ihm zu verantwortenden Schäden. Die anderen Geschäftsführer treffen jedoch weitgehende Überwachungspflichten.

1.2 Ressortverteilung durch die Gesellschafter

Eine durch **Gesellschafterbeschluss** oder im **Gesell- 398**
schaftsvertrag festgelegte Ressortverteilung wirkt für den einzelnen Geschäftsführer in einem größeren Umfang **haftungsbefreiend**. Durch eine von den Gesellschaftern beschlossene Aufgabenverteilung geben die wirtschaftlichen Eigentümer der GmbH zu erkennen, dass sie *einzelne Geschäftsführer zur Wahrnehmung bestimmter Aufgaben auswählen*.[692] Die anderen Geschäftsführer werden somit von der Wahrnehmung dieser Interessen entbunden.[693]

In jenen Fällen, in denen primär **Gläubigerschutzin- 399**
teressen betroffen sind (bspw Konkursanmeldung, Einleitung des Reorganisationsverfahrens), bleibt die **Gesamtverantwortung** jedoch **aufrecht**. In allen Fällen der möglichen Haftung der Geschäftsführer gegenüber der GmbH wird die Verantwortung aller unzuständigen Geschäftsführer erst bei Schädigung unter grober Fahrlässigkeit oder mit Vorsatz schlagend.[694]

---

689 So auch *Luschin,* RdW 2000, 2.
690 *Reich-Rohrwig,* GmbH-Recht I² Rz 2/267.
691 So auch *Luschin,* RdW 2000, 2.
692 *Luschin,* RdW 2000, 2.
693 *Koppensteiner,* GmbHG² § 21 Rz 13.
694 *Reich-Rohrwig,* GmbH-Recht I² Rz 2/389; *Koppensteiner,* GmbHG² § 21 Rz 13.

2. Vertragliche Haftungsbeschränkung und Haftungsübernahmen

400 Vertragliche Haftungsbeschränkungen zwischen dem Geschäftsführer und der GmbH sind grundsätzlich zulässig. Sie haben jedoch keine Wirkung, *wenn die der GmbH zustehenden Ansprüche zur Befriedigung von Gläubigern gebraucht werden.*[695] Können die Gläubiger ohne Ausnützung der Ansprüche der GmbH befriedigt werden, bleibt die Haftungsbeschränkung wirksam.

401 Zulässig und wirksam ist die Vereinbarung von **Haftungsbeschränkungen** oder -freistellungen **zwischen Geschäftsführer** und **Gesellschaftern**. Dem wird insbesondere bei riskanten Geschäften und in Zusammenhang mit Sanierungsbemühungen Bedeutung zukommen.[696]

402 Die Zulässigkeit von **Haftungsübernahmen** – insbesondere der Ersatz von dem Geschäftsführer auferlegten Strafen durch die GmbH – ist umstritten. Im Vorhinein im Geschäftsführervertrag vereinbarte Strafübernahmen hält der OGH für *sittenwidrig* und *nichtig.*[697] **Zulässig** ist hingegen die Vereinbarung diesbezüglicher Übernahmen **nach Begehung** der Tat. Zulässig ist auch die Übernahme der Verfahrenskosten; die Kosten eines Rechtsanwalts in einem Straf- oder Verwaltungsstrafverfahren gelten nicht als Teil des staatlichen Strafanspruches. Eine Überwälzung dieser Kosten auf einen Dritten bzw auf die GmbH ist nicht sittenwidrig und somit zulässig.[698]

3. Versicherungen

403 Der Abschluss von Versicherungen zur Haftungsübernahme, so genannte D&O-Versicherungen, ist in Österreich aufgrund der meist vorliegenden Prämienkopplung an den Umsatz der Gesellschaft noch nicht sehr verbreitet. Die Begrenzung des Haftungsrisikos kann durch Abschluss einer derartigen Versicherung allerdings erreicht werden.

---

695 Siehe § 25 Abs 7 iVm § 10 Abs 6 GmbHG.
696 *Reich-Rohrwig,* GmbH-Recht I^2 Rz 2/390.
697 OGH 15.10.1997, 3 Ob 2400/96d; siehe auch *Krejci* in *Rummel* (Hrsg), ABGB I^3 § 879 Rz 164.
698 OGH 15.10.1997, 3 Ob 2400/96d.

Anhang

Checklisten

1. Überlegungen, die vor der Annahme der Bestellung zum Geschäftsführer angestellt werden sollten:

1. Verfüge ich über die fachlichen Voraussetzungen?
- Ausreichende fachliche Kenntnisse im Geschäftsfeld der Gesellschaft? - Ausreichende betriebswirtschaftliche und juristische Kenntnisse?
2. Überprüfung der Situation der GmbH
- Auskünfte beim Kreditschutzverband - Einsichtnahme in die letzten Bilanzen und Jahresabschlüsse beim Firmenbuchgericht - Erkundigungen im Bekanntenkreis, Medien etc
3. Informationen über die Gesellschafterstruktur
- Wie sind die Mehrheitsverhältnisse? - Wer hat beherrschenden Einfluss? - Sind Einflussnahmen auf die Geschäftsführung zu erwarten?
4. Konkurrenzierende Tätigkeiten?
- Wird eine bestehende Konkurrenztätigkeit erlaubt oder muss sie eingestellt werden? - Verstößt die Geschäftsführerstellung gegen bestehende Konkurrenzklauseln?

2. Entscheidungsbaum Sozialversicherung[699]

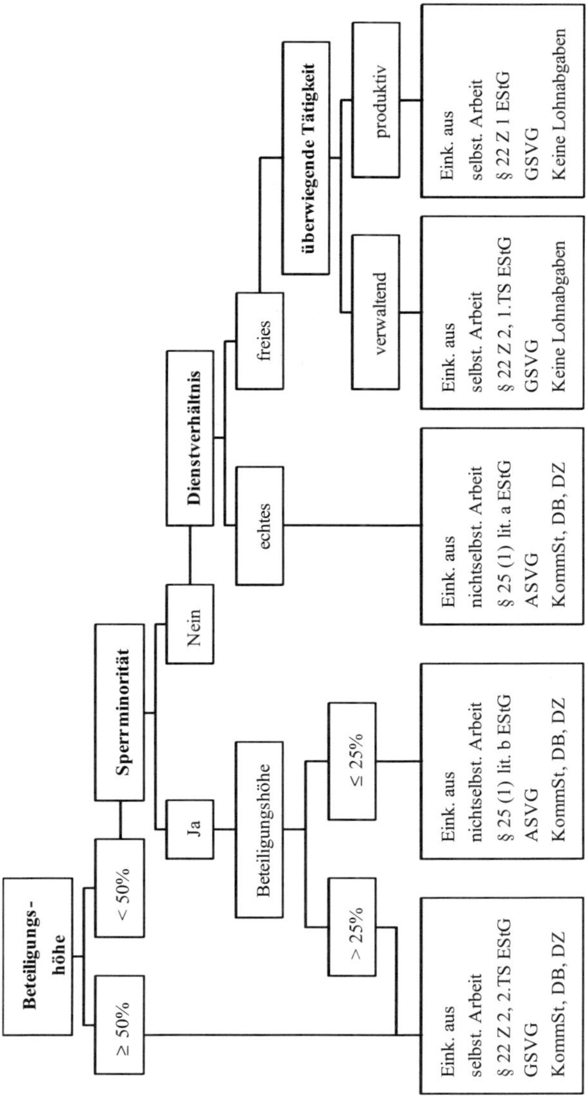

[699] In Anlehnung an *Siart/Temm*, taxlex 2005, 84; siehe Kapitel II.C.2.

3. Besteuerung des Geschäftsführers (ohne Beteiligung)[700]

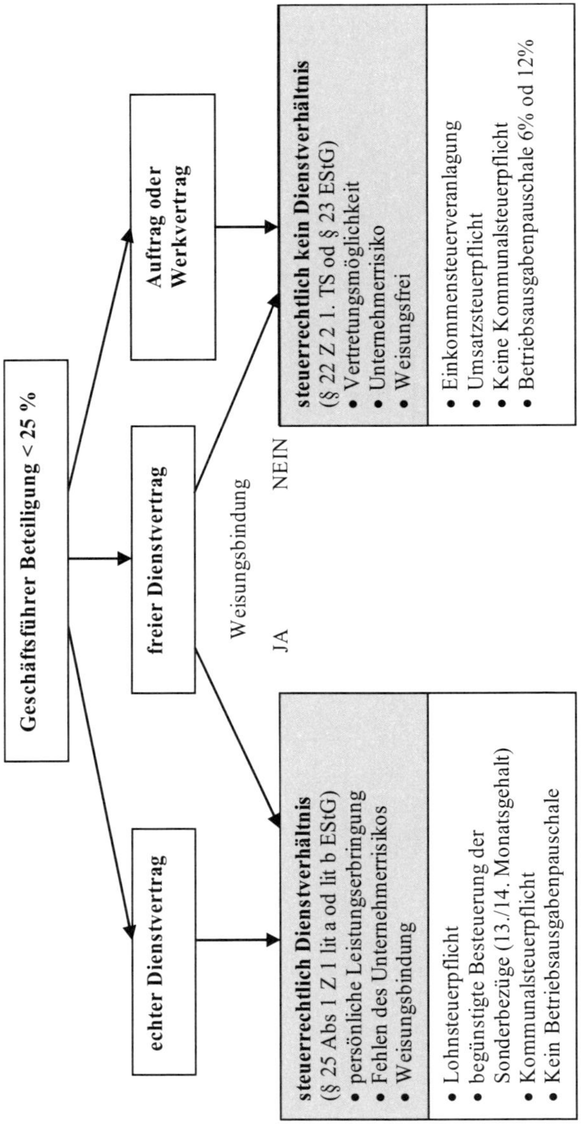

[700] Siehe ausführlich Kapitel II.C.1.

4. Besteuerung des Geschäftsführers (mit Beteiligung)[701]

Geschäftsführer Beteiligung > 25%

Einkünfte aus sonstiger selbständiger Arbeit
(§ 22 Z 2 zweiter TS EStG)
keine Weisungsbindung aber
„sonst alle Merkmale eines Dienstverhältnisses"

- persönliche Leistungserbringung
- Fehlen des Unternehmerrisikos
- wirtschaftliche Abhängigkeit

- Einkommensteuerveranlagung
- Kommunalsteuerpflicht
- Umsatzsteuerpflicht - Vorsteuerpauschale
- Betriebsausgabenpauschale idR 6 %

Einkünfte aus Gewerbebetrieb oder freiberuflicher selbständiger Arbeit
(§ 23 EStG od § 22 Z 1 lit b EStG)

- Weisungsfrei
- Fehlen zumindest eines weiteren Merkmales eines Dienstverhältnisses
- Unternehmerrisiko

- Einkommensteuerveranlagung
- Umsatzsteuerpflicht - Vorsteuerpauschale
- Betriebsausgabenpauschale idR 12 %
- Keine Kommunalsteuer

701 Siehe dazu ausführlich Kapitel II.C.1.

5. Optimaler Geschäftsführerbezug[702]

Beteiligungshöhe	**25 %**	**25 %**	**25 %**	**25 %**	**25 %**
Sperrminorität	ja	ja	nein	nein	nein
Echtes Dienstverhältnis	nein	nein	ja	nein	nein
KommSt, DB, DZ	ja	ja	ja	nein	nein
VSt-Pauschale	ja	ja	nein	ja	ja
BA-Pauschale	nein	nein	nein	ja (6 %)	ja (12 %)
Gehalt : Ausschüttung	**Abgabenbelastung in Prozent**				
10.000 : 90.000	51,9	42,4	42,6	51,4	51,4
20.000 : 80.000	47,8	42,7	43	46,9	46,9
30.000 : 70.000	45,9	44,3	44,8	44,6	43,9
40.000 : 60.000	45,4	46	46,8	43,6	42,7
50.000 : 50.000	45,4	48	48,9	43,2	41,9
60.000 : 40.000	45,4	48	49	42,7	41,2
70.000 : 30.000	45,6	47,7	49	42,5	40,5
80.000 : 20.000	46,2	48	49,4	42,6	40,2

[702] Übersicht und Berechnungen in Anlehnung an *Siart/Temm,* taxlex 2005, 84; siehe ausführlich Kapitel II.C.

6. Delegierungsfähige Aufgaben

Beschreibung der Aufgabe	Delegierung	
	JA	NEIN
Vertretung der Gesellschaft		X
Verwaltung der Gesellschaft	X	
Firmenbuchanmeldungen der GmbH		X
Verantwortung für Rechnungswesen, internes Kontrollsystem, Aufstellung des Jahresabschlusses		X
Zusendung des Jahresabschlusses an Gesellschafter	X	
Einberufung der Generalversammlung		X
Insolvenzantrag		X
Protokollierung der Generalversammlung	X	
Kapitalerhaltung (insb EKEG)	X	
Einforderung von Stammeinlagen		X
Antrag auf Einleitung eines URG-Reorganisationsverfahrens		X
Auskunftspflicht ggü Gesellschaftern		X
Führung einer Beschäftigtenliste (zur Feststellung des Eintritts der Aufsichtsratspflicht)		X
Berichterstattung an Aufsichtsrat		X
Einberufung einer ao Generalversammlung bei Verlust des halben Stammkapitals		X
Einberufung einer ao Generalversammlung auf Verlangen von 10 % des Gesellschaftskapitals		X

7. Gründungsfahrplan[703]

1. Woran sollte vor der Gründung gedacht werden?
• Ist die Rechtsform GmbH für das geplante Unternehmen sinnvoll, adäquat und „preiswert"? • Welchen Unternehmensgegenstand möchte ich verfolgen? • Darf ich als Geschäftsführer tätig werden; brauche ich einen gewerberechtlichen Geschäftsführer? • Ist der Firmenname zulässig? – Antworten dazu kann die Wirtschaftskammer geben. • Verfüge ich über das notwendige Gründungskapital? • Werde ich Allein-Gesellschafter oder habe ich Partner?
2. Die Gründung
• Notariatsaktspflicht für Gesellschaftsvertrag bzw Errichtungserklärung (Ein-Mann-GmbH) • Bestellung zumindest eines Geschäftsführers • Einzahlung der Stammeinlagen
3. Nachbereitung – Eintragungen
• Firmenbucheintragung • Gesellschafterliste • Musterzeichnung • § 10-Erklärung • Unbedenklichkeitserklärung • Gründungsprüfung

[703] Siehe Kapitel III.D.1.

8. Größenklassen – Rechnungswesen

Bezeichnung	Kriterien	Auswirkungen	URG	Prüfungspflichtig?
Kleine GmbH	2 der 3 Kriterien nicht erfüllt:	nur wenig zusätzliche Angaben im Jahresabschluss; Rechenwerk reicht zumeist aus.	Keine Verpflichtung zur Berechnung der URG-Kennzahlen;	nein
Mittelgroße GmbH	2 der 3 Kriterien nicht erfüllt: - Bilanzsumme > € 14,6 Mill - Umsatz >€ 29,2 Mill -mehr als 250 AN	Zusätzliche erläuternde Angaben zB: Anlagespiegel; Angaben zu Beteiligungen; Angaben über Aufsichtsrat und Geschäftsführung etc.	Verpflichtende Berechnung durch den Abschlussprüfer	ja
Große GmbH	Mindestens 2 der 3 Kriterien der mittelgroßen GmbH sind erfüllt.		Verpflichtende Berechnung durch den Abschlussprüfer	ja

9. Weisungsbefolgung – Ja oder Nein?[704]

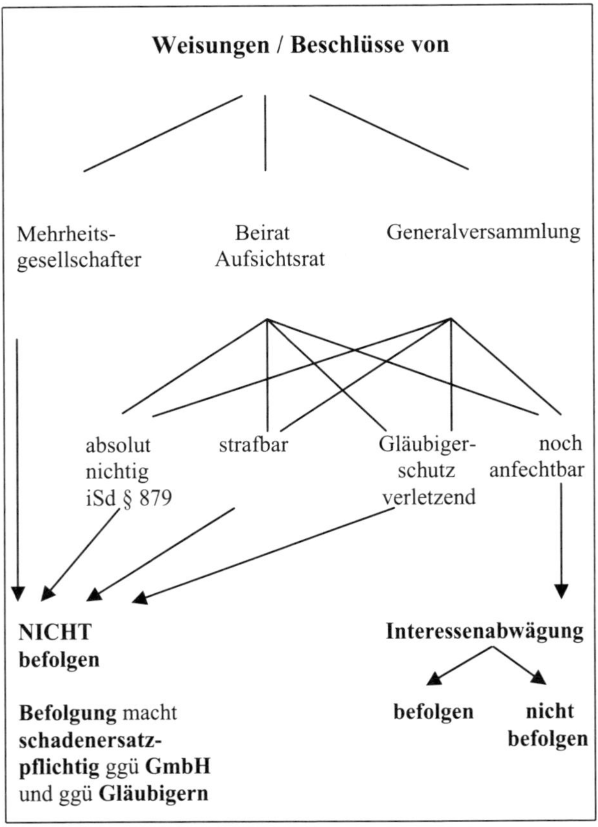

704 Siehe ausführlich Kapitel III.F.

10. Ressortverteilung durch Geschäftsführer[705]

RESSORTVERTEILUNGSPLAN

zur Geschäftsordnung der Geschäftsführung

der .... GmbH

Zwischen den Geschäftsführern wird folgende Ressortverteilung festgelegt:

Bereich	Geschäftsführer A	Geschäftsführer B
Marketing, Vertrieb und Einkauf sowie alle damit zusammenhängenden Personalangelegenheiten	X	
das gesamte Finanz- und Rechnungswesen sowie alle damit zusammenhängenden Personalangelegenheiten		X
Steuerangelegenheiten		X
Rechtsangelegenheiten		X
Behördenverkehr, soweit es den wirtschaftlich/finanziellen Bereich betrifft		X
sämtliche kaufmännische Angelegenheiten	X	
sämtliche technische Angelegenheiten	X	

[705] Siehe weiterführend Kapitel V.E.1.

11. Insolvenz[706]

Der Insolvenz vorbeugen
– Unterlassen riskanter Geschäfte – regelmäßige Überprüfung der Finanz-, Vermögens- und Ertragslage der Gesellschaft; Planung und Soll-Ist-Vergleiche; Kontrolle – Überprüfung der Gesellschaftsschuldner – Vorsicht bei der Gewährung von Zahlungsaufschüben und Erleichterungen
Außerordentliche Generalversammlung[707]
– bei Verlust des ½ Stammkapitals – unverzügliche Einberufung – Äußerung über Sanierungsmöglichkeiten und Vorgehensweisen
Reorganisation (URG)[708]
– Feststellung des *gesetzlichen* Reorganisationsbedarfs – Abwägen zw gesetzlichem Reorganisationsverfahren und „freier" Sanierung – Eröffnung des Reorganisationsverfahrens, Reorganisationsplan
Zahlungsunfähigkeit; Überschuldung[709]
– Zahlungsunfähigkeit: Feststellung mittels Planungsrechnungen; Abgrenzung zur Zahlungsstockung – negative Fortbestehensprognose – Überschuldungsprüfung, Liquidationsbilanz – unverzügliche Konkursanmeldung (spätestens nach 60 Tagen) – Sanierungsversuche nur wenn sie innerhalb von 60 Tagen positiv abgeschlossen werden können

706 Siehe dazu ausführlich Kapitel IV.
707 Siehe Kapitel IV.A.
708 Siehe Kapitel IV.B.
709 Siehe Kapitel IV.C.

12. Pflichtenfahrplan durchs Geschäftsjahr

Pflicht	Wann	Anmerkung
Lohnsteuer – Sozialversicherung – Kammer		
Lohnsteuer; Dienstnehmerbeiträge	15. des Monats	jeweils für das Vormonat
Dienstgeberbeiträge; Kommunalsteuer	15. des Monats	jeweils für das Vormonat
Kammerumlage	15.2.; 15.5.; 15.8.; 15.11.	jeweils für das vorletzte Quartal
Jahresabschluss – KöSt – USt		
Aufstellung das Jahresabschlusses	31. Mai	oder 5 Monate nach Ende des Wirtschaftsjahres
Feststellung des Jahresabschlusses	31. August	oder 3 Monate nach dessen Aufstellung
Offenlegung des Jahresabschlusses	30. September	beim Firmenbuch
KöSt-Vorauszahlung	15.2.; 15.5.; 15.8.; 15.11.	jeweils für das letzte Quartal
Abgabe KöSt-Erklärung	30. Juni	Für das vorletzte Jahr
USt-Vorauszahlung	15. des Monats	jeweils für das vorletzte Monat
USt-Erklärung	15. Jänner	für das Vorjahr;
Gesellschaftliche Pflichten		
Ordentliche Generalver-sammlung	einmal jährlich	nicht notwendig, wenn schriftlicher Umlaufbeschluss in GmbH-Vertrag erlaubt ist.
Berichterstattung an Aufsichtsrat	vierteljährlich	nur bei eingerichtetem Aufsichtsrat
Aufstellung der durchschnittlichen Beschäftigtenzahl des letzten Jahres	1. Jänner	Feststellung ob ein Aufsichtsrat eingerichtet werden muss

Musterschriftsätze

1. Gesellschaftsvertrag

GESELLSCHAFTSVERTRAG

über die Errichtung einer Gesellschaft mit beschränkter Haftung im Sinne des Gesetzes vom 6. März 1906, Reichsgesetzblatt Nr. 58 in der heute geltenden Fassung.

I. Gesellschafter, Firma, Sitz

(1) Gesellschafter der Gesellschaft sind
a)
b)

(2) Die Firma der Gesellschaft lautet

.... GmbH

(3) Sitz der Gesellschaft ist ....

II. Gegenstand des Unternehmens

(1) Gegenstand des Unternehmens ist
a)
b)
c) die Erbringung von Dienstleistungen im Bereich der ...
d) die Mietung und Pachtung bzw. Vermietung und Verpachtung von beweglichen und unbeweglichen Wirtschaftsgütern jeder Art.

(2) Außerdem ist die Gesellschaft zu allen Handlungen, Geschäften und Maßnahmen im In- und Ausland berechtigt, die zur Erfüllung des Gesellschaftszweckes förderlich erscheinen, wie insbesondere
a) der Erwerb und die Pachtung von sowie die Beteiligung an anderen Unternehmen oder Gesellschaften,
b) die Errichtung und der Betrieb von Zweigniederlassungen, sowie von Betriebsstätten im In- und Ausland und
c) die Übernahme einschlägiger Handelsvertretungen.

III. Stammkapital und Stammeinlagen

(1) Das Stammkapital der Gesellschaft beträgt EUR ....
Auf dieses Stammkapital haben die Gesellschafter folgende, neben ihren Namen angeführte Beträge als Stammeinlagen übernommen:
a) ....EUR (Euro)
b) ....EUR (Euro).

(2) Auf die im Absatz (1) genannten Stammeinlagen sind vor Registrierung folgende Einzahlungen geleistet worden:
a) ....EUR (Euro)
b) ....EUR (Euro).

IV. Dauer, Geschäftsjahr

(1) Die Gesellschaft wird auf unbestimmte Zeit errichtet.

(2) Das erste Geschäftsjahr beginnt mit dem Tag der Eintragung der Gesellschaft im Firmenbuch und dauert bis zum 31. 12.

(3) Die folgenden Geschäftsjahre sind mit dem Kalenderjahr ident.

V. Geschäftsführung und Vertretung

(1) Die Gesellschaft hat einen oder mehrere Geschäftsführer.

(2) Die Gesellschaft wird, wenn nur ein Geschäftsführer bestellt ist, durch diesen vertreten. Sind mehrere Geschäftsführer bestellt, so wird sie durch je zwei Geschäftsführer oder durch einen Geschäftsführer gemeinsam mit einem Prokuristen vertreten, soferne die Generalversammlung nicht einzelnen Geschäftsführern Alleinvertretungsmacht einräumt.

VI. Generalversammlung

(1) Gesellschafterbeschlüsse können unter den Voraussetzungen des § 34 GmbHG schriftlich oder in der Generalversammlung gefasst werden.

(2) Die Versammlung findet mindestens einmal in jedem Geschäftsjahr am Sitz der Gesellschaft statt.

(3) Die Versammlung wird durch einen Geschäftsführer mittels eingeschriebenen Briefes unter den der Gesellschaft zuletzt bekannt gegebenen Anschriften der Gesellschafter mit Angabe der Tagesordnung einberufen. Zwischen dem Tag der Postaufgabe der Einberufung und dem Tag der Generalversammlung muss ein Zeitraum von mindestens 14 Tagen liegen. Einberufungsmängel werden grundsätzlich durch die Anwesenheit oder rechtsgültige Vertretung aller Gesellschafter geheilt, soferne keiner der Gesellschafter dagegen Widerspruch erhebt.

(4) Zur Beschlussfähigkeit der Generalversammlung ist erforderlich, dass mindestens 50 % des Stammkapitals anwesend oder rechtsgültig vertreten sind. Andernfalls ist unter Hinweis auf die Beschlussunfähigkeit eine weitere Versamm-

lung einzuberufen, die auf die Behandlung der Gegenstände der ersten einberufenen Versammlung beschränkt und beschlussfähig ist, wenn mindestens 25 % des Stammkapitals anwesend oder rechtsgültig vertreten sind.

(5) Das Stimmrecht richtet sich nach der Höhe der übernommenen Stammeinlage. Je EUR 100,00 einer übernommenen Stammeinlage gewähren eine Stimme; doch muss jedem Gesellschafter mindestens eine Stimme zustehen.

(6) Die Beschlüsse werden, soweit der Gesellschaftsvertrag oder das Gesetz nichts anderes bestimmen, mit einfacher Mehrheit der abgegebenen Stimmen gefasst.

(7) Folgende Beschlüsse bedürfen einer Mehrheit von 3/4 der in der Generalversammlung abgegebenen Stimmen:
a) die Abänderung des Unternehmensgegenstandes
b) Fusionen gemäß § 96 GmbHG
c) Änderungen des Gesellschaftsvertrages und Beschlussfassungen über die Erhöhung oder die Herabsetzung des Stammkapitals.

VII. Jahresabschluss

Der Jahresabschluss ist unter Verantwortlichkeit des (der) Geschäftsführer(s) unter Beachtung der Vorschriften des § 22 des Gesetzes über Gesellschaften mit beschränkter Haftung aufzustellen und nach Erstellung unverzüglich der Generalversammlung zur Genehmigung (Feststellung) vorzulegen.

VIII. Gewinnverteilung

(1) Über die Verwendung des jährlichen Reingewinnes beschließt die Generalversammlung.

(2) Der zur Ausschüttung gelangende Reingewinn ist unter den Gesellschaftern im Verhältnis der geleisteten Stammeinlagen zu verteilen.

IX. Teilung und Übertragung von Geschäftsanteilen

(1) Die Abtretung von Geschäftsanteilen oder Teilen derselben an Ehegatten, Kinder, Mitgesellschafter sowie deren Ehegatten oder Kinder ist ohne jede Einschränkung zulässig.

(2) Die Abtretung von Geschäftsanteilen oder Teilen derselben an andere Personen bedarf der Zustimmung der Gesellschaft, die erst nach Vorliegen eines Genehmigungsbeschlusses der Generalversammlung erteilt werden darf.

(3) Vor einer Antragstellung des abtretungswilligen Gesellschafters ist folgendes Verfahren einzuhalten:

a) Der abtretungswillige Gesellschafter, der seinen Geschäftsanteil oder Teil desselben unter Lebenden entgeltlich oder unentgeltlich an andere Personen als in Absatz (1) beschrieben abtreten will, hat seinen Geschäftsanteil oder Teil desselben vorher seinen Mitgesellschaftern durch Übersendung eines Abtretungsanbotes in Notariatsaktform mit eingeschriebenem Brief zum Erwerb anzubieten.

b) Die Mitgesellschafter haben nach Erhalt des Anbotsschreibens das Recht, die Abtretung untereinander im Verhältnis ihrer Stammeinlagen für sich in Anspruch zu nehmen.

c) Macht ein Mitgesellschafter von seinem Aufgriffsrecht binnen Monatsfrist nach Erhalt des Anbotes keinen Gebrauch, so wächst das auf ihn entfallende Übernahmerecht verhältnismäßig den anderen Mitgesellschaftern zu.

d) Die Gesellschafter, die von ihrem Aufgriffsrecht Gebrauch machen, haben eine bindende Aufgriffserklärung in Form eines Notariatsaktes binnen Monatsfrist gegenüber dem abtretungswilligen Gesellschafter durch eingeschriebenen Brief abzugeben.

e) Der Abtretungspreis beläuft sich auf ...... % des Verkehrswertes der Gesellschaft; mangels Einigung wird der Verkehrswert von einem gemeinsam zu bestellenden Wirtschaftstreuhänder als Schiedsmann endgültig unter Ausschluss des Rechtsweges festgelegt.

Können sich die Vertragsparteien nicht auf einen Wirtschaftstreuhänder einigen, wird dieser über Antrag einer der Vertragsparteien vom Präsidenten der Wirtschaftstreuhänderkammer Österreichs bestellt. Der Abtretungspreis ist in vier gleichen Halbjahresraten fällig, die erste fällig binnen sechs Monaten nach Abgabe der Aufgriffserklärung, und wird mit 5 % p.a. kontokorrentmäßig verzinst.

(4) Macht keiner der Mitgesellschafter von diesem Aufgriffsrecht Gebrauch und gibt die Gesellschaft dennoch keine Zustimmung zur Abtretung von Geschäftsanteilen oder Teilen derselben an Dritte, kann der abtretungswillige Gesellschafter gerichtliche Hilfe im Sinne des § 77 GmbHG in Anspruch nehmen.

X. Erbfolge

(1) Die Geschäftsanteile sind frei vererbbar.

(2) Sind jedoch im Erbweg andere Personen als Ehegatten, Kinder oder Mitgesellschafter des verstorbenen Gesellschafters – oder deren Ehegatten oder Kinder – Gesellschafter ge-

worden, so sind diese anderen Personen verpflichtet, den oder die ererbten Anteile den übrigen Gesellschaftern im Verhältnis von deren Beteiligung zum Erwerb anzubieten, wobei für das Anbietungs- und Aufgriffsverfahren sowie für die Bestimmung des Abtretungspreises Punkt Zehntens, Absatz (3) sinngemäß anzuwenden ist.

XI. Bevollmächtigung

Die Gesellschafter ermächtigen und bevollmächtigen .... die zur Durchführung der Eintragung der Gesellschaft in das Firmenbuch erforderlichen Änderungen dieses Gesellschaftsvertrages in Form von Notariatsakten vorzunehmen, alle zum Zwecke der Gründung und Registrierung der Gesellschaft erforderlichen Nachtragserklärungen, auch in beglaubigter oder in Form von Notariatsakten abzugeben und entsprechende Firmenbucheingaben beglaubigt zu unterfertigen.

XII. Gründungskosten

Alle mit der Errichtung und Registrierung der Gesellschaft verbundenen Kosten, Gebühren und Abgaben aller Art werden bis zum Höchstbetrag von EUR 7.000,00 in ihrer tatsächlichen Höhe von der Gesellschaft getragen.

..............., am ....

2. Geschäftsführervertrag[710]

GESCHÄFTSFÜHRERVERTRAG

abgeschlossen zwischen

der Firma ...., FN ...., ... (Adresse) ..., vertreten durch die Gesellschafterin, ...
(im Folgenden kurz „**Gesellschaft**")
einerseits

und

...................................., geb. am ...., ... (Adresse) ...
(im Folgenden kurz „**Geschäftsführer**")
andererseits

wie folgt:

I. Aufgabenbereich und Befugnis

(1) .... ist handelsrechtlicher Geschäftsführer der Gesellschaft.

(2) Der Geschäftsführer ist berechtigt und verpflichtet, die Gesellschaft nach Maßgabe der Gesetze, des Gesellschaftsvertrags, einer allfälligen Geschäftsordnung für die Geschäftsführung sowie dieses Vertrags zu vertreten und die Geschäfte zu führen.

(3) Beschränkungen der Geschäftsführung und der Vertretung durch Gesetze, Gesellschaftsvertrag, Geschäftsordnung und durch diesen Vertrag sind sohin vom Geschäftsführer zu beachten. Er ist überdies gehalten, Gesellschafterbeschlüsse und Weisungen der Generalversammlung zu befolgen.

In diesem Sinne bedarf der Geschäftsführer – gemäß des derzeit gültigen Gesellschaftsvertrags der Gesellschaft – für folgende Geschäfte der vorherigen Zustimmung der Generalversammlung:
(a) Verabschiedung des Jahresbudgets und der jährlichen Unternehmenspläne;
(b) Zustimmung zur Übertragung oder Teilung von Geschäftsanteilen;
(c) Ausübung von Gesellschaftermaßnahmen bei Tochtergesellschaften;
(d) Vertretung der Gesellschaft gegenüber den Geschäftsführern;

[710] Siehe Kapitel II.B.3.

(e) Abschluss und Änderung der Geschäftsführerverträge;
(f) Entscheidungen über die Gewährung erfolgsabhängiger Vergütungen und Nebentätigkeiten;
(g) Einforderung von Einzahlungen auf Stammeinlagen;
(h) Bestellung und Abberufung von Prokuristen und Handlungsbevollmächtigten;
(i) Einräumung und Beendigung jedweder Beteiligungen am Gewinn der Gesellschaft, insbesondere von stillen Beteiligungen, partiarischen Rechtsverhältnissen und Tantiemen;
(j) Abschluss und Beendigung von Betriebspacht-, Betriebsführungsverträgen und Verträgen, die eine wesentliche Einschränkung (potentieller) unternehmerischer Aktivitäten der Gesellschaft zur Folge haben können;
(k) Veräußerung des Gesellschaftsvermögens als Ganzes oder zu einem wesentlichen Teil;
(l) Erwerb und Veräußerung von Beteiligungen an anderen Unternehmen;
(m) Errichtung, Erwerb, Schließung und Veräußerung von Betrieben, Teilbetrieben oder Zweigniederlassungen;
(n) Erwerb, Veräußerung oder Belastung von Grundstücken und grundstücksgleichen Rechten;
(o) Verfügung über gewerbliche Schutzrechte sowie Abschluss und Beendigung von Patent-, Lizenz-, Know-how-Verträgen ausgenommen Verträge mit Kunden, Lieferanten und Vertriebspartnern im üblichen Ausmaß des Geschäftsgegenstandes der Gesellschaft;
(p) Investitionen über (im Einzelfall oder insgesamt) EUR 10.000,00, welche nicht im Jahresbudget bzw einem Sonderbudget berücksichtigt sind;
(q) Sicherheitsleistungen, Abgabe von Bürgschaften und Garantien sowie Eingehung von Wechselverpflichtungen;
(r) Einstellung und Kündigung von Mitarbeitern;
(s) Erteilung von Ruhegeld- oder Pensionszusagen;
(t) Aufnahme und Gewährung von Darlehen und Krediten außerhalb der jährlichen Finanzplanung;

II. Pflichten

(1) Dem Geschäftsführer obliegt die Leitung und Überwachung des Unternehmens nach Maßgabe seiner Dienstverpflichtung. Er hat insbesondere für die wirtschaftlichen, finanziellen und organisatorischen Belange der Gesellschaft in bestmöglicher Weise Sorge zu tragen.

(2) Der Geschäftsführer hat die ihm obliegenden Pflichten mit der Sorgfalt eines ordentlichen Geschäftsmannes nach Maßgabe der Gesetze, des Gesellschaftsvertrags, den Be-

schlüssen der Generalversammlung, einer allfälligen Geschäftsordnung und dieses Vertrags wahrzunehmen und sich bei allen Handlungen vom Wohl der Gesellschaft leiten zu lassen.

III. Dienstort

Als Dienstort gilt der Sitz der Gesellschaft und deren Standorte und Betriebsstätten im In- und Ausland.

IV. Vertragsdauer, Kündigung[711]

(1) Das Dienstverhältnis beginnt am .... und wird auf unbestimmte Zeit abgeschlossen.

(2) Das Dienstverhältnis kann von beiden Vertragsteilen nur aus wichtigem Grund vorzeitig aufgelöst werden. Ein solcher wichtiger Grund liegt insbesondere vor, wenn der Geschäftsführer

a) gegen das gesetzliche oder vertragliche Wettbewerbsverbot und/oder gegen Geheimhaltungsverpflichtungen verstößt;
b) sich sonst zum Schaden der Gesellschaft dieser gegenüber nicht loyal verhält;
c) grob fahrlässig seine Pflichten verletzt;
d) betrügerisch handelt.

(3) Im Falle der Kündigung des arbeitsrechtlichen Dienstverhältnisses hat der Geschäftsführer, sofern von der Gesellschaft gewünscht, in der bis zur Beendigung des Dienstverhältnisses verbleibenden Zeit seinen restlichen Urlaub zu konsumieren bzw andere Tätigkeiten eines (leitenden) Angestellten in der Gesellschaft wahrzunehmen.

(4) Jede Kündigung bedarf zu ihrer Wirksamkeit der Schriftform. Der Geschäftsführer nimmt zur Kenntnis, dass die im Angestelltengesetz und der bezughabenden Judikatur beurteilten Entlassungsgründe aufgrund seiner Funktion als Geschäftsführer strenger im Sinne der Beurteilung seiner Vertrauenswürdigkeit ausgelegt werden.

(5) Die in Abs (2) lit a), c) und d) genannten Verhaltensweisen stellen jedenfalls Entlassungsgründe im Sinne des AngG dar.

---

[711] Siehe ausführlich Kapitel II.B.4.

V. Arbeitszeit

(1) Der Geschäftsführer hat die von einem ordentlichen Geschäftsführer zu erwartende Arbeitskraft sowie seine Kenntnisse und Erfahrungen der Gesellschaft zur Verfügung zu stellen, soweit nicht ausdrücklich Abweichendes vereinbart wird.

(2) Die einzuhaltende Arbeitszeit beträgt 40 Stunden pro Woche; darüber hinaus sind Überstunden im betrieblich notwendigen und zweckmäßigen Maße zu leisten. Die Einteilung der Dienstzeit erfolgt nach der Disposition des Geschäftsführers unter Bedachtnahme auf die betrieblichen Erfordernisse.

VI. Urlaub

Es gelten die gesetzlichen Bestimmungen, insbesondere des Urlaubsgesetzes, in der jeweils geltenden Fassung.

VII. Entgelt

(1) Der Geschäftsführer erhält für seine gesamte Tätigkeit einen monatlichen Bruttobezug von EUR .... zum Ende eines jeden Monats und zusätzlich am 30.6. und am 30.11. eines jeden Jahres eine Sonderzahlung in gleicher Höhe. Der Gesellschaft ist es jedoch freigestellt, diese Sonderzahlungen dem Geschäftsführer auf Monate aufgeteilt auszuzahlen.

(2) Hinsichtlich der Zuerkennung von Prämien oder sonstigen Zuzahlungen wird an dieser Stelle auf die Prämienregelung verwiesen.

(3) Der Geschäftsführer ist damit einverstanden, dass das gesamte Entgelt auf ein von ihm namhaft gemachtes Konto eines inländischen Kreditinstituts überwiesen wird.

(4) Der Geschäftsführer erklärt sich bereit, irrtümlich zu viel überwiesene Entgeltbeträge – auch nach gutgläubigem Verbrauch dieser Beträge – innerhalb von 3 Monaten nach entsprechender Aufforderung durch die Gesellschaft zurückzuerstatten.

VIII. Dienstwagen, Dienstreisen

(1) Die Gesellschaft stellt dem Geschäftsführer als Dienstwagen einen PKW der Mittelklasse zur Verfügung, den der Geschäftsführer – bis auf Widerruf – auch privat nutzen darf. Der PKW selbst verbleibt im Eigentum der Gesellschaft bzw schließt der Dienstgeber einen entsprechenden Leasingvertrag ab.

(2) Die exakte Nutzung hinsichtlich des PKW wird in gesonderten Gesellschafterbeschlüssen festgelegt.

(3) Für alle erforderlichen Geschäftsreisen hat der Geschäftsführer Anspruch auf Ersatz aller Spesen. Übersteigen die aufgewendeten Spesen die nach den steuerlichen Vorschriften zulässigen Beträge, so sind diese zu bescheinigen.

IX. Wettbewerbsverbot[712]

(1) Dem Geschäftsführer ist es verwehrt, ohne schriftliche Einwilligung der Gesellschaft, die von der Generalversammlung zu erteilen ist, Geschäfte in deren Geschäftszweig für eigene oder fremde Rechnung zu machen oder sich bei einer Gesellschaft des gleichen Geschäftszweiges als persönlich haftender Gesellschafter zu beteiligen oder eine Stelle im Vorstand oder Aufsichtsrat oder als Geschäftsführer zu bekleiden.

Im Falle des Verstoßes gegen dieses Verbot kann die Gesellschaft Schadenersatz fordern oder stattdessen verlangen, dass die für Rechnung des Dienstnehmers gemachten Geschäfte als für ihre Rechnung geschlossen angesehen werden. Bezüglich der für fremde Rechnung geschlossenen Geschäfte kann die Gesellschaft die Herausgabe der hiefür bezogenen Vergütung oder die Abtretung des Anspruches auf die Vergütung begehren. Das Recht der Gesellschaft, wegen Verletzung des Wettbewerbsverbotes den Anstellungsvertrag aufzulösen (§ 27 Z 3 AngG), bleibt davon unberührt.

(2) Über das in Abs (1) bestimmte Wettbewerbsverbot hinaus ist der Geschäftsführer verpflichtet, die entgeltliche Ausübung einer anderen Tätigkeit als der durch diesen Geschäftsführervertrag geregelten, der Gesellschaft vorher schriftlich anzuzeigen, selbst wenn diese Tätigkeit nicht konkurrenzierend ist. Bei unentgeltlicher und ohne Erwerbsabsicht erfolgender Ausübung einer Tätigkeit im Auftrag oder Interesse Dritter ist der Geschäftsführer zur vorherigen schriftlichen Anzeige an die Gesellschaft dann verpflichtet, wenn durch eine solche Tätigkeit die Interessen der Gesellschaft oder die Einsatzfähigkeit des Geschäftsführers beeinträchtigt werden können. Im Übrigen ist der Geschäftsführer verpflichtet, der Gesellschaft seine gesamte Arbeitskraft zur Verfügung zu stellen.

(3) Der bloße Erwerb einer – wenn auch mit Gesellschafterrechten verbundenen – Kapitalbeteiligung an einem Unternehmen, so zB als stiller Gesellschafter oder Aktionär, ist je-

[712] Siehe Kapitel III.C.3.

denfalls zulässig, sofern mit dieser Beteiligung keinerlei unternehmerischer Einfluss verbunden ist.

(4) Eine erteilte Genehmigung kann die Gesellschaft jederzeit widerrufen. In diesem Falle ist der Geschäftsführer verpflichtet, die betroffene Tätigkeit/Funktion zu beenden/zurückzulegen, wobei dem Geschäftsführer eine angemessene Frist zu setzen ist.

X. Konkurrenzklausel

Der Geschäftsführer verpflichtet sich, für den Zeitraum von einem Jahr nach dem Ausscheiden aus dem Dienstverhältnis keine Tätigkeit im Geschäftszweig der Gesellschaft im Raum der Republik Österreich auszuüben.

XI. Geheimhaltung

(1) Der Geschäftsführer ist verpflichtet, im Sinne seiner Treuepflicht und der Wahrung der Interessen der Gesellschaft Tatsachen, die ihm anlässlich seiner Dienstleistung und/oder Organfunktion bekannt geworden sind, gegenüber Dritten geheim zu halten.

(2) Insbesondere verpflichtet sich der Geschäftsführer zur Geheimhaltung des gesamten von der Gesellschaft verwendeten Know-hows.

(3) Der Geschäftsführer wird entsprechende Vorkehrungen treffen, damit Dritte (dh insbesondere Personen, die in keinem Dienst- oder sonstigem Beschäftigungsverhältnis mit der Gesellschaft stehen) keinen Zugang zu obgenanntem Knowhow erhalten.

(4) Diese Geheimhaltungspflicht gilt zeitlich unbeschränkt auch nach Beendigung des Dienstverhältnisses.

(5) Bei Beendigung des Dienstverhältnisses hat der Geschäftsführer überdies sämtliche der Gesellschaft betreffenden Gegenstände, insbesondere Bücher, Schriften und Aufzeichnungen, an diese herauszugeben. Ein Zurückbehaltungsrecht – auch von Kopien – steht dem Geschäftsführer nicht zu.

XII. Konventionalstrafe

(1) Im Falle der Verletzung der Konkurrenzklausel, des Wettbewerbsverbots oder der Geheimhaltungspflicht ist der Geschäftsführer verpflichtet, der Gesellschaft eine Konventionalstrafe in Höhe von 6 Bruttomonatsentgelten zu bezahlen.

(2) Die Geltendmachung eines darüber hinausgehenden Schadens behält sich die Gesellschaft ausdrücklich vor.

XIII. Verfall von Ansprüchen

Für alle wechselseitigen Ansprüche aus dem Dienstverhältnis, für die weder Gesetz noch Kollektivvertrag eine längere Verfallsfrist zwingend vorsehen, gilt, dass diese binnen dreier Monate ab Fälligkeit mittels eingeschriebenen Briefes bei sonstigem Verfall geltend gemacht werden müssen; binnen dreier weiterer Monate – beginnend mit dem Zugang des Geltendmachungsschreibens – hat bei sonstigem Verfall eine gerichtliche Geltendmachung dieser Ansprüche zu erfolgen

XIV. Schlussbestimmungen

(1) Nebenvereinbarungen zu diesem Vertrag bestehen nicht. Änderungen und Ergänzungen dieses Vertrags bedürfen der Schriftform. Dasselbe gilt auch für das einvernehmliche Abgehen der Erfordernis der Schriftform.

(2) Alle Streitigkeiten aus diesem Vertrag sind ausschließlich vor dem in Arbeits- und Sozialrechtssachen örtlich zuständigen Gericht auszutragen.

(3) Soweit sich aus diesem Dienstvertrag nichts anderes ergibt, gelten die Bestimmungen des Angestelltengesetzes in der jeweils geltenden Fassung.

............., am ....

3. Einladung zur Generalversammlung[713]

An alle
Gesellschafter der Firma
....

Hiemit übermitteln die Geschäftsführer …………, ……….., nachstehende

Einladung
zur ordentlichen Generalversammlung

der Firma ....,
FN ....,

am .... in den Geschäftsräumen der Gesellschaft, ... (Adresse) ...., um .... Uhr.

Tagesordnung:

1. Wahl des Vorsitzenden
2. Beschlussfassung über die Erhöhung des Stammkapitals auf EUR ....
3. Genehmigung nachstehender Maßnahmen:
   a) Umbaumaßnahmen gemäß im Detail auszuführender Planung,
   b) Genehmigung von Investitionen in die Geschäftseinrichtung im Ausmaß von EUR ....,
   c) Genehmigung von Investitionen in die IT-Infrastruktur im Ausmaß von EUR ....,
   d) Genehmigung der Erteilung von Handlungsvollmachten an ....
   e) ...
4. Allfälliges

....
Als Geschäftsführer der Firma

[713] Siehe ausführlich Kapitel III.D.2; siehe zur außerordentlichen Generalversammlung in Krisensituationen Kapitel IV.A.

4. Wichtiges zur Generalversammlung[714]

1. Zuständigkeit der Generalversammlung

1.1 Gesetzliche Zuständigkeit, wie zum Beispiel:

* Prüfung und Feststellung des Jahresabschlusses und Verteilung des Bilanzgewinnes (§ 35 Abs 1 Z 1 GmbHG).
* Einforderung von Einzahlungen auf die Stammeinlage (§ 35 Abs 1 Z 2 GmbHG).
* Rückzahlung von Nachschüssen (§ 35 Abs 1 Z 3 GmbHG).
* Entscheidungen, ob Prokura oder Handlungsvollmacht zum gesamten Geschäftsbetrieb erteilt werden darf (§ 35 Abs 1 Z 4 GmbHG).
* Maßregeln zur Prüfung und Überwachung der Geschäftsführung (§ 35 Abs 1 Z 5 GmbHG).
* Geltendmachung von Ersatzansprüchen, die der Gesellschaft aus der Errichtung oder gegen die Geschäftsführer, deren Stellvertreter oder dem Aufsichtsrat zustehen, sowie die Bestellung eines Vertreters zur Prozessführung, weil die Gesellschaft weder durch die Geschäftsführer noch durch den Aufsichtsrat vertreten werden kann (§ 35 Abs 1 Z 6 GmbHG).
* Entscheidung über den Erwerb von Anlagen oder unbeweglichen Gegenständen (§ 35 Abs 1 Z 7 GmbHG).
* Beschlussfassung über die Entlastung der Geschäftsführung und eines allfälligen Aufsichtsrats (§ 35 Abs 1 Z 1 GmbHG).
* Änderung von Bestimmungen des Gesellschaftsvertrages (§ 49 ff).
* Kapitalerhöhung oder -herabsetzung (§§ 52 ff GmbHG).

1.2 Gesellschaftsvertraglich vereinbarte Zuständigkeit der Generalversammlung

2. Einberufung

2.1 Die Generalversammlung ist mindestens einmal jährlich einzuberufen, sowie immer dann, wenn es das Interesse der Gesellschaft erfordert, insbesondere bei Verlust der Hälfte des Stammkapitals (§ 36 Abs 2 GmbHG).

---

[714] Siehe ausführlich Kapitel III.D.2; siehe zur außerordentlichen Generalversammlung in Krisensituationen Kapitel IV.A.

2.2 Die Generalversammlung ist durch den Geschäftsführer einzuberufen. Das Recht zur Einberufung kann auch übertragen werden (zB dem Vorsitzenden des Aufsichtsrats, einem Gesellschafter als Sonderrecht oder Dritten).

2.3 Die Generalversammlung ist auch dann einzuberufen, wenn eine Minderheit von mindestens 10 % der Stammeinlagen, oder einer geringeren im Gesellschaftsvertrag bestimmten Minderheit unter Angabe des Zwecks, dies beantragt. Wird dem Verlangen auf Einberufung nicht nachgekommen, so kann die Generalversammlung von der Minderheit selbst einberufen werden.

2.4 Die Generalversammlung ist unter Angabe der Tagesordnung einzuberufen. Die Tagesordnungspunkte sollten möglichst präzise gefasst sein. Formulierungen wie zB „Allfälliges" sollten vermieden werden, da diese mehrdeutige Auslegungen hervorrufen können.

2.5 Die Tagesordnung ist mindestens 3 Tage vor der Versammlung anzukündigen, ansonsten sind die gefassten Beschlüsse der Generalversammlung anfechtbar (§ 38 Abs 2 und 4 GmbHG).

2.6 Die Einberufung ist durch eingeschriebenen Brief vorzunehmen.

2.7 Gemäß § 38 Abs 1 GmbH Gesetz müssen zwischen dem Tag der Aussendung der Einladung und dem Tag der Abhaltung der Generalversammlung mindestens ein Zeitraum von 7 Tagen liegen.

2.8 Angabe des Ortes und der Zeit.

2.9 Geschäftsführer, die die Einberufungspflicht verletzen, haften nach Maßgabe des § 25 GmbHG für den der Gesellschaft daraus entstehenden Schaden.

3. Durchführung der Generalversammlung

3.1 Vorsitz gem Gesellschaftsvertrag oder zu bestimmende Person, nötigenfalls Wahl mit gesellschaftsvertraglicher Mehrheit.

3.2 Die Aufgabe des Vorsitzenden ist eine bloße Leitungsfunktion. Entscheidungen materieller Art stehen ihm nicht zu. Er hat insbesondere die Generalversammlung zu eröffnen, nach Feststellung der Beschlussfähigkeit dafür zu sorgen, dass ordnungsgemäß beraten und beschlossen wird und hier ordnungsgemäß die Zulassung der Teilnehmer zu überprüfen.

3.3 Ein Vorsitzender wird immer dann entbehrlich sein, wenn die Gesellschaft nur wenige Gesellschafter hat oder wenn längere Diskussionen über die Tagesordnungspunkte oder Kampfabstimmungen nicht zu erwarten sind.

3.4 10 % des Stammkapitals muss anwesend sein.

3.5 Durch schriftliche Spezialvollmacht ist eine Vertretung bei der Ausübung des Stimmrechts möglich.

3.6 Betrifft ein zu fassender Beschluss unmittelbar einen Gesellschafter, hat dieser grundsätzlich kein Stimmrecht (§ 39 Abs 4 und 5 GmbHG; wie zum Beispiel der Gesellschafter von seiner Verpflichtung befreit wird, ihm ein besonderer Vorteil zugewendet werden soll, der Beschluss Gegenstand eines Rechtsgeschäfts zwischen ihm und der GmbH ist, der Beschluss Gegenstand der Einleitung oder die Erledigung eines Rechtsstreits zwischen ihm und der GmbH ist). Ausgenommen ist hier die Bestellung zum und die Abberufung als Geschäftsführer.

4. Beschlussfassung

4.1 Grundsätzlich wird mit einfacher Mehrheit abgestimmt.

4.2 Eine Stimme je EUR 10,00 übernommene Stammeinlage (Abweichungen im Gesellschaftsvertrag möglich).

4.3 Beschlüsse werden entweder in der Generalversammlung oder schriftlich gefasst.

4.4 Die Zulässigkeit des Umlaufbeschlusses ist an die schriftliche Zustimmung aller Gesellschafter gebunden.

4.5 Gesetzliche und gesellschaftsvertragliche Mehrheitsverhältnisse sind in der Beschlussfassung zu beachten.

4.6 Fehlerhafte Beschlüsse können durch Nichtigkeitsklage angefochten werden. (Voraussetzung: Widerspruch zu Protokoll, Frist: Klage ein Monat nach Absendung des Protokolls.)

5. Niederschrift und Protokollierung

5.1 Ein Protokoll ist gesetzlich nicht vorgeschrieben. Aus Beweisgründen ist dieses im Einzelfall zu empfehlen. Zweckmäßiger Mindestinhalt wäre beispielsweise der Ort und Tag der Generalversammlung, Verzeichnis der Teilnehmer, Feststellung zur Beurteilung der Einhaltung der Einberufungsvorschriften, Art und Ergebnis der Abstimmung. Die Unterschrift sollte auch von allen teilnehmenden Gesellschaftern auf dem Protokoll geleistet werden, um die Zustimmung der Gesellschafter zum Protokoll und im Zweifel auch ihre Zustimmung zu den Beschlüssen zu gewährleisten.

5.2 Die Generalversammlungsbeschlüsse sind von den Geschäftsführern unverzüglich in eine Niederschrift aufzunehmen. Diese Niederschrift ist aufzubewahren (vgl § 40 Abs 1 GmbHG).

5.3. Satzungsänderungen der Gesellschafterbeschlüsse müssen öffentlich beurkundet werden.

6. Maßnahmen im Anschluss an die Generalversammlung

6.1 Jeder Gesellschafter hat Anspruch auf die Übersendung einer Beschlussabschrift. Die Abschrift ist von den Geschäftsführern zu unterzeichnen und unverzüglich den Gesellschaftern eingeschrieben zu übersenden. Der Anspruch auf Übersendung der Beschlussabschrift richtet sich gegen die GmbH und nicht gegen die Geschäftsführer.

6.2 Wurde kein Protokoll geführt, sollte im Anschluss ein Gedankenprotokoll erstellt werden.

6.3 Liegt ein absolut nichtiger Beschluss vor, ist dieser gem §§ 41 ff GmbHG anfechtbar. Die Nichtigerklärung eines Gesellschafterbeschlusses ist durch Klage geltend zu machen. Jeder Gesellschafter ist klageberechtigt, wenn er

- in der Generalversammlung erschienen ist,
- gegen den Beschluss Widerspruch zu Protokoll erhoben hat,
- durch unberechtigte Verweigerung der Zulassung oder
- durch Einberufungsmängel am Erscheinen in der Generalversammlung gehindert worden ist,
- bei Beschlussfassung auf schriftlichem Weg seine Stimme gegen den Beschluss abgegeben hat oder
- bei der Abstimmung übergangen worden ist.

5. Geschäftsordnung per Gesellschafterbeschluss[715]

GESCHÄFTSORDNUNG

für die Geschäftsführung
der Firma ....

I. Aufgaben der Geschäftsführung

Die Geschäftsführung führt in allen Belangen die Geschäfte der Gesellschaft gemäß den gesetzlichen Vorschriften, dem Gesellschaftsvertrag und den jeweiligen Beschlüssen der Gesellschafter und vertritt die Gesellschaft bei allen Rechts- und Geschäftshandlungen.

II. Verteilung der Geschäftsbereiche

(1) Solange die Geschäftsführung aus mehreren Mitgliedern besteht, werden die Aufgabenbereiche der Geschäftsführer in Ressorts verteilt, welche gegliedert sind wie folgt:
a) Unternehmensführung und Organisation
b) Finanzwirtschaft und Steuern
c) Controlling
e) Unternehmensstrategie und -analyse
f) Marketing
g) Verkauf
h) Einkauf
i) Materialwirtschaft und Logistik
j) Forschung und Entwicklung
k) Produktion
l) Personalmanagement
m) EDV-Einsatz
n) Veranstaltungsmanagement

(2) Die ressortmäßige Zuständigkeit der Geschäftsführer wird wie folgt festgelegt:
1.
2.

III. Zustimmungspflichtige Geschäfte

(1) Unbeschadet der vorgehend beschriebenen Ressortaufteilung sind die Geschäftsführer verpflichtet, bei nachstehenden

[715] Siehe ausführlich Kapitel I.B.3; zur Haftungsbeschränkung mittels Geschäftsordnung Kapitel V.E.1.

Rechts- und Geschäftshandlungen die vorherige schriftliche Zustimmung der Gesellschafter nach Maßgabe der diesbezüglichen Bestimmungen des Gesellschaftsvertrages, sei es im Wege einer Generalversammlung, sei es aufgrund eines Umlaufbeschlusses, einzuholen.

(2) Zur Vornahme nachstehender Rechtshandlungen bedarf der Geschäftsführer der vorherigen Zustimmung der Generalversammlung mit einer Mehrheit von 3/4 aller Gesellschafterstimmen:

a) die Genehmigung der Jahrespläne, insbesondere Investitions-, Finanz-, Produktions- und Verkaufspläne, und Genehmigung wesentlicher Abänderungen derselben,
b) die Festlegung von Grundsätzen über die Gewährung von Gewinn- und Umsatzbeteiligungen und Pensionszusagen an Geschäftsführer oder leitende Angestellte,
c) der Abschluss von Gesellschaftsverträgen und die Beteiligungen an anderen Gesellschaften und Betrieben, die Errichtung und Schließung von Zweigniederlassungen, Gründung von Tochtergesellschaften sowie gesellschaftsrechtliche Umstrukturierungsmaßnahmen, Veräußerung oder Stilllegung des Unternehmens oder von Unternehmensteilen,
d) Beitritt zu Syndikaten, Kartellen oder ähnlichen Vereinigungen, sowie Austritt aus solchen,
e) der Erwerb, die Veräußerung und die Belastung von Liegenschaften,
g) Investitionen außerhalb des genehmigten Investitionsbudgets, wenn die hiefür aufgewendeten Mittel im Einzelfall EUR .... und innerhalb eines Geschäftsjahres insgesamt EUR .... übersteigen,
h) die Aufnahme von Anleihen, Darlehen und Krediten, welche einen Betrag von EUR .... im Einzelfall und EUR .... insgesamt in einem Geschäftsjahr überschreiten, sofern diese nicht zum gewöhnlichen Geschäftsbetrieb erforderlich sind,
i) die Gewährung von Darlehen und Krediten sowie die Übernahme von Haftungen, soweit sie nicht zum gewöhnlichen Geschäftsbetrieb gehören,
j) Verfügungen, die den Bestand des Unternehmens selbst berühren, wie Betriebsstilllegung, der Abschluss oder die Lösung von Verträgen, die die Veräußerung, Verpachtung, Vermietung oder Verpfändung von Teilen des Unternehmens oder zum Unternehmen gehöriger Liegenschaften oder bücherliche Rechte zum Gegenstand haben, oder die Vornahme von wesentlichen Änderungen an den genann-

ten Liegenschaften sowie die Aufnahme neuer und die Auflösung bestehender Geschäftszweige,

k) Abschluss von Pensionsverträgen, Abschluss und Auflösung von Dienstverträgen mit höheren Dienstnehmern und leitenden Angestellten,

m) Verhandlungen mit Belegschaftsvertretungen und diesbezügliche Entscheidungen,

n) Kündigungen, Entlassungen und disziplinäre Maßnahmen,

o) Erwerb oder Veräußerung von Patenten sowie Erwerb oder Vergabe von Lizenzen,

p) Abschluss oder Änderung von Liefer- bzw Abnahmekontrakten,

q) Abschluss oder Auflösung von Bestandsverträgen einschließlich Leasing-Vereinbarungen, wenn die hiefür aufgewendeten Mittel im Einzelfall EUR .... und innerhalb eines Geschäftsjahres insgesamt EUR .... übersteigen,

r) Ausübung des Stimmrechtes in Tochtergesellschaften, soweit vorstehende Angelegenheiten betroffen sind,

s) Erteilung von Prokuren in dieser oder nachgelagerten Gesellschaften,

t) Erteilung der Zustimmung zur Übertragung, Teilung oder Verpfändung von Geschäftsanteilen,

w) Rechtsgeschäfte, die der Geschäftsführer mit der Gesellschaft im eigenen Namen oder im Wege von verbundenen Unternehmen abschließt.

IV. Gemeinsame Angelegenheiten der Geschäftsführung

Unabhängig von der Ressortaufteilung (Punkt II.) und dem Zustimmungskatalog (Punkt III.) haben die Geschäftsführer bei allen Rechts- und Geschäftshandlungen, die über den Rahmen des gewöhnlichen Geschäftsbetriebes der Gesellschaft hinausgehen, stets einvernehmliche Beschlüsse zu fassen; dazu gehören insbesondere:

a) Verhandlungen mit Belegschaftsvertretern und die im Zusammenhang damit zu treffenden Entscheidungen;

b) Abschluss und Auflösung von Dienstverträgen mit Dienstnehmern ab der Verwendungsgruppe V/1 aufwärts des anzuwendenden Kollektivvertrages;

c) Kündigungen, Entlassungen, disziplinäre Maßnahmen, Beförderungen, Ernennungen, Erteilung von handelsrechtlichen Vollmachten sowie Erteilung von Bankvollmachten;

d) Erwerb oder Veräußerung von Patenten sowie Erwerb oder Vergabe von Lizenzen;

e) Abschluss oder Änderung von Liefer- bzw Abnahmekontrakten von grundsätzlicher Bedeutung;
f) Investitionen sowie die Aufnahme von Anleihen, Darlehen und Krediten.

V. Meinungsbildung

Für den Fall, dass die Geschäftsführer bei den Rechts- und Geschäftshandlungen gemäß Punkt IV. kein Einvernehmen herstellen können, oder bei allen anderen Rechts- und Geschäftshandlungen einer der Geschäftsführer Widerspruch erhebt, sind die Geschäftsführer verpflichtet, die anstehende Maßnahme, Rechts- oder Geschäftshandlung der Generalversammlung oder den Gesellschaftern zur schriftlichen Beschlussfassung, jeweils nach Maßgabe des Gesellschaftsvertrages, vorzulegen.

VI. Sitzungen der Geschäftsführung

Jeweils bei Notwendigkeit, zumindest aber einmal monatlich, haben Sitzungen der Geschäftsführung stattzufinden. Die dabei von den Geschäftsführern gefassten Beschlüsse sind schriftlich aufzuzeichnen und von allen Geschäftsführern zu unterfertigen. Zu diesen Sitzungen können leitende Angestellte beigezogen werden.

VII. Urlaube, Dienstreisen

Urlaube und längere Dienstreisen sind nach Maßgabe der bestehenden Verträge zwischen den Geschäftsführern einvernehmlich festzulegen.

VIII. Behörden, Interessenvertretungen

Hinsichtlich der Vertretung der Gesellschaft vor Behörden und Interessenvertretungen haben die Geschäftsführer einvernehmlich vorzugehen.

IX. Änderung der Geschäftsordnung

Diese Geschäftsordnung kann nur mit Genehmigung der Generalversammlung bzw durch schriftlichen Beschluss der Gesellschafter nach Maßgabe des Punktes III. abgeändert oder aufgehoben werden.

X. Verschwiegenheitspflicht

(1) Die Geschäftsführer sind über alle Angelegenheiten, die ihnen im Zusammenhang mit der Ausübung ihrer Geschäftsführung zur Kenntnis gelangen, gegenüber Außenstehenden

zur strengen Verschwiegenheit verpflichtet, und zwar auch dann, wenn diese Angelegenheiten bereits in Medien erörtert wurden. Dies gilt auch für die Zeit nach der Beendigung der Geschäftsführerstellung.

(2) Die in Absatz (1) normierte Verschwiegenheitsverpflichtung gilt nicht gegenüber Personen, die zur berufsmäßigen Verschwiegenheit verpflichtet sind und gegenüber Familienangehörigen.

................, am ....

Für die Generalversammlung:

....

Zustimmend zur Kenntnis genommen (Geschäftsführer):

....

Frequently Asked Questions

In diesem Abschnitt werden jene Fragen kurz beantwortet, denen wir am häufigsten in der Beratungspraxis begegnen. Damit soll ein schnelles Eintauchen in die Materie erleichtert werden. Der Abschnitt stellt keinen Anspruch auf Vollständigkeit, zur Vertiefung dienen die Verweise auf die jeweiligen Kapitel.

1. Welche sind die gesetzlichen Grundlagen?

Die Geschäftsführung umfasst die gesetzlich eher unpräzise beschriebenen Tätigkeiten der Unternehmensleitung, die Festlegung allgemeiner Grundsätze der Unternehmenspolitik und die Verwaltung des Unternehmens. Die Rechtsstellung des Geschäftsführers wird durch die §§ 15 ff GmbHG geregelt (siehe Rechtsquellen im Anhang). Durch § 22 GmbHG werden die Geschäftsführer verpflichtet, ein angemessenes Rechnungswesen sowie ein internes Kontrollsystem zu etablieren (siehe dazu ausführlich Kapitel III.D.3). Darüber hinaus sind die Geschäftsführer für die Einhaltung sämtlicher der GmbH auferlegten gesetzlichen Pflichten verantwortlich (siehe dazu Kapitel III.E).

2. Über welche Mindestkompetenzen muss der Geschäftsführer verfügen?

Der Geschäftsführer ist für die laufende Verwaltung der Gesellschaft verantwortlich. Er sollte daher über die dafür notwendigen Kenntnisse sowohl in betriebswirtschaftlicher und juristischer als auch in unternehmensspezifisch fachlicher Hinsicht verfügen (siehe dazu Kapitel III.B).

3. Welche Angelegenheiten sind der Generalversammlung vorbehalten?

Die Generalversammlung als Meinungsbildungs- und Entscheidungsgremium der Gesellschafter hat ein weitgehendes Mitbestimmungsrecht. Das GmbHG weist in § 35 der Generalversammlung ausdrücklich eine Reihe von Angelegenheiten zur Beschlussfassung oder zur Zustimmung zu (siehe Rechtsquellen im Anhang). Darüber hinaus können im Gesellschaftsvertrag weitere Angelegenheiten und Rechtsgeschäfte an die Zustimmung durch die Gesellschafter gebunden werden.

4. Welche Befugnisse hat der Geschäftsführer?

Der Geschäftsführer hat die Gesellschaft zu verwalten und deren Geschäfte zu führen. Diese Verpflichtung enthält die Befugnis, alle zur Verfolgung des Gesellschaftszwecks (Unternehmensgegenstand im Gesellschaftsvertrag) betriebsgewöhnlichen Maßnahmen zu setzen. Bspw Beschaffung von Vorräten und Anlagen, Aufnahme und Kündigung von Mitarbeitern, Festlegung interner Unternehmensrichtlinien, Vertragsabschlüsse mit Kunden und Lieferanten etc.

5. Wodurch werden seine Befugnisse eingeschränkt?

Der Handlungsspielraum des Geschäftsführers kann gesellschaftsintern durch den Gesellschaftsvertrag, den Geschäftsführervertrag oder durch Weisungen in Form von Gesellschafterbeschlüssen eingeschränkt werden. Im Außenverhältnis sind derartige Beschränkungen jedoch nicht gültig (siehe zum Unterschied zwischen Geschäftsführung und Vertretung Kapitel I.B).

6. Wer hat ein Weisungsrecht?

Weisungsbefugt sind grundsätzlich nur die Gesellschafter in ihrer Gesamtheit. Eine Weisung bedarf eines gültigen Gesellschafterbeschlusses, an dem **alle** Gesellschafter mitwirken. Die Gesellschafter können jedoch per Beschluss ihr Weisungsrecht einem Gesellschafter, einem Beirat, dem Aufsichtsrat oder einem Dritten abtreten. In diesem Fall ist dieser allein weisungsbefugt (siehe dazu Kapitel III.F).

7. Welche Weisungen sind ungültig?

Weisungen sind ungültig, wenn sie entweder nicht ordnungsgemäß zustande gekommen sind (siehe Frage 6.)

oder den Geschäftsführer zu rechtswidrigen Handlungen oder Verhalten veranlassen; er sich also durch Befolgung der Weisung strafbar macht.

8. Was tun mit ungültigen Weisungen?

Weisungen, die den Geschäftsführer zu strafbarem Verhalten nötigen, dürfen keinesfalls befolgt werden. Bei Weisungen, die nicht rechtsgültig zustande gekommen sind (kein Gesellschafterbeschluss), sollte der Geschäftsführer darauf bestehen, dass die Generalversammlung mit der Angelegenheit der Weisung befasst wird (siehe dazu Kapitel III.F).

9. Welche Aufgaben dürfen dem Geschäftsführer nicht entzogen werden?

- Vertretung der Gesellschaft nach außen;
- Durchführung der gesetzlich dem Geschäftsführer aufgebürdeten Pflichten (bspw Rechnungswesen, Insolvenzantrag);
- Maßnahmen im Betrieb insb in Bezug auf Arbeitnehmer (Arbeitnehmerschutz).

Generell kann der Tätigkeitsbereich des Geschäftsführers sehr beschränkt werden; ob sich aus den gesetzlich direkt dem Geschäftsführer aufgebürdeten Pflichten ein weisungsfreier Mindestbereich konstruieren lässt, ist umstritten (siehe dazu Kapitel III.F.2).

10. Wann muss ein Aufsichtsrat eingerichtet werden?

Ein Aufsichtsrat muss eingerichtet werden wenn:

- das Stammkapital € 70.000,– und die Anzahl der Gesellschafter 50 übersteigt, oder
- die Anzahl der Arbeitnehmer durchschnittlich 300 übersteigt, oder
- die Gesellschaft AGs oder aufsichtsratspflichtige GmbHs beherrscht und die Anzahl der Arbeitnehmer dieser Gesellschaften zusammen durchschnittlich 300 übersteigt, oder
- die GmbH persönlich haftender Gesellschafter einer KG ist (GmbH & Co KG) und die Anzahl der Arbeitnehmer durchschnittlich 300 übersteigt.

11. Wodurch unterscheiden sich Aufsichtsrat und Beirat?

Aufgabe des Aufsichtsrates (unerheblich ob verpflichtend oder freiwillig eingerichtet) ist es, die Geschäftsführung zu überwachen. Die Geschäftsführer sind verpflichtet, dem Aufsichtsrat regelmäßig Berichte über die Geschäftsentwicklung zu erteilen.

Der Beirat ist grundsätzlich beratend und nur ausnahmsweise beaufsichtigend tätig. Es ist jedoch zulässig, diesem fakultativen Organ bestimmte Kompetenzen der Generalversammlung zu übertragen. Der Beirat nimmt sodann Befugnisse der Generalversammlung wahr, was besonders für das Verhältnis zum Geschäftsführer und zum Aufsichtsrat von Bedeutung ist.

12. Was bedeutet Treuepflicht?

Der Geschäftsführer ist durch seine Funktion als Verwalter fremden Vermögens zur Treue gegenüber den Gesellschaftern verpflichtet. Diese Verpflichtung ist gesetzlich nicht ausdrücklich geregelt, ergibt sich jedoch aus diesem besonderen Verhältnis. Es handelt sich somit um eine unbestimmte Verhaltenspflicht, die im Einzelfall vom Geschäftsführer ein bestimmtes Verhalten fordert (bspw Verbot des eigenmächtigen Ausnützens der Organstellung, Wettbewerbsverbot etc) und teilweise über die Dauer der Geschäftsführerstellung hinausgeht (siehe dazu Kapitel III.C).

13. Was ist das Wettbewerbsverbot?

Das Wettbewerbsverbot ist eine Konkretisierung der Treuepflicht. Der Geschäftsführer darf ohne Einwilligung der Gesellschafter keine eigenen Geschäfte im Geschäftszweig der GmbH durchführen; davon umfasst ist auch die Beteiligung als persönlich haftender Gesellschafter und die Tätigkeit als Vorstand oder Aufsichtsrat (siehe § 24 GmbHG; Kapitel III.C.3).

14. Unterliegt der Geschäftsführer einer Verschwiegenheitspflicht?

Der Geschäftsführer ist zu Stillschweigen über vertrauliche Angaben die Gesellschaft betreffend verpflichtet. Innerhalb der Geschäftsführung und gegenüber dem Aufsichtsrat und der Generalversammlung herrscht keine Verschwiegenheitspflicht (siehe Kapitel III.C.4). Die Verschwiegenheitspflicht gilt auch im Zivilprozess – der Geschäftsführer darf die Aussage verweigern.

15. Welche Pflichten wirken nach Ende der Geschäftsführerstellung weiter?

Nach dem Ausscheiden ist der Geschäftsführer weiter zur Verschwiegenheit verpflichtet. Auch die Vereinbarung eines nachvertraglichen Wettbewerbsverbots ist möglich und üblich. Weiters ist der Geschäftsführer nach seinem Ausscheiden aus der Organstellung fünf Jahre lang verpflichtet, Auskunft über die Geschäfte und Vermögenswerte der GmbH zu erteilen.

16. Wann muss eine Generalversammlung einberufen werden?

Die Generalversammlung muss zumindest einmal jährlich abgehalten werden. Eine außerordentliche Generalversammlung muss einberufen werden, wenn die Hälfte des Stammkapitals durch die Geschäftstätigkeit verloren gegangen ist (siehe Kapitel IV.A). Eine Einberufung hat jedenfalls zu erfolgen, wenn Entscheidungen getroffen werden sollen, die gesetzlich oder gesellschaftsvertraglich der Generalversammlung vorbehalten sind.

17. Wie erfolgt die Einberufung?

Die Einberufung erfolgt schriftlich und muss die Tagesordnung der Generalversammlung enthalten. Die Generalversammlung muss mindestens sieben Tage vor Abhaltung einberufen werden; der GmbH-Vertrag kann diese Frist erweitern.

18. Muss der Geschäftsführer an der Generalversammlung teilnehmen?

Die Geschäftsführer sind verpflichtet, an der Generalversammlung teilzunehmen. Sie haben jedoch kein Recht auf Teilnahme und können von der Mehrheit der Gesellschafter ausgeschlossen werden (dies gilt nicht für Gesellschafter-Geschäftsführer).

19. Muss der Geschäftsführer den Gesellschaftern Rede und Antwort stehen? Kann er dies verweigern?

Der Geschäftsführer ist während der Generalversammlung verpflichtet, sämtliche Fragen der Gesellschafter, die in Zusammenhang mit den Tagesordnungspunkten stehen, zu beantworten. Darüber hinaus haben die Gesellschafter ein ständiges Einsichtsrecht in sämtliche Bücher und Aufzeichnungen der GmbH.

Eine Verweigerung der Bucheinsicht ist nur möglich, wenn die Gefahr besteht, dass Gesellschaftsinterna durch den Gesellschafter missbräuchlich verwendet werden (Konkurrenztätigkeit). Antworten in der Generalversammlung können nur verweigert werden, wenn sie nicht mit Tagesordnungspunkten in Zusammenhang stehen und ein schutzwürdiges Interesse der GmbH oder der Geschäftsführung auf Geheimhaltung besteht.

20. Welche GmbH ist prüfungspflichtig?

Der Jahresabschluss und der Lagebericht von Kapitalgesellschaften sind von einem Abschlussprüfer zu prüfen und dürfen erst nach erfolgter Prüfung durch die Generalversammlung festgestellt werden. Für kleine, nicht aufsichtsratspflichtige GmbHs entfällt diese Prüfungsverpflichtung. „Klein“ iSd § 221 HGB gelten GmbHs bis zu:

- einer Bilanzsumme von 3,65 Millionen Euro und
- Umsatzerlösen von 7,3 Millionen Euro und
- 50 Arbeitnehmer im Jahresdurchschnitt.

Sämtliche GmbHs, die diese Größenkriterien überschreiten, sind prüfungspflichtig.

21. Wann muss ein Insolvenzverfahren eingeleitet werden?

Der Geschäftsführer ist verpflichtet, umgehend ein Insolvenzverfahren einzuleiten bzw einen Insolvenzantrag zu stellen, wenn die GmbH:

- zahlungsunfähig oder
- überschuldet ist.

Eine Unterlassung macht den Geschäftsführer persönlich für Insolvenzschäden ersatzpflichtig (siehe Kapitel IV.C.).

22. Wann ist die GmbH zahlungsunfähig?

Die Gesellschaft ist zahlungsunfähig, wenn sie ihre Verbindlichkeiten dauerhaft nicht begleichen kann. Der Zeithorizont, auf den die Zahlungsunfähigkeit bemessen wird, ist umstritten. Er liegt zumeist zwischen 60 Tagen und einem halben Jahr; als Richtschnur können die in der Branche üblichen Zahlungsziele herangezogen werden (siehe Kapitel IV.C.1).

23. Wann liegt Überschuldung vor?

Der Eintritt der insolvenzrechtlichen Überschuldung wird anhand der zweistufigen Überschuldungsprüfung, bestehend aus Fortbestehensprognose und Liquidationsbilanz, festgestellt. Zeigen sowohl Fortbestehensprognose als auch Liquidationsbilanz ein negatives Ergebnis, liegt Überschuldung vor (siehe Kapitel IV.C.2).

24. Wann darf der Geschäftsführer kündigen?

Der Geschäftsführer darf kündigen bzw von seiner Geschäftsführerstellung zurücktreten, wenn ein wichtiger Grund vorliegt. Wichtige Gründe können im Geschäftsführervertrag vereinbart werden. Als wichtige Gründe gelten insbesondere die Vorenthaltung der Auszahlung von Ansprüchen des Geschäftsführers (Gehalt) und die Hinderung des Geschäftsführers an der Durchführung seiner Aufgaben durch Gesellschafter oder andere Geschäftsführer (siehe Kapitel II.B.3).

25. Wann kann der Geschäftsführer entlassen werden?

Eine fristlose Entlassung des Geschäftsführers ist nur bei groben Pflichtverletzungen möglich. Wichtige Gründe sind: Untreue, Vertrauensunwürdigkeit, Konkurrenztätigkeit usw. Insbesondere gilt auch ein ungerechtfertigter (ohne wichtigen Grund) Rücktritt als Entlassungsgrund.

Internetlinks

Unternehmensgründung	
Amtshelfer/ Unternehmensgründungen	http://www.help.gv.at/ Content.Node/120/Seite.1200 000.html
BMWA/Gründerservice	http://www.bmwa.gv.at/BM WA/Service/Unternehmensgr uendung/
Stadt Wien/ Gründerservice	http://www.wien.gv.at/ index/betriebe.htm
Gründerservice WKO	http://www. gruenderservice.net/
Gesellschaftsrecht	
Justizministerium	http://www.bmj.gv.at
Rechtsanwaltskammer	http://www.rechtsanwaelte.at
Rechte und Pflichten	http://www.rechteund pflichten.at
Notariatskammer	http://www.notar.at/
Steuerrecht	
Finanzministerium	http://www.bmf.gv.at
Rechtsinformations-system	http://www.ris.bka.gv.at
Kammer der Wirtschaftstreuhänder	http://www.kwt.or.at
Sozialversicherungsrecht	
Österr Sozialversicherung	http://sozialversicherung.at
Hauptverband	http://www.hauptverband.at
Sozialversicherungs-anstalt der gewerblichen Wirtschaft	http://esv-sva.sozvers.at
Weitere Informationen	
Baker Tilly Austria	http://www.bakertilly.at
Ginthoer & Partner	http://www.ginthoer.at
Hasch & Partner	http://www.hasch.co.at

Rechtsquellen

GmbH-Gesetz, RGBl 1906/58 idF BGBl I 2005/59

(Auszüge)

Die Geschäftsführer

§ 15. (1) Die Gesellschaft muß einen oder mehrere Geschäftsführer haben. Zu Geschäftsführern können nur physische, handlungsfähige Personen bestellt werden. Die Bestellung erfolgt durch Beschluß der Gesellschafter. Werden Gesellschafter zu Geschäftsführern bestellt, so kann dies auch im Gesellschaftsvertrage geschehen, jedoch nur für die Dauer ihres Gesellschaftsverhältnisses.

(2) Wenn im Gesellschaftsvertrage sämtliche Gesellschafter zu Geschäftsführern bestellt sind, so gelten nur die der Gesellschaft bei Festsetzung dieser Bestimmung angehörenden Personen als die bestellten Geschäftsführer.

§ 15a. (1) Soweit die zur Vertretung der Gesellschaft erforderlichen Geschäftsführer fehlen, hat sie in dringenden Fällen das Gericht auf Antrag eines Beteiligten für die Zeit bis zur Behebung des Mangels zu bestellen. (…)

§ 16. (1) Die Bestellung zum Geschäftsführer kann unbeschadet der Entschädigungsansprüche aus bestehenden Verträgen durch Beschluß der Gesellschafter jederzeit widerrufen werden.

(2) Ein Geschäftsführer kann aus einem wichtigen Grund durch gerichtliche Entscheidung abberufen werden. Ist er zugleich Gesellschafter, so sind die §§ 117 und 127 HGB sinngemäß anzuwenden. Sonst können jene Gesellschafter, die nicht für die Abberufung des Geschäftsführers gestimmt haben, auf Zustimmung geklagt werden. Dem Geschäftsführer ist gerichtlich der Streit zu verkünden. Das Gericht kann zur Sicherung des Anspruchs auf Abberufung aus wichtigem Grund dem Geschäftsführer die weitere Geschäftsführung und Vertretung der Gesellschaft durch einstweilige Verfügung untersagen, wenn ein der Gesellschaft drohender unwiederbringlicher Nachteil glaubhaft gemacht wird.

(3) Wenn die Bestellung der Geschäftsführer im Gesellschaftsvertrag erfolgt ist, kann die Zulässigkeit des Widerrufes auf wichtige Gründe beschränkt werden. In diesem Fall ist der Widerruf der Bestellung wirksam, solange nicht über seine Unwirksamkeit, insbesondere auch über das Vorliegen eines wichtigen Grundes rechtskräftig entschieden ist. (…)

Rücktritt der Geschäftsführer

§ 16a. (1) Geschäftsführer können unbeschadet der Entschädigungsansprüche der Gesellschaft ihnen gegenüber aus bestehenden Verträgen ihren Rücktritt erklären; liegt ein wichtiger Grund hiefür vor, kann der Rücktritt mit sofortiger Wirkung erklärt werden, sonst wird der Rücktritt erst nach Ablauf von 14 Tagen wirksam.

(2) Der Rücktritt ist gegenüber der Generalversammlung, wenn dies in der Tagesordnung angekündigt wurde, oder gegenüber allen Gesellschaftern zu erklären. Hievon sind allfällige Mitgeschäftsführer

und, wenn ein Aufsichtsrat besteht, dessen Vorsitzender zu verständigen.

§ 17. (1) Die jeweiligen Geschäftsführer und das Erlöschen oder eine Änderung ihrer Vertretungsbefugnis sind ohne Verzug zum Firmenbuch anzumelden. Der Anmeldung ist der Nachweis der Bestellung oder der Änderung in beglaubigter Form beizufügen. Zugleich haben neue Geschäftsführer ihre Unterschrift vor dem Gerichte zu zeichnen oder die Zeichnung in beglaubigter Form vorzulegen.

(2) Das Erlöschen der Vertretungsbefugnis kann auch vom abberufenen oder zurückgetretenen Geschäftsführer unter Bescheinigung der Abberufung oder des Zugangs der Rücktrittserklärung zur Eintragung in das Firmenbuch angemeldet werden.

(3) Ist eine Person als Geschäftsführer eingetragen oder bekanntgemacht, so kann ein Mangel ihrer Bestellung einem Dritten nur entgegengehalten werden, wenn der Mangel diesem bekannt war.

§ 18. (1) Die Gesellschaft wird durch die Geschäftsführer gerichtlich und außergerichtlich vertreten.

(2) Zu Willenserklärungen, insbesondere zur Zeichnung der Geschäftsführer für die Gesellschaft bedarf es der Mitwirkung sämtlicher Geschäftsführer, wenn im Gesellschaftsvertrage nicht etwas anderes bestimmt ist.

(3) Der Gesellschaftsvertrag kann, wenn mehrere Geschäftsführer vorhanden sind, zur Vertretung der Gesellschaft auch einen Geschäftsführer in Gemeinschaft mit einem Prokuristen, der zur Mitzeichnung der Firma berechtigt ist, berufen.

(4) Die Abgabe einer Erklärung und die Behändigung von Vorladungen und anderen Zustellungen an die Gesellschaft geschieht mit rechtlicher Wirkung an jede Person, die zu zeichnen oder mitzuzeichnen befugt ist.

(5) Über Rechtsgeschäfte, die der einzige Gesellschafter sowohl im eigenen Namen als auch im Namen der Gesellschaft abschließt, ist unverzüglich eine Urkunde zu errichten. Dabei ist vorzusorgen, daß nachträgliche Änderungen des Inhaltes und Zweifel über den Zeitpunkt des Abschlusses ausgeschlossen sind; die Bestellung eines Kurators ist nicht erforderlich.

(6) Eine Urkunde muß nicht errichtet werden, wenn das Geschäft zum gewöhnlichen Geschäftsbetrieb gehört und zu geschäftsüblichen Bedingungen abgeschlossen wird.

§ 19. Die Gesellschaft wird durch die von den Geschäftsführern in ihrem Namen geschlossenen Rechtsgeschäfte berechtigt und verpflichtet; es ist gleichgültig, ob das Geschäft ausdrücklich im Namen der Gesellschaft geschlossen worden ist oder ob die Umstände ergeben, daß es nach dem Willen der Beteiligten für die Gesellschaft geschlossen werden sollte.

§ 20. (1) Die Geschäftsführer sind der Gesellschaft gegenüber verpflichtet, alle Beschränkungen einzuhalten, die in dem Gesellschaftsvertrage, durch Beschluß der Gesellschafter oder in einer für die Geschäftsführer verbindlichen Anordnung des Aufsichtsrates für den Umfang ihrer Befugnis, die Gesellschaft zu vertreten, festgesetzt sind.

(2) Gegen dritte Personen hat eine Beschränkung der Vertretungsbefugnis jedoch keine rechtliche Wirkung. Dies gilt insbesondere für den Fall, daß die Vertretung sich nur auf gewisse Geschäfte oder Arten von Geschäften erstrecken oder nur unter gewissen Umständen oder für eine gewisse Zeit oder an einzelnen Orten stattfinden soll, oder daß die Zustimmung der Gesellschafter, des Aufsichtsrates oder eines anderen Organes der Gesellschaft für einzelne Geschäfte gefordert wird.

§ 21. (1) Sind mehrere Geschäftsführer vorhanden, so darf, wenn im Gesellschaftsvertrage nicht etwas anderes bestimmt ist, keiner allein die zur Geschäftsführung gehörenden Handlungen vornehmen, es sei denn, daß Gefahr im Verzug ist.

(2) Ist nach dem Gesellschaftsvertrage jeder Geschäftsführer für sich allein zur Geschäftsführung berufen, so muß, wenn einer unter ihnen gegen die Vornahme einer zur Geschäftsführung gehörenden Handlung Widerspruch erhebt, dieselbe unterbleiben, es sei denn, daß der Gesellschaftsvertrag etwas anderes bestimmt.

§ 22. (1) Die Geschäftsführer haben dafür zu sorgen, daß ein Rechnungswesen und ein internes Kontrollsystem geführt werden, die den Anforderungen des Unternehmens entsprechen.

(2) Jedem Gesellschafter sind ohne Verzug nach Aufstellung des Jahresabschlusses samt Lagebericht und des Konzernabschlusses samt Konzernlagebericht Abschriften zuzusenden. Er kann innerhalb von vierzehn Tagen vor der zur Prüfung des Jahresabschlusses berufenen Versammlung der Gesellschafter oder vor Ablauf der für die schriftliche Abstimmung festgesetzten Frist in die Bücher und Schriften der Gesellschaft Einsicht nehmen. Eine Bestimmung, daß den Gesellschaftern das Einsichtsrecht nicht zustehe, oder daß es innerhalb einer kürzeren Frist auszuüben oder sonstigen Beschränkungen unterworfen sei, darf in den Gesellschaftsvertrag nur aufgenommen werden, wenn ein Aufsichtsrat zu bestellen ist.

(3) Ist das Einsichtsrecht der Gesellschafter gemäß Abs. 2 ausgeschlossen, die hiefür bestehende gesetzliche Frist verkürzt oder sonstigen Beschränkungen unterworfen worden, so sind der Lagebericht, der Vorschlag der Geschäftsführer für die Gewinnverteilung, der Prüfungsbericht und der Konzernprüfungsbericht jedem Gesellschafter unverzüglich zuzusenden.

§ 24. (1) Die Geschäftsführer dürfen ohne Einwilligung der Gesellschaft weder Geschäfte in deren Geschäftszweige für eigene oder fremde Rechnung machen, noch bei einer Gesellschaft des gleichen Geschäftszweiges als persönlich haftende Gesellschafter sich beteiligen oder eine Stelle im Vorstande oder Aufsichtsrate oder als Geschäftsführer bekleiden.

(2) Die Einwilligung kann hinsichtlich der zu Geschäftsführern bestellten Gesellschafter im Gesellschaftsvertrage allgemein ausgespro-

chen sein. Sie ist außerdem schon dann anzunehmen, wenn bei Bestellung eines Gesellschafters zum Geschäftsführer den übrigen Gesellschaftern eine solche Tätigkeit oder Teilnahme desselben bekannt war und gleichwohl deren Aufgebung nicht ausdrücklich bedungen wurde. Die Einwilligung ist jederzeit widerruflich.

(3) Die Bestellung von Geschäftsführern, die das im ersten Absatze ausgesprochene Verbot übertreten, kann ohne Verpflichtung zur Leistung einer Entschädigung widerrufen werden. Die Gesellschaft kann überdies Schadenersatz fordern oder statt dessen verlangen, daß die für Rechnung des Geschäftsführers gemachten Geschäfte als für ihre Rechnung geschlossen angesehen werden. Bezüglich der für fremde Rechnung geschlossenen Geschäfte kann sie die Herausgabe der hiefür bezogenen Vergütung oder Abtretung des Anspruches auf die Vergütung begehren.

(4) Die vorstehend bezeichneten Rechte der Gesellschaft erlöschen in drei Monaten von dem Tage, an dem sämtliche Mitglieder des Aufsichtsrates oder, wenn kein Aufsichtsrat besteht, die übrigen Geschäftsführer von der sie begründenden Tatsache Kenntnis erlangt haben, jedenfalls aber in fünf Jahren von ihrem Entstehen an.

Auskunftspflicht der Geschäftsführer

§ 24a. Geschäftsführer sind der Gesellschaft gegenüber für die Dauer von fünf Jahren nach Beendigung ihrer Organstellung verpflichtet, im Rahmen des Zumutbaren Auskunft über die Geschäfte und Vermögenswerte der Gesellschaft aller Art zu geben.

§ 25. (1) Die Geschäftsführer sind der Gesellschaft gegenüber verpflichtet, bei ihrer Geschäftsführung die Sorgfalt eines ordentlichen Geschäftsmannes anzuwenden.

(2) Geschäftsführer, die ihre Obliegenheiten verletzen, haften der Gesellschaft zur ungeteilten Hand für den daraus entstandenen Schaden.

(3) Insbesondere sind sie zum Ersatze verpflichtet, wenn

1. gegen die Vorschriften dieses Gesetzes oder des Gesellschaftsvertrages Gesellschaftsvermögen verteilt wird, namentlich Stammeinlagen oder Nachschüsse an Gesellschafter gänzlich oder teilweise zurückgegeben, Zinsen oder Gewinnanteile ausgezahlt, für die Gesellschaft eigene Geschäftsanteile erworben, zum Pfande genommen oder eingezogen werden;
2. nach dem Zeitpunkte, in dem sie die Eröffnung des Konkurses zu begehren verpflichtet waren, Zahlungen geleistet werden.

(4) Ein Geschäftsführer haftet der Gesellschaft auch für den ihr aus einem Rechtsgeschäfte erwachsenen Schaden, das er mit ihr im eigenen oder fremden Namen abgeschlossen hat, ohne vorher die Zustimmung des Aufsichtsrates oder, wenn kein Aufsichtsrat besteht, sämtlicher übriger Geschäftsführer erwirkt zu haben.

(5) Soweit der Ersatz zur Befriedigung der Gläubiger erforderlich ist, wird die Verpflichtung der Geschäftsführer dadurch nicht aufgehoben, daß sie in Befolgung eines Beschlusses der Gesellschafter gehandelt haben.

(6) Die Ersatzansprüche verjähren in fünf Jahren. (…)

§ 26. (1) Sobald der Gesellschaft der Übergang eines Geschäftsanteils, die Änderung des Namens, der für Zustellungen maßgeblichen Anschrift, einer Stammeinlage oder der geleisteten Einzahlungen eines Gesellschafters nachgewiesen wird, haben die Geschäftsführer in der zur Vertretung notwendigen Anzahl diese Tatsachen unverzüglich zum Firmenbuch anzumelden. Weiters haben sie jede Änderung der für Zustellungen an die Gesellschaft maßgeblichen Anschrift unverzüglich anzumelden.

(2) Die Geschäftsführer haften für einen Schaden zur ungeteilten Hand, der durch schuldhaft falsche Angaben nach Abs. 1 oder eine schuldhaft verzögerte Einreichung dieser Angaben verursacht wurde; für die falsche oder verzögerte Angabe der für Zustellungen maßgeblichen Anschrift eines Gesellschafters jedoch nur bei grobem Verschulden. Ersatzansprüche der Gesellschaft verjähren in fünf Jahren nach Anmeldung der Angaben nach Abs. 1 zum Firmenbuch, Ersatzansprüche Dritter nach den allgemeinen Verjährungsregeln.

§ 28. (1) Der Betrieb von Geschäften der Gesellschaft sowie die Vertretung der Gesellschaft in diesem Geschäftsbetriebe kann auch einzelnen Geschäftsführern und sonstigen Bevollmächtigten oder Beamten der Gesellschaft zugewiesen werden. In diesem Falle bestimmt sich ihre Befugnis nach der ihnen erteilten Vollmacht; sie erstreckt sich im Zweifel auf alle Rechtshandlungen, welche die Ausführung derartiger Geschäfte gewöhnlich mit sich bringt.

(2) Wenn der Gesellschaftsvertrag nichts anderes bestimmt, kann die Bestellung eines Prokuristen nur durch sämtliche Geschäftsführer, der Widerruf der Prokura durch jeden Geschäftsführer erfolgen.

Bericht an den Aufsichtsrat

§ 28a. (1) Die Geschäftsführer haben dem Aufsichtsrat mindestens einmal jährlich über grundsätzliche Fragen der künftigen Geschäftspolitik des Unternehmens zu berichten sowie die künftige Entwicklung der Vermögens-, Finanz- und Ertragslage anhand einer Vorschaurechnung darzustellen (Jahresbericht). Die Geschäftsführer haben weiters dem Aufsichtsrat regelmäßig, mindestens vierteljährlich, über den Gang der Geschäfte und die Lage des Unternehmens im Vergleich zur Vorschaurechnung unter Berücksichtigung der künftigen Entwicklung zu berichten (Quartalsbericht). Bei wichtigem Anlaß ist dem Vorsitzenden des Aufsichtsrats unverzüglich zu berichten; ferner ist über Umstände, die für die Rentabilität oder Liquidität der Gesellschaft von erheblicher Bedeutung sind, dem Aufsichtsrat unverzüglich zu berichten (Sonderbericht).

(2) Der Jahresbericht und die Quartalsberichte sind schriftlich zu erstatten und auf Verlangen des Aufsichtsrats mündlich zu erläutern; sie sind jedem Aufsichtsratsmitglied auszuhändigen. Die Sonderberichte sind schriftlich oder mündlich zu erstatten.

§ 30j. (1) Der Aufsichtsrat hat die Geschäftsführung zu überwachen.

(2) Der Aufsichtsrat kann von den Geschäftsführern jederzeit einen Bericht über die Angelegenheiten der Gesellschaft einschließlich ihrer Beziehungen zu einem Konzerunternehmen verlangen. Auch ein einzelnes Mitglied kann einen Bericht, jedoch nur an den Aufsichtsrat als solchen, verlangen; lehnen die Geschäftsführer die Berichterstattung ab, so kann der Bericht nur dann verlangt werden, wenn ein anderes Aufsichtsratsmitglied das Verlangen unterstützt. Der Vorsitzende des Aufsichtsrats kann einen Bericht auch ohne Unterstützung eines anderen Aufsichtsratsmitglieds verlangen.

(5) Folgende Geschäfte sollen jedoch nur mit Zustimmung des Aufsichtrats vorgenommen werden:
1. der Erwerb und die Veräußerung von Beteiligungen sowie der Erwerb, die Veräußerung und die Stillegung von Unternehmen und Betrieben;
2. der Erwerb, die Veräußerung und die Belastung von Liegenschaften;
3. die Errichtung und die Schließung von Zweigniederlassungen;
4. Investitionen, die bestimmte Anschaffungskosten im einzelnen und insgesamt in einem Geschäftsjahr übersteigen;
5. die Aufnahme von Anleihen, Darlehen und Krediten, die einen bestimmten Betrag im einzelnen und insgesamt in einem Geschäftsjahr übersteigen;
6. die Gewährung von Darlehen und Krediten, soweit sie nicht zum gewöhnlichen Geschäftsbetrieb gehört;
7. die Aufnahme und Aufgabe von Geschäftszweigen und Produktionsarten;
8. die Festlegung allgemeiner Grundsätze der Geschäftspolitik;
9. die Festlegung von Grundsätzen über die Gewährung von Gewinn oder Umsatzbeteiligungen und Pensionszusagen an Geschäftsführer und leitende Angestellte. (…)

(...)

Die Generalversammlung

§ 35. (1) Der Beschlußfassung der Gesellschafter unterliegen nebst den in diesem Gesetze an anderen Stellen bezeichneten Gegenständen:
1. die Prüfung und Feststellung des Jahresabschlusses, die Verteilung des Bilanzgewinns, falls letzterer im Gesellschaftsvertrag einer besonderen Beschlußfassung von Jahr zu Jahr vorbehalten ist, und die Entlastung der Geschäftsführer sowie des etwa bestehenden Aufsichtsrats; diese Beschlüsse sind in den ersten acht Monaten jedes Geschäftsjahrs für das abgelaufene Geschäftsjahr zu fassen;
2. die Einforderung von Einzahlungen auf die Stammeinlagen;
3. die Rückzahlung von Nachschüssen;
4. die Entscheidung, ob Prokura oder Handelsvollmacht zum gesamten Geschäftsbetriebe erteilt werden darf;
5. die Maßregeln zur Prüfung und Überwachung der Geschäftsführung;
6. die Geltendmachung der Ersatzansprüche, die der Gesellschaft aus der Errichtung oder Geschäftsführung gegen die Geschäftsführer, deren Stellvertreter oder den Aufsichtsrat zustehen, sowie die Bestellung eines Vertreters zur Prozeßführung, wenn die Ge-

sellschaft weder durch die Geschäftsführer noch durch den Aufsichtsrat vertreten werden kann;
7. der Abschluß von Verträgen, durch welche die Gesellschaft vorhandene oder herzustellende, dauernd zu ihrem Geschäftsbetriebe bestimmte Anlagen oder unbewegliche Gegenstände für eine den Betrag des fünften Teiles des Stammkapitals übersteigende Vergütung erwerben soll, sowie die Abänderung solcher Verträge zu Lasten der Gesellschaft, sofern es sich nicht um den Erwerb von Liegenschaften im Wege der Zwangsversteigerung handelt. Dieser Beschluß kann nur mit einer Mehrheit von drei Vierteilen der abgegebenen Stimmen gefaßt werden.

(2) Die Gegenstände, die der Beschlußfassung durch die Gesellschafter unterliegen sollen, können im Gesellschaftsvertrag vermehrt oder verringert werden. Jedoch muß über die in Abs. 1 Z 1, 3 und 6 bezeichneten Gegenstände immer, über den in Abs. 1 Z 7 bezeichneten Gegenstand jedenfalls in den ersten zwei Jahren nach der Eintragung der Gesellschaft ein Beschluß der Gesellschafter eingeholt werden.

§ 40. (1) Die Beschlüsse der Generalversammlung sind unverzüglich nach der Beschlußfassung in eine Niederschrift aufzunehmen. Diese Niederschriften sowie die auf schriftlichem Weg gefaßten Beschlüsse der Gesellschafter sind geordnet aufzubewahren. Jeder Gesellschafter kann darin während der Geschäftsstunden Einsicht nehmen.

(2) Jedem Gesellschafter ist ohne Verzug nach Abhaltung der Generalversammlung oder nach einer auf schriftlichem Wege erfolgten Abstimmung eine Kopie der gefaßten Beschlüsse unter Angabe des Tages der Aufnahme derselben in die Niederschrift mittels eingeschriebenen Briefes zuzusenden.

§ 41. (1) Die Nichtigerklärung eines Beschlusses der Gesellschafter kann mittels Klage verlangt werden:
1. wenn der Beschluß nach diesem Gesetze oder dem Gesellschaftsvertrage als nicht zu stande gekommen anzusehen ist;
2. wenn der Beschluß durch seinen Inhalt zwingende Vorschriften des Gesetzes verletzt oder, ohne daß bei der Beschlußfassung die Vorschriften über die Abänderung des Gesellschaftsvertrages eingehalten worden wären, mit letzterem in Widerspruch steht.

(2) Klageberechtigt ist jeder Gesellschafter, der in der Versammlung der Gesellschafter erschienen ist und gegen den Beschluß Widerspruch zu Protokoll gegeben hat, sowie jeder nicht erschienene Gesellschafter, der zu der Versammlung unberechtigterweise nicht zugelassen oder durch Mängel in der Berufung der Versammlung am Erscheinen gehindert worden ist. Wurde ein Beschluß durch Abstimmung im schriftlichen Wege gefaßt, so ist jeder Gesellschafter klageberechtigt, der seine Stimme gegen den Beschluß abgegeben hat oder bei dieser Abstimmung übergangen worden ist.

(3) Außerdem sind die Geschäftsführer, der Aufsichtsrat und, wenn der Beschluß eine Maßregel zum Gegenstande hat, durch deren Ausführung die Geschäftsführer oder die Mitglieder des Aufsichtsrates

ersatzpflichtig oder strafbar würden, auch jeder einzelne Geschäftsführer und jedes Mitglied des Aufsichtsrates klageberechtigt.

(4) Die Klage muß binnen einem Monat vom Tag der Absendung der Kopie gemäß § 40 Abs. 2 erhoben werden.

§ 42. (1) Die Klage auf Nichtigerklärung eines Beschlusses der Gesellschafter ist gegen die Gesellschaft zu richten. Die Gesellschaft wird durch die Geschäftsführer, wenn jedoch Geschäftsführer selbst klagen, durch den Aufsichtsrat vertreten. Wenn sowohl Geschäftsführer als auch Mitglieder des Aufsichtsrates klagen oder wenn kein Aufsichtsrat besteht und ein anderer Vertreter der Gesellschaft nicht vorhanden ist, hat das Gericht einen Kurator zu ernennen.

(2) Zuständig für die Klage ist ausschließlich der zur Ausübung der Handelsgerichtsbarkeit zuständige Gerichtshof des Sitzes der Gesellschaft.

(...)

(4) Das Gericht kann die Ausführung des angefochtenen Beschlusses durch einstweilige Verfügung (§ 384 u. f. der Exekutionsordnung) aufschieben, wenn ein der Gesellschaft drohender unwiderbringlicher Nachteil glaubhaft gemacht wird.

(5) Jeder Gesellschafter kann dem Rechtsstreite auf seine Kosten als Nebenintervenient beitreten.

(6) Das die Nichtigkeit erklärende Urteil wirkt für und gegen sämtliche Gesellschafter.

(7) Für einen durch ungegründete Anfechtung des Beschlusses der Gesellschaft entstehenden Schaden haften ihr die Kläger, denen böse Absicht oder grobe Fahrlässigkeit zur Last fallen, persönlich zur ungeteilten Hand.

§ 56. (1) Die durch Herabsetzung des Stammkapitals bewirkte Abänderung des Gesellschaftsvertrages kann erst nach Ablauf der für die Anmeldung der Gläubiger bestimmten Frist zum Firmenbuch angemeldet werden.

(2) Der Anmeldung sind beizuschließen:

1. der Nachweis, daß die in § 55, Absatz 2, vorgeschrieben Veröffentlichung erfolgt ist;
2. der Nachweis, daß die Gläubiger, die sich gemeldet haben, befriedigt oder sichergestellt sind;
3. die Erklärung, daß sämtlichen bekannten Gläubigern die Mitteilung im Sinne des § 55, Absatz 2 gemacht worden ist und daß sich andere als die befriedigten oder sichergestellten Gläubiger innerhalb der Frist nicht gemeldet haben;
4. eine auf Grund des Herabsetzungsbeschlusses richtiggestellte Liste der Gesellschafter (§ 26 Abs. 1).

(3) Ist der Nachweis der Befriedigung oder Sicherstellung von Gläubigern oder die Erklärung über das Ergebnis des Aufgebotsverfahrens falsch, so haften sämtliche Geschäftsführer den Gläubigern, betreffs deren eine falsche Angabe gemacht wurde, für den ihnen dadurch verursachten Schaden zur ungeteilten Hand bis zu dem Vertrage, für den aus dem Gesellschaftsvermögen Befriedigung nicht erlangt werden konnte.

(4) Den Geschäftsführer, der beweist, daß er die Unrichtigkeit des Nachweises oder der Erklärung ungeachtet der Anwendung der Sorgfalt eines ordentlichen Geschäftsmannes nicht gekannt habe, trifft diese Haftung nicht.

§ 64. (1) Jede Einforderung weiterer Einzahlungen nicht voll eingezahlter Stammeinlagen ist unter Angabe des eingeforderten Betrages von sämtlichen Geschäftsführern zum Firmenbuch anzumelden und vom Handelsgerichte zu veröffentlichen.

(2) Für einen durch Unterlassung der Anmeldung oder durch falsche Angaben verursachten Schaden haften die Geschäftsführer dem dadurch Beschädigten persönlich zur ungeteilten Hand. Diese Ersatzansprüche verjähren in fünf Jahren von dem Tage, an dem die beschädigte Partei von der Einforderung Kenntnis erhalten hat.

Strafbestimmungen

§ 122. (1) Mit Freiheitsstrafe bis zu einem Jahr oder mit Geldstrafe bis zu 360 Tagessätzen ist vom Gericht zu bestrafen, wer als Geschäftsführer, Mitglied des Aufsichtsrates, Beauftragter oder Liquidator

1. in Berichten, Darstellungen und Übersichten betreffend die Gesellschaft oder mit ihr verbundene Unternehmen, die an die Öffentlichkeit oder an die Gesellschafter gerichtet sind, wie insbesondere Jahresabschluss (Konzernabschluss) und Lagebericht (Konzernlagebericht),
2. in einer öffentlichen Aufforderung zur Beteiligung an der Gesellschaft,
3. in Vorträgen oder Auskünften in der Generalversammlung,
4. in Auskünften, die nach § 272 HGB einem Abschlussprüfer oder die sonstigen Prüfern der Gesellschaft zu geben sind, oder
5. in Berichten, Darstellungen und Übersichten an den Aufsichtsrat oder seinen Vorsitzenden

die Verhältnisse der Gesellschaft oder mit ihr verbundener Unternehmen oder erhebliche Umstände, auch wenn sie nur einzelne Geschäftsfälle betreffen, unrichtig wiedergibt, verschleiert oder verschweigt.

(2) Ebenso ist zu bestrafen, wer

1. als Geschäftsführer in den zum Zweck der Eintragung der Gesellschaft oder der Eintragung der Erhöhung oder Herabsetzung des Stammkapitals nach den §§ 9 Abs. 2 Z 2, 10 Abs. 3, 53 Abs. 2 Z 2 oder 56 Abs. 2 abzugebenden Erklärungen falsche Angaben macht oder erhebliche Umstände verschweigt,
2. als Geschäftsführer oder Liquidator bei Angaben nach § 26 die Vermögenslage unrichtig wiedergibt oder erhebliche Umstände verschweigt oder
3. als Geschäftsführer oder Liquidator einen gemäß § 28a Abs. 1 angesichts einer drohenden Gefährdung der Liquidität der Gesellschaft gebotenen Sonderbericht nicht erstattet.

(3) Das Strafverfahren obliegt den Gerichtshöfen erster Instanz.

Aktiengesetz 1965, BGBl 1965/98 idF BGBl I 2005/59

(Auszüge)

Gründungsbericht

§ 24. (1) Die Gründer haben einen schriftlichen Bericht über den Hergang der Gründung zu erstatten (Gründungsbericht).

(2) Im Gründungsbericht sind die wesentlichen Umstände darzulegen, von denen die Angemessenheit der für eingelegte oder übernommene Gegenstände gewährten Leistungen abhängt. Dabei sind anzugeben die vorausgegangenen Rechtsgeschäfte, die auf den Erwerb durch die Gesellschaft hingezielt haben, ferner die Anschaffungs- und Herstellungskosten aus den letzten beiden Jahren und im Fall des Übergangs eines Unternehmens auf die Gesellschaft der Betriebsertrag aus den letzten beiden Geschäftsjahren. (...)

Gründungsprüfung

Allgemeines

§ 25. (1) Die Mitglieder des Vorstands und des Aufsichtsrats haben den Hergang der Gründung zu prüfen.

(2) Außerdem hat eine Prüfung des Hergangs der Gründung durch einen oder mehrere Prüfer (Gründungsprüfer) stattzufinden, wenn

1. ein Mitglied des Vorstands oder des Aufsichtsrats sich einen besonderen Vorteil oder für die Gründung oder ihre Vorbereitung eine Entschädigung oder Belohnung ausbedungen hat oder
2. eine Gründung mit Sacheinlagen oder Sachübernahmen (§ 20) vorliegt.

(3) Die Gründungsprüfer bestellt das Gericht.

(4) Als Gründungsprüfer dürfen nur Beeidete Wirtschaftsprüfer und Steuerberater, Beeidete Buchprüfer und Steuerberater, Wirtschaftsprüfungs- und Steuerberatungsgesellschaften oder Buchprüfungs- und Steuerberatungsgesellschaften bestellt werden. (...)

Umfang der Gründungsprüfung

§ 26. (1) Die Prüfung durch die Mitglieder des Vorstands und des Aufsichtsrats sowie die Prüfung durch die Gründungsprüfer haben sich namentlich darauf zu erstrecken:

1. ob die Angaben der Gründer über die Übernahme der Aktien, über die Einlagen auf das Grundkapital und über die in den §§ 19 und 20 vorgesehenen Festsetzungen richtig und vollständig sind;
2. ob der Wert der Sacheinlagen oder Sachübernahmen den Ausgabebetrag der dafür zu gewährenden Aktien oder den Wert der dafür zu gewährenden Leistungen erreicht.

(2) Über jede Prüfung ist unter Darlegung dieser Umstände schriftlich zu berichten. In dem Bericht sind der Gegenstand jeder Sacheinlage oder Sachübernahme zu beschreiben und die Bewertungsmethoden für die Ermittlung gemäß Abs. 1 Z 2 zu nennen.

(3) Je ein Stück des Berichts der Gründungsprüfer ist dem Gericht und dem Vorstand einzureichen. Jedermann kann den Bericht beim Gericht einsehen.

Unternehmensreorganisationsgesetz, BGBl 1997/114 idF BGBl I 2003/92

(Auszüge)

Eigenmittelquote

§ 23. Eigenmittelquote im Sinne dieses Gesetzes ist der Prozentsatz, der sich aus dem Verhältnis zwischen dem Eigenkapital (§ 224 Abs. 3 A HGB) und den unversteuerten Rücklagen (§ 224 Abs. 3 B HGB) einerseits sowie den Posten des Gesamtkapitals (§ 224 Abs. 3 HGB), vermindert um die nach § 225 Abs. 6 HGB von den Vorräten absetzbaren Anzahlungen andererseits, ergibt.

Fiktive Schuldentilgungsdauer

§ 24. (1) Zur Errechnung der fiktiven Schuldentilgungsdauer sind die in der Bilanz ausgewiesenen Rückstellungen (§ 224 Abs. 3 C HGB) und Verbindlichkeiten (§ 224 Abs. 3 D HGB), vermindert um die im Unternehmen verfügbaren Aktiva nach § 224 Abs. 2 B III Z 2 und B IV HGB und die nach § 225 Abs. 6 HGB von den Vorräten absetzbaren Anzahlungen, durch den Mittelüberschuß aus der gewöhnlichen Geschäftstätigkeit zu dividieren.

(2) Zur Ermittlung des Mittelüberschusses aus der gewöhnlichen Geschäftstätigkeit sind vom Ergebnis der gewöhnlichen Geschäftstätigkeit

1. die auf die gewöhnliche Geschäftstätigkeit entfallenden Steuern vom Einkommen abzuziehen,
2. die Abschreibungen auf das Anlagevermögen und Verluste aus dem Abgang von Anlagevermögen hinzuzuzählen und die Zuschreibungen zum Anlagevermögen und Gewinne aus dem Abgang von Anlagevermögen abzuziehen und
3. die Veränderung der langfristigen Rückstellungen zu berücksichtigen.

Eigenkapitalersatz-Gesetz, BGBl I 2003/92

(Auszüge)

Krise

§ 2. (1) Die Gesellschaft befindet sich in der Krise, wenn sie

1. zahlungsunfähig (§ 66 KO) oder
2. überschuldet (§ 67 KO) ist oder wenn
3. die Eigenmittelquote (§ 23 URG) der Gesellschaft weniger als 8% und die fiktive Schuldentilgungsdauer(§ 24 URG) mehr als 15 Jahre betragen, es sei denn, die Gesellschaft bedarf nicht der Reorganisation.

(2) Im Fall des Abs. 1 Z 3 ist ein Kredit nur dann Eigenkapital ersetzend, wenn im Zeitpunkt der Gewährung

1. aus dem zuletzt aufgestellten Jahresabschluss ersichtlich ist, dass die Eigenmittelquote weniger als 8% und die fiktive Schuldentilgungsdauer mehr als 15 Jahre betragen, oder
2. dies aus einem rechtzeitig aufgestellten Jahresabschluss ersichtlich wäre oder

3. der Kreditgeber weiß oder es für ihn offensichtlich ist, dass ein Jahres- oder Zwischenabschluss dies aufzeigen würde.

(3) Bei Gesellschaften, die besonderen gesetzlichen Eigenmittelerfordernissen unterliegen, tritt an die Stelle der in Abs. 1 Z 3 genannten Kennzahlen die Nichteinhaltung der jeweiligen Eigenmittelerfordernisse. Abs. 2 ist nicht anzuwenden.

Kreditgewährung

§ 3. (1) Ein Kredit im Sinne des § 1 liegt nicht vor, wenn
1. ein Geldkredit für nicht mehr als 60 Tage oder
2. ein Waren- oder sonstiger Kredit für nicht mehr als sechs Monate zur Verfügung gestellt wird oder
3. ein vor der Krise gewährter Kredit verlängert oder dessen Rückzahlung gestundet wird.

(2) Die Frist nach Abs. 1 Z 2 verlängert sich, wenn der Gesellschafter nachweist, dass für seine Leistung die Einräumung längerer Zahlungsziele branchenüblich ist.

(3) Wird der Gesellschaft eine Sache zum Gebrauch überlassen oder ihr eine Dienstleistung erbracht, so kann eine Kreditgewährung nur das Entgelt betreffen, nicht aber in der Nutzungsüberlassung oder der Erbringung der Dienstleistung selbst liegen.

Rückzahlungssperre

§ 14. (1) Der Gesellschafter kann einen Eigenkapital ersetzenden Kredit samt den darauf entfallenden Zinsen nicht zurückfordern, solange die Gesellschaft nicht saniert ist und, wenn der Konkurs nach einem bestätigten Zwangsausgleich oder das Ausgleichsverfahren nach einem bestätigten Ausgleich aufgehoben wird, soweit der Rückzahlungsanspruch die Zwangsausgleichs- oder Ausgleichsquote übersteigt; die Gesellschaft ist nicht saniert, solange sie zahlungsunfähig oder überschuldet ist oder Reorganisationsbedarf besteht oder einer dieser Umstände durch Rückzahlung des Eigenkapital ersetzenden Kredits eintreten würde. Dennoch geleistete Zahlungen hat der Gesellschafter der Gesellschaft rückzuerstatten. Dasselbe gilt, wenn sich der Gesellschafter durch Aufrechnung, Pfandverwertung oder in anderer Weise Befriedigung verschafft.

(2) Im Rahmen eines Kontokorrentverhältnisses besteht der Rückerstattungsanspruch der Gesellschaft nur in Höhe des Differenzbetrags zwischen dem aushaftenden Kreditsaldo und dem höchsten Tagessaldo während der Dauer der Rückzahlungssperre, zuzüglich der geleisteten Zinsen, soweit sie in diesem Saldo nicht aufscheinen.

(3) Der Rückerstattungsanspruch der Gesellschaft verjährt in fünf Jahren ab Zahlung oder sonstiger Befriedigung, wenn sie nicht beweist, dass der Ersatzpflichtige die Widerrechtlichkeit der Zahlung kannte.

Eigenkapital ersetzende Gesellschaftersicherheiten

§ 15. (1) Bürgt ein Gesellschafter in einem Zeitpunkt, in dem eine Kreditgewährung Eigenkapital ersetzend wäre, für die Rückzahlung des Kredits eines Dritten, bestellt er ein Pfand oder leistet er eine vergleichbare Sicherheit, so kann sich der Dritte bis zur Sanierung der Gesellschaft trotz entgegenstehender Vereinbarung wegen der Rückzahlung des Kredits aus der Sicherheit befriedigen, ohne zuerst gegen die Gesellschaft vorgehen zu müssen. Bezahlt der Gesellschafter die fremde Schuld, so kann er gegen die Gesellschaft nicht Regress nehmen, solange diese nicht saniert ist und, wenn der Konkurs nach einem bestätigten Zwangsausgleich oder das Ausgleichsverfahren nach einem bestätigten Ausgleich aufgehoben wird, soweit der Regressanspruch die Zwangsausgleichs- oder Ausgleichsquote übersteigt. Dennoch geleistete Zahlungen oder eine anderweitig erlangte Befriedigung hat der Gesellschafter an die Gesellschaft rückzuerstatten. Der Rückerstattungsanspruch der Gesellschaft verjährt in fünf Jahren ab Zahlung oder sonstiger Befriedigung, wenn sie nicht beweist, dass der Ersatzpflichtige die Widerrechtlichkeit der Zahlung kannte.

(2) Fordert der Dritte von der Gesellschaft die Rückzahlung des Kredits, so kann die Gesellschaft vor ihrer Sanierung vom Gesellschafter Zahlung an den Dritten verlangen, soweit die von ihm geleistete Sicherheit reicht.

(3) Ist die Sicherheit dadurch frei geworden, dass die Gesellschaft den Kredit zurückgezahlt hat, so kann sie vom sicherungsgebenden Gesellschafter Erstattung verlangen. Der Gesellschafter wird jedoch von seiner Verpflichtung frei, wenn er die Gegenstände, die dem Dritten als Sicherheit gedient haben, der Gesellschaft zu ihrer Befriedigung zur Verfügung stellt. Der Anspruch auf Erstattung verjährt in fünf Jahren ab Kreditrückzahlung.

Bundesabgabenordnung, BGBl 1961/194 idF BGBl I 2005/2

(Auszüge)

§ 9. (1) Die in den §§ 80 ff. bezeichneten Vertreter haften neben den durch sie vertretenen Abgabepflichtigen für die diese treffenden Abgaben insoweit, als die Abgaben infolge schuldhafter Verletzung der den Vertretern auferlegten Pflichten nicht eingebracht werden können.

(2) Notare, Rechtsanwälte und Wirtschaftstreuhänder haften wegen Handlungen, die sie in Ausübung ihres Berufes bei der Beratung in Abgabensachen vorgenommen haben, gemäß Abs. 1 nur dann, wenn diese Handlungen eine Verletzung ihrer Berufspflichten enthalten. Ob eine solche Verletzung der Berufspflichten vorliegt, ist auf Anzeige der Abgabenbehörde im Disziplinarverfahren zu entscheiden.

Vertreter

§ 80. (1) Die zur Vertretung juristischer Personen berufenen Personen und die gesetzlichen Vertreter natürlicher Personen haben alle Pflichten zu erfüllen, die den von ihnen Vertretenen obliegen, und sind befugt, die diesen zustehenden Rechte wahrzunehmen. Sie haben insbesondere dafür zu sorgen, daß die Abgaben aus den Mitteln, die sie verwalten, entrichtet werden.

(2) Steht eine Vermögensverwaltung anderen Personen als den Eigentümern des Vermögens oder deren gesetzlichen Vertretern zu, so haben die Vermögensverwalter, soweit ihre Verwaltung reicht, die im Abs. 1 bezeichneten Pflichten und Befugnisse. (...)

Führung von Büchern und Aufzeichnungen

§ 124. Wer nach Handelsrecht oder anderen gesetzlichen Vorschriften zur Führung und Aufbewahrung von Büchern oder Aufzeichnungen verpflichtet ist, hat diese Verpflichtungen auch im Interesse der Abgabenerhebung zu erfüllen.

Allgemeines Sozialversicherungsgesetz BGBl 1955/189 idF BGBl I 2005/108

(Auszüge)

Haftung für Beitragsschuldigkeiten

§ 67. (10) Die zur Vertretung juristischer Personen oder Personenhandelsgesellschaften (offene Handelsgesellschaft, offene Erwerbsgesellschaft, Kommanditgesellschaft, Kommandit-Erwerbsgesellschaft) berufenen Personen und die gesetzlichen Vertreter natürlicher Personen haften im Rahmen ihrer Vertretungsmacht neben den durch sie vertretenen Beitragsschuldnern für die von diesen zu entrichtenden Beiträge insoweit, als die Beiträge infolge schuldhafter Verletzung der den Vertretern auferlegten Pflichten nicht eingebracht werden können. Vermögensverwalter haften, soweit ihre Verwaltung reicht, entsprechend.

Verjährung der Beiträge

§ 68. (1) Das Recht auf Feststellung der Verpflichtung zur Zahlung von Beiträgen verjährt bei Beitragsschuldnern und Beitragsmithaftenden binnen drei Jahren vom Tag der Fälligkeit der Beiträge. Hat der Dienstgeber Angaben über Versicherte bzw. über deren Entgelt nicht innerhalb der in Betracht kommenden Meldefristen gemacht, so beginnt die Verjährungsfrist erst mit dem Tage der Meldung zu laufen. (...)

(2) Das Recht auf Einforderung festgestellter Beitragsschulden verjährt binnen zwei Jahren nach Verständigung des Zahlungspflichtigen vom Ergebnis der Feststellung. Die Verjährung wird durch jede zum Zwecke der Hereinbringung getroffene Maßnahme, wie zum Beispiel durch Zustellung einer an den Zahlungspflichtigen gerichteten Zahlungsaufforderung (Mahnung) unterbrochen; sie wird durch Bewilligung einer Zahlungserleichterung gehemmt. Bezüglich der Unterbrechung oder Hemmung der Verjährung im Falle des Konkurses oder Ausgleiches des Beitragsschuldners gelten die einschlägigen Vorschriften der Konkursordnung und der Ausgleichsordnung.

Strafgesetzbuch, BGBl 1974/60 idF BGBl I 2004/152

(Auszüge)

Vorenthalten von Dienstnehmerbeiträgen zur Sozialversicherung

§ 153c. (1) Wer als Dienstgeber Beiträge eines Dienstnehmers zur Sozialversicherung dem berechtigten Versicherungsträger vorenthält, ist mit Freiheitsstrafe bis zu zwei Jahren zu bestrafen.

(2) Trifft die Pflicht zur Einzahlung der Beiträge eines Dienstnehmers zur Sozialversicherung eine juristische Person oder eine Personengemeinschaft ohne Rechtspersönlichkeit, so ist Abs. 1 auf alle natürlichen Personen anzuwenden, die dem zur Vertretung befugten Organ angehören. Dieses Organ ist berechtigt, die Verantwortung für die Einzahlung dieser Beiträge einzelnen oder mehreren Organmitgliedern aufzuerlegen; ist dies der Fall, findet Abs. 1 nur auf sie Anwendung.

(3) Der Täter ist nicht zu bestrafen, wenn er bis zum Schluss der Verhandlung

1. die ausstehenden Beiträge zur Gänze einzahlt oder
2. sich dem berechtigten Sozialversicherungsträger gegenüber vertraglich zur Nachentrichtung der ausstehenden Beiträge binnen einer bestimmten Zeit verpflichtet.

(4) Die Strafbarkeit lebt wieder auf, wenn der Täter seine nach Abs. 3 Z 2 eingegangene Verpflichtung nicht einhält.

Literaturverzeichnis

Achatz/Anzinger, Abgrenzung und Auswirkung der Unterscheidung Arbeitsvertrag – Freier Dienstvertrag – Werkvertrag, RFG 2004/49.

Arnold, Eingliederung in den Betrieb – und (diesfalls wirklich) „sonst keine Merkmale eines Dienstverhältnisses“, SWK 2005, 24.

Auer, Rechtsgrundlagen für GmbH-Geschäftsführer³, 1997.

Baumbach/Hueck (Hrsg), GmbH-Gesetz¹⁷, 2000.

Bertl/Mandl/Mandl/Ruppe (Hrsg), Insolvenz – Sanierung – Liquidation,1998.

Bierich/Hommelhoff/Kropff (Hrsg), Unternehmen und Unternehmensführung im Recht, Festschrift für Johannes Semler zum 70. Geburtstag, 1993.

Binder, Lohnnebenkosten des GmbH-Gesellschafter-Geschäftsführers – der aktuelle Stand, FJ 2004, 386.

Csoklich, Haftung des Vorstandes einer Privatstiftung, RdW 1999, 253.

Dellinger, EKEG – Leicht zu umgehen? GeS 2004, 125.

Dellinger, Vorstands- und Geschäftsführerhaftung nach dem URG, ZIK 1997, 207.

Dellinger, Zur geplanten Haftung der Organmitglieder gemäß § 24 Unternehmensreorganisationsgesetz, ZIK 1997, 8.

Deu/Helm, Die Anmeldung zum Firmenbuch I, 2003.

Dittrich/Tades (Hrsg), ABGB II³⁴, 1994.

Doralt/Nowotny (Hrsg), Kontinuität und Wandel, Festschrift für Walther Kastner zum 90. Geburtstag, 1992.

Doralt/Nowotny/Kalss (Hrsg), AktG I, 2003.

Doralt/Ruppe, Steuerrecht I⁸, 2003.

Eckert, Die Abberufung des GmbH-Geschäftsführers, 2003.

Eckert/Linder, Verjährung von Ersatzansprüchen gegen Vorstandsmitglieder, ecolex 2005, 449.

Egger, Die Vorschaurechnung und der vierteljährliche Soll-Ist-Vergleich, RWZ 1997, 327.

Feldbauer-Durstmüller/Schlager (Hrsg), Krisenmanagement – Sanierung – Insolvenz, 2002.

Gellis/Feil, GmbHG⁵, 2004.

Geppert, GmbHG-Novelle BGBl 1980/320: Zweifelsfragen im Zusammenhang mit dem Aufsichtsrat, GesRZ 1984, 77.

Grof, Unterschiedliche Anforderungen an das Controlling nach dem IRÄG 1997 und dem KontraG 1998, RWZ 1999, 362.

Hainz, Rechtsstellung von Führungskräften, ecolex 1995, 572.

Handig, Haftung des handelsrechtlichen Geschäftsführers, SWK 2002, W 45.

Hannak, Alleinvertretung durch ein gesamtvertretungsbefugtes Organmitglied, GesRZ 1982, 107.

Harrer, Haftungsprobleme bei der GmbH, 1990.

Harrer, Insichgeschäfte bei der Einmann-GmbH, RdW 1991, 167.

Hauptverband der österreichischen Sozialversicherungsträger (Hrsg), Beitragsrechtliche Werte in der Sozialversicherung 2005, www.sozialversicherung.at.

Hilber, Überschuldung und ihre Konsequenzen für den GmbH-Geschäftsführer, ecolex 1998, 401.

Holeschofsky, Zur Haftung für den fehlgeschlagenen Sanierungsversuch – Marginalien zu OGH 14.7.1986, 1 Ob 571/86, GesRZ 1987, 34.

Höller, Zum zeitlichen Anwendungsbereich des Eigenkapitalersatzgesetzes, ecolex 2004, 452.

Höpfel/Ratz (Hrsg), Wiener Kommentar zum StGB², 2001.

Hügel, Aufsichtsratsveto und Entscheidungsbefugnis der Generalversammlung, GesRZ 1982, 305.

Jabornegg/Strasser (Hrsg), AktG II⁴, 2001.

Jaufer, Berichtswesen bei Kapitalgesellschaften und ihre Wirkung auf die insolvenzrechtliche Fortbestehensprognose, RWZ 2004, 57.

Kalss/Eckert, Zentrale Fragen des GmbH-Rechts, 2005.

Kanduth-Kristen, Die „optimale" Höhe von Geschäftsführerbezügen nach der Steuerreform 2005, SWK 2004, 722.

Kanduth-Kristen/Stipsits, Geschäftsführerbezug oder Gewinnausschüttung – das ist ab 2005 die Frage, taxlex 2005, 44.

Kastner/Doralt/Nowotny, Gesellschaftsrecht⁵, 1990.

Konecny/Schubert (Hrsg), Insolvenzgesetze, 1997.

Koppensteiner, GmbH-Gesetz², 1999.

Kostner/Umfahrer, GmbH⁵, 1998.

Koziol/Welser, Bürgerliches Recht II¹², 2001.

Kraus, Kompetenzverteilung bei der GmbH, ecolex 1998, 631.

Langer, Die Strafbestimmungen in Aktiengesetz und GmbH-Gesetz, 1994.

Leukauf/Steininger, StGB[3], 1992.

Luschin, Beteiligung an fahrlässiger Krida, 1998.

Luschin, Zur Geschäftsführerhaftung bei Ressortverteilung, RdW 2000, 2.

Mandl, Rechnungswesen und Internes Kontrollsystem gem. IRÄG 1997, RWZ 1997, 356.

Mazal, Freier Dienstvertrag oder Werkvertrag? ecolex 1997, 278.

Michalski, GmbHG II, 2002.

Mohr, Unternehmensreorganisationsgesetz, 1997.

Niederberger, Eigenkapitalersatz: Der aktuelle Gesetzesentwurf, GeS 2002, 5.

Nowotny, Selbstlöschung durch den zurücktretenden GmbH-Geschäftsführer, RdW 1997, 321.

Nowotny, Unrichtiger Jahresabschluß und strafrechtliche Haftung, RdW 1992, 71.

Pichler/Weninger, Aktienrecht in der Managerpraxis, 2002.

Pöltner, Der Notgeschäftsführer in der GmbH, 2002.

Priester/Mayer (Hrsg), Münchner Handbuch des Gesellschaftsrechts, 2003.

Rechberger/Thurner, Insolvenzrecht[2], 2004.

Reich-Rorwig, Das neue Eigenkapitalersatzgesetz, ecolex 2004, 106.

Reich-Rohrwig, GmbH-Recht I[2], 1997.

Reich-Rohrwig, Verlust des halben Stammkapitals und drohende Insolvenz, ecolex 1990, 354.

Reich-Rohrwig, Zum Informationsrecht des GmbH-Gesellschafters, ecolex 1992, 334.

Reich-Rohrwig, Zur gerichtlichen Abberufung des GmbH-Geschäftsführers, ecolex 1990, 87.

Resch, Sozialrecht[2], 2001.

Rieder, Unbeschränktes Einsichts-/Informationsrecht des GmbH-Gesellschafters? SWK 2005, 335.

Ritz, BAO[2], 1999.

Rummel (Hrsg), ABGB I[3], 2000.

Rummel (Hrsg), ABGB II[2], 1992.

Runggaldier/Schima, Die Rechtsstellung von Führungskräften, 1991.

Schima, Der GmbH-Geschäftsführer und der Wille des Mehrheitsgesellschafters (I), GesRZ 1999, 100.

Schima, Der GmbH-Geschäftsführer und der Wille des Mehrheitsgesellschafters (II), GesRZ 1999, 159.

Schmidsberger, Eigenkapitalersatz versus Einlagenrückgewähr, GesRZ 1997, 14

Schmidt/Uhlenbruck (Hrsg), Die GmbH in Krise, Sanierung und Insolvenz, 1999.

Schopper/Vogt, Eigenkapitalersatzgesetz, 2003.

Schrammel, Bestellung und Abberufung von GmbH-Geschäftsführern aus arbeitsrechtlicher Sicht, ecolex 1990, 697.

Schrammel, Der Angestellte ex contractu, ZAS 1973, 163.

Schrammel, Resolutivbedingungen im Arbeitsverhältnis, ZAS 1984, 221.

Schumacher, Sanierungsversuche in der 60-Tage-Frist, ecolex 1990, 337.

Schwimann (Hrsg), ABGB VII^2, 1997.

Sedlacek, Keine Dienstgeberbeitrags- und Kommunalsteuerpflicht bei „Weisungsbindung"? SWK 2005, S 249.

Sedlacek, GmbH-Geschäftsführer: 6% oder 12% Betriebsausgabenpauschale? SWK 2004, S 973.

Sedlacek, Nochmals: 6% oder 12% Betriebsausgabenpauschale, SWK, 2005, S 45.

Seicht, Der Insolvenzverschleppungsschaden, seine Komponenten und deren Quantifizierung (I), GesRZ 2004, 343.

Siart/Temm, Gesellschafter-Geschäftsführer: Überblick und Gestaltungstipps für die Praxis, taxlex 2005, 84.

Steiger/Schrenk, Der Geschäftsführer (GF) im Arbeits-, Sozialversicherungs- und Lohnsteuerrecht, taxlex 2005, 74.

Sterl, Keine gesetzliche Pflicht für Geschäftsführer und Vorstandsmitglieder zur Berechnung der URG-Kennzahlen – wie lang noch? SWK 2003, W 38.

Straube (Hrsg), HGB I^3, 2003.

Straube (Hrsg), HGB II^2, 2000.

Thiery, Jederzeitiges Informationsrecht des GmbH-Gesellschafters, ecolex 1991, 27.

Thöni, Rechtsfolgen fehlerhafter GmbH-Gesellschafterbeschlüsse, 1998.

Torggler, Das Wettbewerbsverbot im Gesellschaftsvertrag der Personengesellschaften, GesRZ 1978, 148.

Torggler, Die Rechtsstellung des GmbH-Geschäftsführers, GesRZ 1974, 8.

Umfahrer, Geplante Neuerungen im Gesellschaftsrecht durch das IRÄG 1997, RdW 1997, 2.

Wachter, Der sogenannte freie Dienstvertrag, RdA 1984, 405.

Wagner, Geschäftsführerhaftung und URG, 1999.

Wenger, GmbH: Neue Judikatur des OGH zur Kollektivvertretung, RWZ 1999, 234.

Wiesner, Vorteil aus dem Dienstverhältnis und Vorteilsausgleich im Zusammenhang mit verdeckten (Gewinn-)Ausschüttungen, RdW 1990, 355.

Wünsch, Das Wettbewerbsverbot des GmbH-Geschäftsführers, GesRZ 1982, 269.

Wünsch, Der Notgeschäftsführer iS § 15a GmbHG, GesRZ 1985, 157.

Wünsch, Die Bedeutung des FGG für die GmbH und deren Eintragungen im Handelsregister, GesRZ 1982, 155.

Wünsch, Die Abstimmung im schriftlichen Wege nach § 34 GmbHG, GesRZ 1996, 61.

Wünsch, Zur Ausübung der Vertretungsmacht durch GmbH-Geschäftsführer, GesRZ 1992, 229.

Wünsch, Zur gesellschaftsinternen Bestellung des GmbH-Geschäftsführers, GesRZ 1990, 64.

Zehetner/Bauer, Eigenkapitalersatzrecht, 2004.

Zorn, Besteuerung der Geschäftsführung, 1992.

Stichwortverzeichnis

(Die Zahlen nehmen auf die Randziffern Bezug)